Anna Fischer-Olm

Mit schöner Sprache durch das Jahr

Ein multisensorieller, sprachfördernder Lehrgang für Kindergarten, Vorschule und Grundstufe

---

borgmann

Edition: borgmann publishing

Illustrationen: Ute Fehrle

Gesamtherstellung: Löer Druck GmbH, Dortmund

Bestell-Nr. 8187 ISBN 3-86145-243-X

Inhalt

[redacted]

Einführung

Das Thema des vorliegenden Arbeitsbuches ist die Sprachförderung, die Sprachförderung mit möglichst vielen abwechslungsreichen Elementen.
Warum ist das nötig? Werden die Kinder nicht sozusagen von selbst soziale Wesen und sprachgewandt, einfach durch das Leben? Eben da liegt der Hase im Pfeffer; das Leben unserer Kinder hat sich verändert, dazu gibt es eine Reihe von Untersuchungen. Ich will die Hypothesen – holzschnittartig – wiedergeben:

- Der Bewegungsraum unserer Kinder wird fortlaufend mehr eingeschränkt und damit werden die Lernmöglichkeiten weniger. Bewegungserfahrung aber ist Voraussetzung zum Spracherwerb.
- Die passive Sprachaufnahme (Fernsehen, Kassettenrecorder, Computer) dominiert, das Kind kann nichts fragen. Diese Sprachaufnahme ist nicht kommunikativ und führt zu geringerem Wachsen des aktiven Sprachschatzes.
- Zudem wird um irgendwelcher Effekte willen meistens mit verstellter Stimme gesprochen; das Kind lernt also eine Stimmstörung.
- Wichtige inhaltserschließende Zusatzmerkmale der Sprache werden durch die Medien nicht transportiert: Augenkontakt, kommunizierende Mimik, Wärme, Nähe. Dadurch wird das sprachliche Sozialverhalten der Kinder ungenügend gebildet.
- Die Stille ist aus vielen Wohnungen verschwunden. Läuft nicht das TV, läuft das Radio. Laufen Radio und TV nicht, laufen Freizeitaktivitäten. Die Kinder haben kaum Zeit für sich, um Erfahrungen zu verarbeiten. Wer nichts mehr sehen will, macht die Augen zu. Wer nicht mehr sprechen will, hält den Mund. Aber hören muss der Mensch – ob er will oder nicht. Die Zunahme der nervösen, zappeligen Kinder hat sicher mit dem unruhigen Leben und der permanenten Zwangsbeschallung zu tun.

Was steht an? Sicher kann man bei den Eltern für eine Veränderung des unmittelbaren Umfeldes werben, aber meine Erfahrungen, was die Veränderungskraft der Eltern angeht, sind leider nicht so positiv.
Eher noch sehe ich in Kindergarten, Hort und Schule die Kraft und den Willen, den Kindern verstärkt zu geben, was sie brauchen: Vielfältigste Erfahrungen mit Sprache.
Natürlich müssen wir uns immer wieder die Frage nach dem Erfolg stellen – aber gerade in diesem Bereich ist die Messung schwierig. Wie katalogisiere ich den freieren Blick, die offenere Zuwendung, die selbstbewusstere Haltung, die vollere Stimme, die raumgreifendere Gestik, die gewachsene Experimentierfreude ...? Doch es gibt auch messbare Fortschritte: Verbesserung der Motorik, Verbesserung des Sprachaufkommens und des Sprechens, Verbesserung des differenzierten Hörens, Steigerung insgesamt des EQ's und IQ's. Solche Untersuchungen sind gemacht worden und veröffentlicht worden.
Hier möchte ich Ihnen aber darstellen, wie multisensorielle, gezielte Sprachförderung in meinem Arbeitsfeld aussieht. Meine Erfahrungen habe ich vor allem in der Sprachheilschule, im Sprachheilkindergarten und in der Einzelförderung gemacht.
Ich möchte entlang des Themas „Formerfahrung", in dessen Mittelpunkt ich das Gedicht „Der Faden" von Guggenmos gestellt habe, die Mosaiksteine darstellen.
Das Gedicht ist bekannt; es geht um die Formen Kreis, Welle, Spirale, Strich.
Ich hatte den Kindern verschiedene Materialien mitgebracht: Paketschnur, Seil, Tau, Schal, Band, Kordel, Wollfaden – und schließlich auch einen Faden. Die Dinge wurden gesehen, angefasst, getestet auf Zerreißbarkeit, die Farben verglichen und natürlich auch benannt. So haben wir das Wortfeld Faden erarbeitet und eine genaue Begriffsbestimmung gemacht. In einer späteren Stunde wurde dann auch an der Wortfamilie „Faden" gearbeitet: Fadendichte, Fadendicke, auffädeln, einfädeln, fadenscheinig etc.

---

* Wer komplette Stundenbilder zu diesem Thema sehen will, wird fündig in „Alle Sinne helfen mit" im Verlag borgmann publishing, Bestell-Nr. 8123

Nach dieser Phase der Materialerfahrung und Spracharbeit wurde an jedes Kind eine Kordel ausgeteilt (statt des zu dünnen Fadens) und wir haben miteinander das Gedicht rezitiert und dabei die Formen am Boden ausgelegt. Mit den Händen wurden die Formen in der Luft nachgefahren. Diese Rezitation mit bewegten Händen kam ab jetzt in jedem Morgenkreis dieses Themas wieder – immer schöner und deutlicher gesprochen, in verschiedener Stimmlage, in verschiedenen Tempi, in verschiedener Lautstärke. Je besser das Gedicht behalten wurde, umso mehr haben wir mit unserer Stimme und ihren Möglichkeiten gespielt.
Kleine Geschichte am Rande:
Neulich habe ich einen jetzt 14-jährigen ehemaligen Schüler wieder getroffen, der mir erzählte, dass diese bewegten Rezitationen ihm im Deutschunterricht zu schönem, betonten Lesen und lebendigem Gedichtvortrag bis in seine Jetztzeit hinein verholfen hätten. Das hat mich natürlich gefreut.
Von der Eigenerfahrung ging es in die Gruppenarbeit, allmählich schwerer: Erst zu zweit, dann zu dritt und schließlich die ganze Gruppe. Sie können sich vorstellen, wie viel an sprachlicher Auseinandersetzung, sozialer Kompetenz, Zuhören können, sich in die Vorstellungen der anderen hineinzuversetzen und sich selber immer wieder zurücknehmen zu müssen zur Lösung dieser Aufgabe gebraucht wird.
Die Formen, die Guggenmos in seinem Gedicht beschreibt, finden wir nicht nur in Buchstaben, in der Natur, in der uns umgebenden Architektur und in der Kunst wieder, sondern auch in den Tänzen und ihren Choreographien.
Ich habe im Laufe der Jahre erfahren, dass Tanzen für Kinder – und nicht nur für die – unwahrscheinlich wichtig ist; deshalb begann jeder Morgenkreis mit einem kleinen Mitmachtanz:

- Die Kinder „kommen an“. (Zentrierung)
- Durch die Bewegung werden sie wach, warm, gelöst (Aktivierung)
- und durch das Miteinander offen für ihre Mitschüler. (Sozialverhalten)
- Sie müssen genau hinhören und genau hinschauen, (auditiv-visuelles Tr.)
- sie müssen ihre Bewegungen planen und koordinieren, (Zeitfaktor)
- sie müssen die räumlichen Möglichkeiten beachten (Raumbewusstsein)
- und die Wege der anderen. (Rücksicht)
- Sie gehen von Kontakt zu Kontakt und müssen sich (Kontaktaufnahme)
- der gemeinsamen Aufgabe unterordnen. (Akzeptanz)
- Atmung, Konzentration, Durchhaltevermögen werden intensiviert. (Kraft)
- Für die Sprache wird das Hören von Phrasen, Motiven, größeren musikalischen Einheiten geübt. Wie die Musik hat die Sprache Schwerpunkte, die den Sinn strukturieren, Melodien, die den Inhalt verständlicher machen, Betonungen, die die Wichtigkeit unterstreichen. (Transfer)

So, wie der Morgenkreis <u>immer</u> mit einem <u>Tanz</u>, einem <u>Lied</u> und einer <u>Rezitation</u> begann, so hörte er immer mit einer gemeinsamen Aktion auf. Das waren die Eckpfeiler, das Geschehen dazwischen konnte sehr variieren.
Tanzen – klar. Rezitieren – klar.
Aber warum ist das Lied so wichtig?
Crocker bezeichnet den Unterschied zwischen Sprechen und Singen als nur graduell, nicht prinzipiell. Die Elemente sind ähnlich bis gleich.
Es ist nachgewiesen (Helmut Moog, Karl Adamek, u.a.), dass eine Stunde täglich Musik / Bewegung /Sprache – also multisensorielle Förderung – Sprechfehler verringert und das Sprachaufkommen erhöht, auditive Perzeptionsstörungen bessert, die Konzentrationsfähigkeit dehnt, die Wahrnehmung schärft und das persönliche Lebensgefühl bereichert. Diese Ergebnisse wurden an zwei Gruppen gewonnen. Die eine Gruppe hatte in der Zeit normalen Unterricht, in der die andere täglich eine Stunde musikalische Förderung bekam. Speziell aber die Entwicklung der Singfähigkeit erhöht nach Adamek deutlich den EQ, die emotionale Intelligenz. Diese aber ist laut Goleman wesentlich für ein Leben, das gut gelingen soll. Untersuchungen aus Musikschulen zeigen uns zudem, dass nicht nur der EQ, sondern auch der IQ durch tägliches Musizieren und Singen höher wird.

Also salopp gesprochen: Das, was wir schon immer wussten, nämlich dass tätige Musikausübung klüger und glücklicher macht – das wurde inzwischen bewiesen.
Deshalb neben Tanz und Rezitation auch das tägliche Lied.
Aber zurück zu unseren Formen:
Nachdem wir sie sprachlich, visuell, fein- und grobmotorisch kennengelernt und verinnerlicht haben, wenden wir uns den Ohren zu. Formen kann man nicht hören, man kann ihnen aber ein akustisches Signal zuordnen und so Klang und Bild koppeln.
Der Strich bekam den langen Klang des Beckens, der Kreis das Wischen auf der Trommel, die Spirale ein pentatonisches Motiv auf dem Glockenspiel, die Welle rauschte auf der kleinen Harfe. Am Fußboden waren die Formen groß abgeklebt. Ein Teil der Kinder musizierte die Klänge, der andere Teil suchte die Form am Boden und stellte sich darauf. Das lässt sich natürlich noch variieren, indem den Formen lautmalerische Motive zugeordnet werden:
Das Ssss für die Schlange, ein Sauggeräusch – schpschp – für die Schnecke, ein glissando-ch für die Dickedull, ein Fssch für den Fisch, ein langes Iii – gesungen auf einem Ton – für den Strich. Zusammen mit den Kindern werden verschiedene Instrumente und Körpergeräusche auf ihre Tauglichkeit hin untersucht und dann das einzelne Signal festgelegt. Das macht Spaß, die Kinder müssen über die Instrumente und ihren Klangcharakter sprechen, genau hinhören, sich die Signale merken und sie den Bildern der Formen zuordnen – eine wirklich komplexe Wahrnehmungsaufgabe!

Aber wir haben ja nicht nur Augen, Ohren und einen Mund, wir haben nicht nur einen Denkekopf und unseren Phantasiekopf, wir haben ja auch noch Haut und Hände und Nerven, die sich einmischen und die uns als zusätzliche Informationsquelle dienen.
Weiter ging's mit den Formen in Sandpapier:
- Augen zu und ertasten, hieß es für die Kinder. Der Partner kontrollierte, ob auch brav unter dem Tuch getastet wurde.
- Erschwerung der Aufgabe: Es müssen nicht nur die Bilder erkannt werden, sondern gleiche Formen mit verschiedener Sandpapierkörnung geordnet werden.
- Andere Aufgabe: Die Formen wurden in Wolle, Filz, Seide, Klebe, Holz angeboten. Um welches Material hat es sich gehandelt? Die gleichen Materialien zusammentasten!
- Die tatsächlichen Bilder Fisch – Schnecke – Schlange – Kreisscheibe – Strich werden aus Karton ausgeschnitten und auf verschiedene Art gebastelt und in einen Krabbelsack gegeben. Ertasten!

An diesem Punkt stellte sich die Frage: Können die Kinder jetzt – nach diesen vielen verschiedenen Übungssequenzen – die Formen auch schnell und verfremdet erkennen?
- Goldene Karten, auf denen ganz schwach die Formen zu erkennen sind, wurden im Raum auf dem Boden verteilt. Die Kinder bewegten sich nach Klaviermusik (gehen, rennen, hüpfen, schleichen, balancieren), hörte die Musik auf, wurde „Kreis“ (Strich, Spirale etc.) gerufen und jedes Kind musste nun möglichst schnell eine passende Karte erwischen.

Das Spiel ging so lange, bis alle Karten aufgesammelt waren.
- Zweite Trainingsmöglichkeit: Die Formen wurden auf kleine Folienkärtchen kopiert, die nun sehr schnell mit dem Overhead an die Wand geworfen wurden, der Name der Form durfte herausgeschrieen werden. Wichtig war, dass es wirklich sehr, sehr schnell ging.
- Dritte Möglichkeit: Dias mit verschiedenen Formen aus Natur und Wohnumgebung wurden erst langsam miteinander angesehen, identifiziert und benannt, dann schnell und schneller.
- Vierte Übung: Suchbilder, in denen die Formen aufgespürt werde mussten.

Und damit haben wir den Schritt zur künstlerischen Gestaltung:
- Selber Suchbilder herstellen
- Quartette malen und damit spielen (ich brauche von dir noch die rote Spirale, gib mir bitte den gelben Kreis etc.)
- Mandalas mit den aus buntem Papier ausgeschnittenen Formen legen
- Mandalas aus gesammelten Naturmaterialien dieser Formen legen

- Übertöpfe aus Ton herstellen, an deren Außenwand die Formen erhaben abgebildet sind
- Stechbilder zu den Formen
- Collagen aus Katalogbildern etc.

Und natürlich kommt auch etwas Schulisch-Nützliches dazu: Schriftspracherwerb:

- Die Formen in den verschiedenen Buchstaben identifizieren und nachfahren (Formkonstanz)
- Die lautlichen Anfänge der Wörter schl – str – kr – f – sp sicher hören und dem Bild zuordnen. (phonologische Bewusstheit)
- Den Laut am Ende identifizieren (phonologische Bewusstheit)
- Welcher Laut ist in der Mitte zu hören? (phonologische Bewusstheit)
- Sicheres Lesen der schwierigen Wortanfänge, andere Wörter mit der gleichen Konsonantenhäufung lesen (Zuordnung: Phonem – Graphem)
- Aus Texten Wörter mit diesen Konsonantenhäufungen herausfiltern (Formkonstanz)

Zurück zum Anfang: Was kann die tägliche multisensorielle und polyästhetische Förderung bewirken?

Sagen wir zuerst einmal, was sie nicht kann:

Sie kann den Kindern nicht das Lesen-Lernen, das Schreiben-Lernen, das Rechnen-Lernen ersparen. Sie kann das schwerhörige Mädchen nicht hörend machen und auch den stummen Jungen nicht zum Sprechen bringen.

Aber:

- Die Kinder – auch die hyperaktiven – sind nach diesen Stunden sinnlich aufgeschlossen und
- hochkonzentriert. Sie können ruhig und zielgerichtet in den weiteren Tageslauf gehen.
- Die Sprache klärt sich, Sprechfehler bessern sich deutlich und der Wortschatz wird reicher. Die Grammatik wird sicherer.
- Die Stimmführung wird bewusster und vielfältiger.
- Die phonologische Bewusstheit wird vorangebracht.
- Sie lernen, mit Sprache und Sprechen zu experimentieren.
- Im darstellenden Spiel lernen sie, mutig hinzustehen und vor Publikum zu reden und zu handeln und erweitern so ihre soziale Kompetenz.
- Sie lernen, miteinander zu arbeiten und entwickeln kreative Problemlösungsstrategien.
- Sie können musikalische Vorgänge wahrnehmen und in Bewegung umsetzen.
- Die Motorik der Kinder bessert sich von Woche zu Woche.
- Die Kinder werden trotz ihrer teils erheblichen Schwierigkeiten glücklich und lernmotiviert, fröhlich und selbstbewusst, hilfsbereit und tolerant, pfiffig und fleißig.
  Manchmal nicht alles zusammen.

Korrespondierend zu Maria Montessori möchte ich sagen: „Wenn diese Methode schon bei behinderten Kindern solche Erfolge hat, was ist erst bei anderen Kindern an Steigerung möglich!"

Der Aufbau des Buches

Die zwölf Kapitel dieses Buches folgen den Monaten, ohne in ausschließlicher Weise auf die jahreszeitlichen Belange einzugehen. Von daher sind manche Einheiten austauschbar. Nicht austauschbar ist die Reihenfolge der **mundmotorischen Übungen**. Deshalb habe ich sie bei den ausgearbeiteten Einheiten wenig oder gar nicht berücksichtigt. Sie sind ohne inhaltliche Einbindung machbar: Vor dem Essen, vor dem Heimgehen, vor der Gedichtrezitation. Ich pflege sie immer in Abenteuergeschichten von „Frau Zunge" einzupacken. Ein kleines Beispiel folgt unten. Witzig ist es, wenn Begebenheiten aus dem Kindergarten- oder Schulalltag lautmalerisch mit Zungenarbeit gestaltet werden. Die **Phonemetüden** können auch jederzeit isoliert gesprochen oder eingebaut werden.
Auf die kirchlichen Feste habe ich wegen der Fülle des auf dem Markt vorhandenen Materials nahezu gänzlich verzichtet.
Jeder Monat besteht aus einer Materialsammlung und mehreren differenzierten Arbeitseinheiten. Diese „Einheiten" sind keine Stundenbilder, oft wird die Menge der angebotenen Übungen für mehrere Stunden reichen .... sie sind einfach nur ein Beispiel für Zusammenstellungen.
Die Titel der **Lieder** sind nur als Gedächtnisanstoß gedacht. Die meisten pädagogischen Profis haben in der Beziehung ein reiches Repertoire und ausgeprägte Vorlieben. Da ist schnell aus dem Gedächtnis oder einem Buch ein thematisch passendes Lied herausgeholt.
Am wichtigsten sind mir die kleinen **Gedichte** mit den **Mundhandzeichen** (phonomimische Zeichen) und den **Körpergestaltungen**. Es gibt von Ellersieck, Pausewang und Baur sehr schöne Gedichte mit Handgestenbeschreibungen. Mir aber ist die Beteiligung des ganzen Körpers bei der Rezitation wichtig. Meine Erfahrung geht dahin, dass die Stimme volltöniger, klingender und artikulierter wird, wenn der ganze Mensch die Atmung, den Rhythmus und die Melodie unterstützt. Auch die Grammatik wird ganz anders verinnerlicht, wenn der Körper die Satzzeichen „mitspielt". Die Bewegungen sind nach dem Prinzip **Spannung-Entspannung** aufgebaut und häufig körpermittenüberschreitend, um die Hirnhälftenvernetzung anzuregen.
Unerlässlich sind die Mundhandzeichen, da sie die Lautbewusstheit entscheidend unterstützen und beim späteren Schriftspracherwerb dem Kind die Unterscheidung ähnlicher Phoneme sehr erleichtern. Sie fördern entscheidend den Prozess der **phonologischen Bewusstheit**, die heute bei vielen Kindern gestört oder gar nicht vorhanden ist.
Die bebilderten Gedichttexte sind als Kopiervorlagen gedacht. Denkbar ist auch für jedes Kind eine Sammelmappe, in der die angemalten Bilder aufgehoben werden. So können die Kinder ihren Lernzuwachs an Gedichten wirklich sehen.
Ich habe immer das Gedichtle, das neu gelernt wurde, neben die gehängt, die wir schon konnten. Mittags zum Abschied durfte sich dann ein Kind ein Gedicht anhand der Bilder aussuchen. Die Kinder haben viel Freude an den **Rezitationen** gezeigt.
Für sehr wichtig halte ich es bei dieser Methode, dass wirklich jeden Tag eine – wenn manchmal auch kürzere – Arbeitseinheit eingebaut wird. Und für ebenso wichtig halte ich den ritualisierten Anfang: **Tanz – Gedicht – Lied**, wobei die drei den Platz wechseln können. Von den anderen Übungsfeldern wird man immer nur einige berücksichtigen können. Aber wenn konsequent jeden Tag mit Wiederholung und einer kleinen Neuaufnahme gearbeitet wird, werden die Pädagogen und die Kinder sich bald an sprachlich-positiven Veränderungen freuen können.

Abkürzungen:

MHZ	–	**M**und**H**and**Z**eichen	**SchÜ**	–	**Sch**luck**Ü**bung
RL	–	**R**uhe**L**age der Zunge	**BÜ**	–	**B**lase**Ü**bung
ZÜ	–	**Z**ungen**Ü**bung	**AÜ**	–	**A**nsaug**Ü**bung
LÜ	–	**L**ippen**Ü**bung	**Ülin**	–	**Ü**bungsleiter**in**

Kleine Zungengeschichte

(mit den Myo-Übungen der ersten Spieleinheit „Wald")
Unser kleines Zungenbaby liegt in seinem Gitterbettchen. Es spürt die raue Matratze, die Gitter sind zu. (Die Zunge soll oben an dem „Bergle" hinter den Zähnen liegen, die Zähne sind die Gitterstäbe und fest zu)
Das Zungenbaby wackelt ein bisschen über das Raue hin und her, das tut es gern. Nun will es aber aufstehen! Es prüft, ob nicht einer der Gitterstäbe locker ist. (Mit der spitzen Zunge erst oben alle Zähne der Reihe nach antippen, dann unten)
Dann rüttelt es an dem Bett. „Ich will raus!" (Mit der Zunge von innen fest gegen die Backen, die Oberlippe und Unterlippe drücken)
Mama Zunge kommt, sie lächelt (mit offenem Mund breit lächeln), dann gibt sie Baby ein Küsschen (Luftküsschen). Und lächelt noch einmal, und küsst wieder.
Plötzlich sagt Mama: „Uiuiuiuiuiuiui! Was war denn das?"
Da hat Baby doch tatsächlich einen Pups gemacht! (Backen dick aufblasen und platzen lassen)

A

Au

B

D

E

Ei

Eu

F

G

H

i

j

K

L

M

N

O

P

R

S

Sch

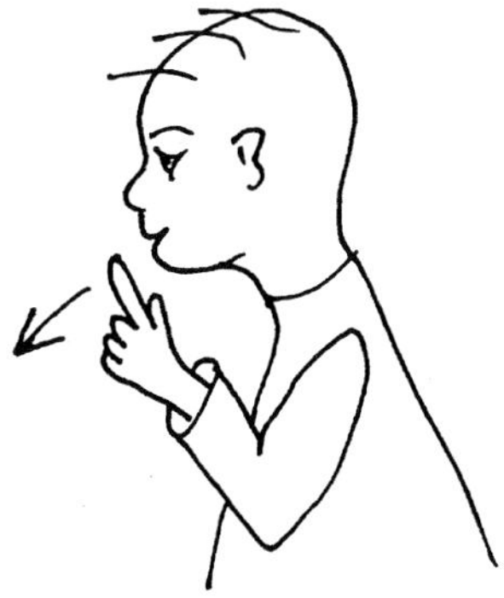

T

U

V

W

Z

Selbstgebaute Instrumente

Kokostrommel 1:
Man sägt die Nuss auseinander und bearbeitet die beiden Hälften, bis sie schön glänzend sind. 2 cm unter dem Rand wird eine Kreislinie markiert, auf der im Abstand von ca. 2 cm kleine Löcher gebohrt werden. Durch diese Löcher eine sehr feste Schnur ziehen. Das Fell zuschneiden und in Wasser legen. Dann straff über die Nuss spannen und an der Schnur befestigen. Diese Trömmelchen werden nur ganz zart mit den Fingern gespielt!
Kokostrommel 2:
Die Kokoshälften werden auseinander gesägt, schön bearbeitet. Wo sie am breitesten sind rechts und links ein Loch bohren. Doppeltes Gummiband durchziehen. Beide Hände bekommen je eine Hälfte, die Wölbung liegt an der Handinnenfläche. Gegeneinander schlagen.
Kokosrassel 1:
Die Nuss mittig auseinander sägen, bearbeiten. Die Sägefläche nicht schleifen. Kokosnuss von innen an den drei Schwachstellen verstärken. Rasselgut hineinfüllen, Hälften wieder zusammenkleben.
Kokosrassel 2:
Statt des Rasselgutes drei Glöckchen an den durchbohrten Schwachstellen befestigen, zusammenkleben.
Walnussrassel:
Mehrere Walnüsse werden mit dem Messer geöffnet ohne sie zu zerbrechen. Einen festen Faden hineingeben, wieder zukleben. Mehrere Nüsse an einem Stöckchen befestigen.
Schellen / Glöckchenrassel:
Genauso.
Schellenband / Glockenband:
An ein schönes Satinband knüpft man in gutem Abstand Schellen / Glocken unterschiedlicher Größe. Dieses Band kann um die Hand, die Füße, den Kopf gebunden werden.
Fingerschelle:
An ein festes Haargummi wird eine Schelle / Glöckchen genäht.
Klapperhölzchen aus
- Bambus (Jedes Hölzchen fängt mit einem Wachstumsknoten an und hört damit auf)
- Kiefernholz (schälen und einwachsen)
- Buchenholz (Mit einem Stichling Loch in die Schnittflächen machen, schälen und einwachsen)
- Kupferrohren (bei verschiedener Länge gibt es unterschiedliche Höhen)

Dosenrasseln / Geräuschmemory:
Leere Erdnussdosen mit Plastikdeckel mit verschiedenem Rasselmaterial füllen, immer zwei gleich, Deckel mit Sekundenkleber ankleben, schön anmalen.
Regenmacher klein und groß:
Sehr feste Röhren sammeln lassen (Bildertransporter, Faxpapierröhrchen, Stoffpappröhren, die Röhren der Plastiktüten aus der Gemüseabteilung etc.) Spiralig von oben nach unten Nägel, die nach innen schauen, einschlagen. Mit verschiedenem Rasselgut füllen; je feiner die Körnung umso leiser das Geräusch. Deckel wieder aufkleben, gut mit Tesaband fixieren. Anmalen.
Donnerbleche:
Blechabfall beim Spengler besorgen; die Abfälle müssen noch so groß sein, dass man sie schütteln kann. Die Kanten abschleifen.
Windspiel:
Kupferröhren werden so gesägt, dass sie immer kürzer werden. Will man eine präzise Pentatonik, müssen die letzten Millimeter mit Hand abgeschliffen werden. Zwei Löcher bohren, fädeln, an einem Ring aufhängen.

Schattenspiel

Grundsätzliches zur Technik des Menschenschattenspiels

1.) Sie brauchen eine Schattenleinwand, erst einmal zusammengenähte alte Leinentücher. Die Leinwand sollte nicht weniger als 6 x 2,50 m betragen. Oben einen breiten Saum nähen, unten auch, damit zusammenschraubbare Metallrohre durchgezogen werden können. Das Metallrohr oben dient der Aufhängung (ohne Durchhängen), das unten der Beschwerung (zum Glattziehen). Die zusammenschraubbaren verzinkten Rohre aus dem Bauhaus tun gute Dienste.

2.) Falls es sich herausstellt, dass die Kinder und Sie doch soviel Freude an diesem Medium bekommen, dass Sie regelmäßig Schattenspiel machen, empfiehlt es sich, eine Profileinwand anzuschaffen, die das Licht besser diffundiert und auf der man mit Klebstreifen Requisiten befestigen kann. (Sponsor?)
Firma: Fa. Gerriets, 79224 Umkirch, Postfach 1228

3.) Lassen Sie sich von einer großen Firma oder einer Schule ausgediente Overheadprojektoren schenken. Diese sind besser geeignet als Lampen, da man durch Folien Hintergründe, Farben und Verfremdungen leichter herstellen kann.

4.) Wollen Sie Dias als Hintergrund nehmen, brauchen Sie eine sechziger Vorsatzlinse.
Kosten: ca. 150,– €

5.) Die Folien sind leicht herzustellen. Möchten Sie farbige Effekte, empfiehlt es sich, Glasmalfarben zu nehmen. Diese sind lichtecht und halten eine Weile. Nicht zu spät damit beginnen, die Farben brauchen drei Tage ungestörtes Trocknen!

6.) Sie können ohne weiteres auch mehrere Folien übereinander legen, das gibt ganz eigene Effekte.

7.) Wollen Sie ausgeschnittene Kleinteile in ihre Folie applizieren, nehmen Sie Tesa-klar zum Kleben.

8.) Sie können auch Materialien, Bilder, Pappteile, Stoffe etc. durch das Bild „durchwandern" lassen. Befestigen Sie die Dinge auf einem Folienstreifen und ziehen Sie sie dann einfach über die Projektorfläche.

9.) Es empfiehlt sich, eine Maske herzustellen. Dazu müssen sie den Standpunkt der Leinwand genau bestimmen, danach den Standpunkt der Projektoren fixieren. Jetzt nehmen Sie eine DIN A3-Pappe und schneiden genau das Viereck heraus, mit dem das Licht ausschließlich auf Ihre Leinwand (und nicht an Decke oder Boden) geleitet wird. Sie können dann Ihre Folie in diese Maske kleben und haben so eine bessere Vorstellung von dem Ihnen zur Verfügung stehenden Platz und den Proportionen.
Trotzdem empfielt es sich, konkrete Kulissen vor Ort und nicht daheim am Schreibtisch zu malen. Vergrößert erlebt man da manchmal traurige Überraschungen!

10.) Soll eine Kolorierung schnell gehen oder müssen Sie sehr genau schaffen, können Sie auch farbige Eddings nehmen. Die halten Ihnen dann allerdings nicht so lange, sondern ändern nach einer Weile die Farbe.

11.) Fensterfarben geben auch schöne, fast erhabene Effekte, sind aber ebenfalls auf Dauer nicht lichtecht.

12.) Durch die Möglichkeiten des Vergrößerns und Verkleinerns beim Kopieren können Sie schöne Effekte erreichen:
- Einen Wald mit großen und kleinen Bäumen,
- ein Schloss, das immer näher rückt (3 verschieden große Kopien),
- Augen, die vom Himmel blicken (tolle Motive finden Sie in den Werken von Escher),
- Monster, die aus dem Nichts auftauchen ...
- Schnee, der rieselt (kleinste Papierfetzchen auf die Folie rieseln lassen),
- Regentropfen (kleine Löcher in die Folie brennen) – der Phantasie sind keine Grenzen gesetzt und das Experimentieren mit diesen technischen Details macht den dafür interessierten Kindern und Ihnen sicher Freude.

13.) Wollen Sie mehrere Projektoren einsetzen für besondere Effekte, empfiehlt sich bei öfterem Gebrauch der Bau eines Steuerkastens:
- 3-4 Dimmer für Fluter, weil diese bis 500 Watt aushalten (zu beziehen bei Conrad)
- 3-4 kurze Verlängerungsschnüre
- 1 Steckdosenleiste mit hoher Leistung

Sie schneiden die Verlängerungsschnüre durch, setzen je einen Dimmer dazwischen. Nun brauchen Sie nur noch die Stecker in die Steckdosenleiste zu drücken und die Overheadprojektoren an je eine Verlängerungsschnur anzuschließen – schon haben Sie eine zentrale Schaltanlage, mit der Sie sowohl die Projektoren (Lampen, Diaprojektoren) hinter der Leinwand als auch die davor steuern können. Das kann auch ein cleveres Kind, der „Cheftechniker".

14.) Vor-hinter-Effekte: Ein Projektor oder eine andere Lichtquelle steht vorne vor der Leinwand, die anderen an ihren Plätzen dahinter. Nun können Sie (über Ihre Schaltanlage) den vorderen Projektor einen Titel, eine Landschaft oder einfach Licht einblenden lassen. Diese technischen Möglichkeiten eröffnen Ihnen spielerische Effekte, die an anderer Stelle dargestellt werden. (Traum-Wirklichkeit, Gestern-Heute, zwei Handlungen nebeneinander etc.)

15.) Soll im Bild plötzlich ein Engel auftauchen? Sie nehmen einen undurchsichtigen Karton, schneiden an der richtigen Stelle einen Engel aus **(ausprobieren)** und legen diesen Karton auf den zweiten OP. Der erste OP ist eingeschaltet, die Folie zeigt eine Landschaft. Wird nun der zweite Projektor einfach dazugeschaltet, erscheint der Engel weiß am Himmel.

16.) Eine weitere technische Möglichkeit ist das „Durchziehen". Sie haben eine Folienrolle, die langsam mit sich ändernder Szenerie über den Projektor gezogen wird. Der Effekt ist, dass der Spieler scheinbar vorwärts läuft, obwohl er auf der Stelle tritt.

17.) Im kleinen Rahmen (Tischschattentheater) gibt es über die Marionetten, Puppen, Flachfiguren Verfremdungsmöglichkeiten, die das Menschenschattentheater nicht bietet.

Soviel Freude wie Sie und die Kinder an diesen technischen Experimenten haben mögen, das ersetzt niemals die Freude am spielerischen Experiment.

Spielerische Möglichkeiten

1.) Es ist wichtig, dass die Kinder zu Beginn mit den Möglichkeiten spielen dürfen:
- Nah heran gehen an die Leinwand, weiter zurücktreten
- Faxen machen, dabei den Schatten anschauen
- Die Zuschauer vor und hinter der Leinwand sitzen lassen
- Grundregel „immer mit dem Bauch oder der Seite zur Leinwand" erarbeiten, niemals den Rücken zur Leinwand, dann fehlt ja jede Kontrolle! Die Kontrolle des Schattens wird den Kindern anfangs die meiste Mühe machen.
- Einzelne Bewegungsetüden (laufen, rennen, schleichen ... Arme heben, Schere machen, fäusteln und spreizen ...) Wichtig ist, dass die Zuschauer immer mitdenken, wie man es noch besser und ausdrucksvoller machen könnte.
- Nur konstruktive Kritik dulden: „Der Hans hat das schon sehr gut gemacht, aber vielleicht könnte man beim nächsten Mal ..."
- „Habt ihr gesehen, wie die Elke die Idee vom Hans gut aufgegriffen und weiterentwickelt hat?" Bei den Kindern keine Pauschalurteile wie „gut und schlecht" erlauben, damit wird die Spielfreude der Gemaßregelten zu sehr beschädigt.

2.) Da beim Schattenspiel aus naheliegenden Gründen Spiel und Sprache getrennt werden, haben wir hier Möglichkeiten, auf die gut gestaltete Sprache zu achten und über Mikrofonarbeit eine Kontrolle zu haben. Kommt Musik hinzu, wird die Aufgabe nochmals anspruchvoller: Die drei Gruppen – Spieler, Musikanten und Sprecher – müssen jeder ihre Aufgabe lösen und gleichzeitig die anderen im Blick und Bewusstsein haben.

3.) Je nach Text müssen die Spieletüden anders gestaltet sein, sie sollen ja die geforderte Spielhandlung vorbereiten. Deshalb werde ich in den ausgeführten Stundenbildern die Spieletüden aufführen.

Kostüme und Requisiten

Auch hier gibt es zwar ein paar Grundregeln, aber das Experimentieren steht im Vordergrund.

- Sind die Kinder noch recht klein und wenig kontrolliert, empfehlen sich richtige Kostüme, in denen es nichts ausmacht, wenn sie mal den Kopf wenden oder den Oberkörper nicht in der gewünschten Position halten können. Sind sie schon geübter und älter, können mit Pappe und Gummiband wahre Wunder erzeugt werden. Die „Wilden Kerle“ könnten gar nicht struppiger sein, die „vielarmige“ Elfe hat einen wunderschönen großen Elfenkopf, der Drache entsteht aus einem großen Karton, hinter dem die Kinder verschwinden können...
- Schwer ist es, in Kulissen hineinzuspielen, die über eine Folie eingeblendet werden: Tisch, Stuhl etc. Hier ist es günstiger, die Dinge real hinter die Leinwand zu stellen und daran die Kinder agieren zu lassen. Eingeblendete Kulissen erfordern ein hohes Maß an Selbstkontrolle und Übung.

Literaturliste zum Schattenspiel

1.) Schattenfiguren – Schattenspiel
Geschichte, Herstellung, Spiel
Von Peter F. Dunkel
DuMont Buchverlag, Köln

2.) Menschen- und Figurenschattenspiele
Modelle – Szenen – Experimente
Von Friedrich Reinhardt
Don Bosco Verlag, München

3.) Schattenspiel – ein Spaß für Groß und Klein
Von Gudrun und Hans-Felix Wehle
Luchterhand, Neuwied

Und wer sich für die Hohe Kunst des Schattenspiels interessiert:

4.) Schattentheater
Band 1: Autoren + Akteure
Band 2: Kunst + Technik
Herausgeber: Rainer Reusch
Einhorn Verlag, 73525 Schwäbisch Gmünd
Postfach 1280
(Direktbestellung beim Einhorn Verlag)

A – a – a

Oh, du großer starker Baum
bist so hoch – man glaubt es kaum!
Und ich winzig-kleiner Wicht
schmieg mich an dein' Stamm – ganz dicht.

Meine Stärke sieht man nicht!

I – i – i

Im grünen Wald viel Bäume stehn –
man kann darin spazieren gehn.

Die Bäume wiegen sich im Wind –
der Wind wiegt freundlich jedes Kind.

Die Äste strecken sich zum Himmel
in feuchtes, wolkiges Gewimmel.

Und aus den Wolken fällt der Regen –
er bringt der Erde seinen Segen.

Für das leise Sprechen

Leise – Kinder – leise!
Wir gehen auf die Reise.

Wir wollen in die Wälder gehn
und nach den kleinen Zwergen sehn.

Man sieht sie nicht –
man hört sie nicht –
sie zeigen selten ihr Gesicht!

Für das zornige Sprechen

Der Räuber schleicht in dunkler Nacht,
hat viele um ihr Geld gebracht.
Er nimmt, was er nur kriegen kann,
und alle Leute fragen: „Wann
wird endlich der Mensch festgesetzt?“

Das wollen wir berichten jetzt!

Septemberthema: „Wald“

Tänze:

- Landschaftswanderung — Oussoren Schreibtanz 1; verlag modernes lernen
- Der wachsende Baum — Oussoren Schreibtanz 1; verlag modernes lernen

Musiken:

- Der Zauberwald (Kinderimprovisation)
- Komm mit zur Quelle — (Ludger Edelkötter)

Lieder:

- Wir gehen durch den grünen Wald — (Fischer-Olm)
- Kuckuck, Kuckuck ruft's aus dem Wald — (Volkslied)
- Ein Männlein steht im Walde — (Niederrhein, Text H. von Fallersleben)
- Hänsel und Gretel — (Volkslied)
- Im Walde von Toulouse — (Frankreich, Text U. Kabitz)
- Das Bärenorchester — (aus „Wenn der Elefant in die Disco geht“)

Gedichte:

- Septembermorgen — (Mörike)
- Oh, du großer starker Baum — (FO)
- Leise – Kinder – leise — (FO)
- Die Blätter fallen, fallen wie von weit — (Hesse)
- I – i – i – Im grünen Wald — (FO)
- Steigt das Büblein auf den Baum — (Güll)
- Der Räuber schleicht in dunkler Nacht — (FO)

Spracharbeit:

- Den Waldspaziergang im Gespräch nacherleben (Erst ruhiger Vortrag, der vor allem die Sinneserfahrungen der Kinder repetiert, die Kinder ergänzen. Später tragen die Kinder vor)
- Wortfeld „Wald“ (Bäume, Gräser, Moose, Vögel, Waldtiere, Pilze, Erde etc.)
- Adjektive zu Bäumen, Moosen, Waldgeräuschen finden
- Wortfamilie „Bären“ (Bärenfänger, Bärentatze, Bärenfell, bärig, bärenstark etc.)
- Wortfeld „Erde“
- Phonemetüde „Bäume“ (zur phonologischen Bewusstheit)
  „Die Regentröpfchen fallen auf die Blätter: bbbb – bbbb –bbbb — MHZ: „B“
  Die Eulen verstecken sich im Baum: äu – äu – äu (lautlich gleich eu) — MHZ: „Eu“
  Und Beeren und Pilze können wir essen: mmmm – mmm – mmm — MHZ: „M“
  Die Erde ist warm und locker: eeee – eee – eee“ — MHZ: „E“
  Alle rufen: „B – äu – m – e!“
  Stimmarbeit: Die Gedichte mit hoher und tiefer Stimme sprechen.

Myofunktionelle Übungen:

- Als Allererstes muss die richtige Ruhelage (RL) der Zunge eingeübt werden. Die Zungenspitze liegt flächig am oberen Gaumen (Alveolaren) an, sie ist ganz entspannt. Diese Übung muss immer wieder zwischendrin gemacht werden, weil viele Kinder eine falsche Zungenruhelage haben und damit die Zähne nach vorn drücken (Folge der Nuckis?).
- Zungenübung (ZÜ): Nacheinander werden mit der Zunge die Zähne angetippt (Zähnezählen).
- Die Zunge drückt von innen gegen die Backen und die Oberlippe und Unterlippe. Nicht kreisen!
- Lippenübung (LÜ): Lippen breit machen (lächeln!) und rundspitzen (Küsschen).
- Lippen mit geschlossenen Zähnen öffnen und schließen (sprich uiuiui).
- Blaseübung (BÜ): Die Kinder blasen die Backen auf bis sie platzen.

Visuelle Wahrnehmung:

- Vergleichen verschiedener Baumformen (Größe, Form, Rinde, Geruch, Frucht etc.)
- Die Teile des Baumes: Wurzeln, Stamm, Krone (Äste, Zweige, Blätter, Rinde, Holzscheibe zur Bestimmung des Alters)

- Verschiedene Rindenstückchen sehen, beschreiben
- Verschiedene Blätter vergleichen
- Die richtigen Blätter ihrem kopierten Schatten zuordnen
- Blättermemory mit gepressten Blättern herstellen
- Die Blätter nach ihren Merkmalen immer anders zusammenstellen: Rund und spitz, groß und klein, hell und dunkel, ledrig und zart, dickadrig und dünnadrig etc.
- Wie sehen verschiedene Obstsorten und Waldfrüchte von innen aus?
- Verschiedene Zapfen
- Zapfen öffnen sich in der warmen Stube und lassen den Samen herausfallen
- Mandalas aus Früchten des Gartens oder des Waldes oder gemischt legen
- Auf einem Teller liegen kleine Stückchen verschiedener Früchte. Ein Kind sitzt in der Mitte und bekommt mit geschlossenen Augen etwas gefüttert – was war's? Zwischendurch etwas Neues dazulegen.
- Wie entstehen Wurzeln? Einen Grünlilienableger in ein Wasserglas geben.

Auditive Wahrnehmung:

- Das Rauschen der Blätter hören
- Regen fällt im Wald
- Verschiedene Zapfen fallen (groß – klein, nass – trocken)
- Was fällt? Blätter? Zapfen? Holzstückchen? Moos? Dicke Äste? Zweiglein?
- Welche Tiere hörst du?
- Woher ruft der Kuckuck?
- Die Instrumente des Zauberwaldes auseinanderhören und benennen
- Partnerarbeit: Ich folge dem Klang meines Instrumentes, meines Tieres, meines Vogels
- Wie viele Bäume machen Musik im Zauberwald? (crescendo – decrescendo, Cluster, einzelne Instrumente)

Taktile Wahrnehmung:

- Blätter fühlen sich verschieden an: Weich, ledrig, spitz, gezähnt, rauh, glatt etc.
- Die Rindenstückchen (oder beim Waldspaziergang einen Baum) erfühlen und beschreiben oder benennen
- Beim Waldspaziergang: Fußfühlraupe (Alle Kinder fassen sich an, nur das erste sieht und führt die anderen blind über verschiedene Böden)
- Einen Schatz mit den bloßen Händen ausgraben
- Die Gerüche des Waldes in sich aufnehmen: Wie riecht Erde, wie riecht ein Tannenbaum, wie riecht das Moos etc.?
- Fußerfahrungsstraße auf der Treppe machen: Schachteln mit verschiedenen Waldmaterialien füllen und barfuß ablaufen lassen.
- Zweige, Äste, Zweiglein, Teil vom Stamm erfühlen (Hänsel)
- Welche Waldfrucht fühlst du in der Hand?
- Zapfen ertasten und benennen
- Thema Bär: Verschiedene Fellstückchen betasten und beschreiben (Persianer, Kaninchen, Fuchs – was man halt auf dem Dachboden und in second hand shops oder als Kürschnerabfall so auftreiben kann)
- Partnerarbeit: Ein Kind liegt bäuchlings vor dem anderen. Nun berührt das Sitzende mit den verschiedenen schon bekannten Waldmaterialien die nackten Arme oder Beine des Liegenden. Was war's?

Stilleübungen:

- Der müde Baum: Zur Musik von Ludger Edelkötter (Komm mit zur Quelle) einen Baum wachsen lassen.
- Phantasiereise: Ein Blatt wird vom Baum geweht.
- Zu dem Lied „Falle, falle, falle, grünes Blatt, gelbes Blatt etc." das leise Fallen der Blätter körperlich nachvollziehen.

- Zu dem Gedicht „Die Blätter fallen, fallen wie von weit“ von H. Hesse die inhaltlich passenden Bewegungen mit den Händen machen.
- Aus bunten Blättern ein Blattmandala legen.
- Verschiedene Moossorten zu einem Moosmandala anordnen.
- Partnerübung: Einer ist der Baum, der andere tastet still mit geschlossenen Augen den Baum ab. Sind alle „Blinden“ fertig, tauschen die „Bäume“ leise die Plätze. Nun soll jeder Blinde seinen Baum wiederfinden.
- Beim Waldspaziergang anhalten, hinknien, sich die Augen verbinden lassen. Nun werden beide Arme mit ihren Fäusten erhoben. Jedes Mal, wenn das Kind ein neues Geräusch des Waldes hört, einen weiteren Finger rausstrecken.
- Erfahrung „Erde“ – ein Loch graben, etwas einpflanzen, die Erde durch die Finger rieseln lassen, Farben vergleichen, der Konsistenz nachfühlen.
- Jedes Kind bringt etwas Abgepflücktes aus dem Wald mit; es wird in einer Tüte versteckt. Zurück im Zimmer schließen die Kinder die Augen und nun wird jedes Teil gründlich erfühlt und berochen. Ohne Sprechen auf Glöckchenton weitergeben.
  Die Teile werden auf ein schönes Tuch in der Mitte gelegt. Die Stilleübung wird mit einem meditativen Tanz (Waldspaziergang) abgeschlossen.

Märchen / Darstellendes Spiel:
- Schneeweißchen und Rosenrot (Thema Bär)
- Hänsel und Gretel
- Schneewittchen

Psychomotorik:
- Partnerübung: Baumstammrollen. Zwei Kinder halten sich fest umarmt und „rollen den Berg hinunter“
- Hasenjagd: Einer ist Jäger (mit Jägermütze) die anderen sind Hasen. Halten sich zwei Hasen umarmt, sind sie sicher. Auf Gongschlag müssen die Partner gewechselt werden.
- Klopapier und Haushaltsrollen sind grünbraunschwarz angemalt worden. Nun stellen wir einen „Wald“ auf. Die Kinder bewegen sich in diesem Wald, ohne die Rollen umzustoßen: Laufen, hüpfen, rennen, schleichen, stolpern, zu weit, rückwärts etc. Die Kleinen kommen sicher auf viele Ideen. Später bei der „Bärenjagd“ haben wir schon einen Wald...
- Bewegungsparcours nach dem Bilderbuch: Gehen wir auf Bärenjagd
  a) Bärenrollen vorher zur Einstimmung
  b) Kinder und Ülin bauen die Wiese, den Sumpf, den Wald etc. aus der Geschichte auf und spielen dann das Bilderbuch nach.

Bastel- / Malaufgaben:
- Aus Blättern eine Laterne kleben
- Mit starkadrigen Blättern Servietten bedrucken
- Mit Ölkreiden die Blätter auf Briefpapier übertragen
- Gemeinschaftsarbeit: Ein großes Mandala aus verschiedenen Blattformen kleben
- Interessante Wurzeln im Wald sammeln, weiterbearbeiten oder einen Wurzelgarten herstellen
- Dieser Wurzelgarten kann die Kulisse für die gebastelten Vögel in ihren Käfigen abgeben (Vögel aus Pfeifenputzerdraht und Flaumfedern oder gekauften bunten Federn, Käfige selber flechten aus dünnen Wasserweidenzweigen).
- Einen Baumumriß aus einer alten Holzplatte aussägen. Dann mit Rindenstückchen, Ästchen, Blättern und Samen bekleben. Mit Moosen den Grund auspolstern
- Ein Leporello mit den „Räubern von Toulouse“ schneiden und in einen gemalten Wald hineinkleben
- Eine Collage aus Fellresten auf Stoff zu Schneeweißchen und Rosenrot
- Aus „window colours“ Bäume herstellen und einen Wald am Fenster wachsen lassen
- Die Bilder zu Hänsel und Gretel malen
- Baummützchen basteln: Alte Wollmützchen von den Müttern erbitten. Die Kinder schneiden verschieden grüne Kreppstreifen, die werden auf das Mützchen getackert.

Vorbereitung für die folgenden Stunden ist der echte Waldspaziergang (besser mehrere), bei dem einige der in der Materialsammlung angegebenen Wahrnehmungsübungen durchgeführt werden können. Wichtig ist, dass jedes Kind ausreichend Erfahrungen und Material gesammelt hat (Plastiktüte vorher mit Namen beschriften!).

Einheit „Unwetter im Wald"

Materialbedarf:

- CD Oussoren 1
- Gesammelte Waldmaterialien
- Fluter (Sonnenlicht)
- Donnerblech

1.) Tanz: Der wachsende Baum von Oussoren 1

a) Stilleübung und mundmotorische Übungen: Wir suchen uns einen Platz im Zimmer, stehen, strecken unsere Arme und Beine aus, ohne den Nachbarn zu berühren oder zu beengen. Nun verankern wir unsere Beine fest im Boden, sie verwandeln sich in Wurzeln, die fest in der Erde stehen und den Baum halten. Wir klopfen unsere feinen Würzelchen (Zehen und Fuß) fest ab**: Mundmotorische Übung**: packpackpack. Nun wandern unsere klopfenden Hände an den dicken Wurzeln (Beine) hinauf. Die sind schon viel kräftiger, da muss man feste klopfen: Bammbammbamm. Dann kommt der dicke Stamm (Rumpf). Wir klopfen kräftig rundherum; immer wieder. Es ist wichtig, dass wir merken, wie fest und zuverlässig der Stamm (bommbomm) ist. Nun streckt der Baum seine Äste (Arme) in den Himmel. Hoch und immer höher wachsen sie der Sonne entgegen: Uiiiuiii. Jetzt entfalten sich die Blätter (Finger werden mit lautmalerischem „cht" einzeln aus der Faust herausgestreckt). Der Wind geht durch die Baumkronen und bewegt Äste, Zweige und Blätter – schtschtscht – ffchffchffch... Plötzlich zieht eine dicke Wolke auf: Die Bäume stehen ganz ruhig und erwarten den Regen: Plopp – plopp – einzelne Blätter werden getroffen, allmählich wird der Regen stärker und die Äste, Zweige und Blätter spüren das wunderbare Nass. Ganz zum Schluss kommt der Wind und trocknet den Baum wieder: ffftffffftffff.

b) Jetzt wollen wir die ganze Geschichte noch einmal tanzen; Oussoren – Musik dazu, mit den Lautmalereien

2.) Lied (Text und Melodie: Anna Fischer-Olm):

a) Das Lied wird gesungen und gespielt;
die eine Hälfte der Kinder sind Bäume, die andere, die Spaziergänger; eines bedient den Blitz (Fluter), eines den Donner (Donnerblech). Die Kinder gehen im Wald spazieren, sehen den Blitz, hören den Donner und verstecken sich schnell am Fuße eines „Baumes“. Die Ülin spricht den Zauberspruch:
„Hokuspokus – man glaubt es kaum, aus Baum wird Kind, aus Kind wird Baum“

b) Rollenwechsel
Alternativ kann auch das Lied „Ich geh durch einen grasgrünen Wald“ gesungen und gespielt werden.

3.) Gespräch über den Wald:

a) Die Kinder bringen die gesammelten Materialien in die Mitte des Kreises. Sie werden betastet, beschrieben, geordnet, zugeordnet.

b) Schlusskreis: Wir legen ein Mandala aus diesen Materialien und sprechen miteinander das **Baumgedicht:** (Das aus dem Buch kopierte und schön angemalte Gedichtblatt wird an der Gedichtwand aufgehängt)

A – a – a	MHZ: Zeigefinger und Daumen vor dem Mund
Oh, du großer starker Baum	Aus der Hocke allmählich aufwachsen, Arme
bist so hoch – man glaubt es kaum!	gestreckt nach oben recken
Und ich winzig-kleiner Wicht	Ganz klein zusammenkauern
schmieg mich an dein' Stamm – ganz dicht.	Arme öffnen und imaginären Baum umarmen
Meine Stärke sieht man nicht!	Aufrichten, beide Arme vor der Brust kreuzen
Ah – a – a	MHZ

Nach dieser Stunde könnten organisch einige der **Bastelvorschläge** durchgeführt werden, unter anderem die Baummützchen.

Einheit „Der Zauberwald“

Materialbedarf:

- Orff-Instrumente
- Baummützchen
- Feenhut, -stab und -kleid
- CD Oussoren 2 „Der wachsende Baum“

1.) Tanz: Der wachsende Baum

2.) Baumgedicht: Mit MHZ und Körpergesten (Bild aufhängen)

„Wald“	
Im grünen Wald viel Bäume stehn –	sich wiegen wie ein Baum
man kann darin spazieren gehn.	
Die Bäume wiegen sich im Wind –	
der Wind wiegt freundlich jedes Kind.	
Die Äste strecken sich zum Himmel	die Arme strecken, Zehenspitzen
in feuchtes, wolkiges Gewimmel.	
Und aus den Wolken fällt der Regen –	Regentröpfchen fallen lassen
er bringt der Erde seinen Segen.	Hände vor dem Körper zu einer Schale zusammenlegen, Arme weit öffnen, langsam sinken lassen

3.) Geschichte: Im Kreis zu Beginn erst einmal erzählen. Dann werden die Baummützchen und die Orff-Instrumente an die Kinder ausgeteilt, sie verteilen sich im Raum. Dann erzählen – spielen – erzählen – spielen

Es war einmal ein Wald, das war ein ganz besonderer Wald: Die Bäume konnten nämlich Musik machen, jeder auf seine Art. Aber sie machten diese Musik nicht immer; nur wenn die Fee, der dieser Wald gehörte, zu Besuch kam, fingen sie zu klingen an. Jeder Baum, den sie begrüßte, ließ seinen Klang hören.

a) Die Fee geht mit ihrem Zauberstab durch die Reihen der Bäume. Sie berührt einen Baum zur Begrüßung, er beginnt zu tönen. Der Baum musiziert nur so lange, wie die Fee bei ihm stehen bleibt; zum Abschluss berührt sie ihn wieder und geht weiter.

b) Geschichte variieren (Crescendo-decrescendo durch Hinzufügen und Wegnehmen):
Eines Tages befiehlt die Fee ihren Bäumen, einfach weiterzuspielen, nachdem sie sie begrüßt hat. Sie läuft durch ihren Wald und ein Baum nach dem anderen musiziert. Alle zusammen ergeben einen großen Klang. Nun berührt die Fee einen Baum, der hört auf zu musizieren, dann bringt sie den nächsten durch Berühren zum Verstummen. Nach und nach wird die Musik leiser und hört schließlich ganz auf.
Schlüsselfrage: Wie kam es wohl, dass die Musik immer lauter und dann wieder leiser wurde?

c) Zweite Variation (Crescendo-decrescendo durch Lautstärkenvariation)
Auch dieses wurde der Fee nach einiger Zeit langweilig. Nun befahl sie ihren Bäumen ganz genau auf ihre Arme zu schauen. Wenn sie die Arme hob, sollten sie alle zu spielen anfangen, aber anfangs noch leise. Je weiter sie ihre Arme öffnete, umso lauter sollten sie spielen; brachte sie ihre Hände wieder zusammen, sollten sie allmählich immer leiser werden. Sanken die Arme, hörten alle auf. Das war sehr schwer und die Bäume mussten schon arg aufpassen, aber es machte auch Spaß, so zusammen laut-leise zu spielen. Nach einer Weile gab die Fee mit ihren Armbewegungen auch noch den Rhythmus an, in dem gespielt werden sollte. Nun kam richtig Schwung auf.
Schlüsselfrage: Wodurch wurde bei dieser Geschichte die Musik laut und auch wieder leise?
Natürlich wird in jeder Stunde die Feenrolle immer weitergegeben; am Ende sollte jedes Kind einmal die Rolle des Dirigenten genossen haben.

4.) Schlusskreis:
Alle Kinder zeigen nun mit ihren Armen die Lautstärke an: Das Rauschen des Waldes ist mal laut, mal leise – schtscht – je nachdem, welche Lautstärke gezeigt wird. Anfangs kann die Ülin führen, mit der Zeit wird sich ein selbstständiger Gruppenprozess entwickeln. Leise verlassen die Kinder den Raum.
An diese Stunde können gut die **Hörübungen** der Materialsammlung angeschlossen werden.

Fortführung „Zauberwald"

Materialbedarf:
- Orff-Instrumente
- CD Oussoren
- Instrumentenkärtchen
- Schlafmasken oder Tücher

1.) Tanzlied: „Waldspaziergang" im Kreis singen und mit Gesten spielen, Tanz „Waldspaziergang" von Oussoren 1.

2.) Gedicht: (Gedichtblatt an der Wand aufhängen)

Ei – ei – ei	MHZ: Mit der linken Hand sanft die linke Backe streicheln
Leise – leise – leise,	Kinder stehen im Kreis, drei kleine Schleichschritte nach rechts
die Fee geht auf die Reise.	Drei weitere Schleichschritte nach rechts
Ein jeder Baum klingt seinen Ton.	Von unten beginnend mit beiden Händen die Silhouette eines Laubbaumes nachzeichnen

Wir kennen seine Farbe schon.	Die Hände machen im Silbentakt leichte Tupfbewegungen
Es klingt mal laut –	Mit beiden Armen von der Mitte aus weit auseinander fahren
es klingt mal leis –	Wieder zurückfahren zur Mitte
so ist des Zauberwaldes Weis'.	Noch einmal groß die Baumsilhouette bewegen.

3.) Hörübung Orff-Instrumente:
Die Ülin hat hinter einer Bank oder Pappwand einige Orff-Instrumente hingelegt. Sie lässt sie nun erklingen und fragt die Kinder nach den Namen. Einige werden sie schon kennen, andere werden dann gezeigt und benannt. Das Ratespiel kann nun von einem Kind weitergeführt werden, das schon besonders zu Hause ist bei den Instrumenten (Will man spracharmen Kindern den Erfolg leichter machen, bereitet man Kärtchen mit den Abbildungen der Orff-Instrumente vor. Jedes Kind bekommt ein Sortiment und hebt nun das Bild hoch, dessen Klang es hört. Den Klang richtig zuordnen und das Wort wissen ist zweierlei).

4.) Vertrauensspaziergang:
Je zwei Kinder finden sich zusammen. Eins bekommt ein Instrument, das andere eine Schlafmaske oder ein Tuch um den Kopf. Nun „führt" der Klang das blinde Kind durch den Raum. Es ist sinnvoll, vorher zu besprechen, dass der Führer dafür verantwortlich ist, dass dem Geführten nichts passiert und er sich nicht stößt. Obwohl von allen Seiten die verschiedenen Klänge auf das Kind einstürmen, muss es „seinem" Klang folgen.
Rollenwechsel.

5.) Richtungshören:
Die Hälfte der Kinder sitzt mit verbundenen Augen verteilt im Raum. Die andere Hälfte steht außen entlang, jedes mit einem anderen Orff-Instrument. Nacheinander erklingen die Instrumente. Woher kam der Klang? Zeigen!
Welches Instrument war es? (Benennen, erinnern)

6.) Schlusskreis:
Wir sitzen im Kreis, jedes Kind hat wieder ein Instrument. Das Gedicht mit der Fee wird rezitiert und passend dazu musiziert:
„Ein jeder Baum klingt seinen Ton": Reihum klingen lassen
„Es klingt mal laut": Alle zusammen auf Zeichen laut musizieren
„Es klingt mal leis": Alle musizieren leise
Leise ausklingen lassen „so ist des Zauberwaldes Weis"
Leise werden die Instrumente in einen Korb in der Mitte gelegt und der Raum verlassen.

Schattenspiel „Die Räuber von Toulouse"

Materialbedarf:
- Schattenleinwand
- Overheadprojektor, Kassette mit „Die Räuber von Toulouse" (eventuell selber eingespielt)
- CD Down, down, down (Paul Johnson, Bravo Hits II, Lied Nr. 16) oder irgendeine andere flotte Musik

1.) Bewegungsimprovisation: „Räuber" nach der Musik von Down hinter der Schattenleinwand (erste Eigenversuche). Wie gehen Räuber,
  a) wenn sie sich sicher fühlen
  b) wenn sie sich anschleichen
  c) wenn sie verfolgt werden
  d) wenn plötzlich der Polizist auftaucht etc.?

Die Kinder erfinden, raten lassen, eventuell berichtigen

2.) Rezitation: mit Gesten (Gedichtbild aufhängen)

A – a – a	MHZ: „A“
Der Räuber schleicht in dunkler Nacht,	Hände schleichen, Katzenpfötchen
hat viele um ihr Geld gebracht.	Bewegung des Greifens
Er nimmt, was er nur kriegen kann,	in alle Richtungen
und alle Leute fragen: „Wann	Händeringen und fragend
wird endlich der Mensch festgesetzt?“	um sich blicken
Das wollen wir berichten jetzt!	

3.) Liedeinführung: Die Räuber von Toulouse

a) Einmal ganz vorsingen mit lebhafter Gebärdensprache (auf den Tanz verweisen)
b) Einmal die erste Strophe mitsingen und mitklatschen lassen.
c) Welche Personen brauchen wir, wenn wir das Lied spielen wollen? (Räuber, Reiter, Polizisten. Erfahrungsgemäß ist die Rolle der Polizei am beliebtesten und die Räuber wollen sich nachher nicht fangen lassen)

4.) Spieletüden:

a) Die Kinder schleichen der Reihe nach „wie Räuber“ an der Schattenleinwand vorbei.
b) Die Gruppe wird halbiert. Die Hälfte schaut zu, singt die erste Strophe mit und bespricht nach dem ersten Durchgang, was besonders gut gewirkt hat.
c) Dann schleicht die zweite Hälfte durch.
d) Die Räuber schleichen alle verschieden. Die erste Gruppe hat den nächsten Durchgang mit verschiedenen Bewegungscharakteren: Ängstlich, forsch, langsam sichernd, gehetzt sich immer umblickend etc.
e) Rollenwechsel für diese Phase – auch für die

5.) Spracharbeit:

a) Besprechung nach jedem Durchgang – da muss man sich viel Zeit nehmen. Die Kinder sollen sensibilisiert werden für verschiedene Bewegungsmuster und sie herzeigen können.
b) Der Wortschatz in Bezug auf Bewegungsmuster wird erweitert.
c) Sorgfältig die Grundregeln des Schattenspiels beachten:
   Immer dicht an der Leinwand entlang (Eventuell zur Unterstützung Schwebebank 40 Zentimeter weg von der Leinwand aufstellen, dann müssen sie zwischen Schwebebank und Leinwand dicht dran bleiben. Später machen sie das dann auch ohne dieses Hilfsmittel.)
   - Arme und Beine deutlich auseinander, Bewegungen überbetonen!
   - Kontrolle des eigenen Schattens aus dem Augenwinkel

6.) Vorsingen der 2. Strophe: Wir haben nur ... Kinder, es sollen aber vierzig Räuber sein. Wie viel sind vierzig? (bei Kindergartenkindern 40 Muggelsteine oder Knöpfe oder ... hinlegen und laut mitzählen lassen) Wie können wir das Problem lösen?
Kinder probieren verschiedene Möglichkeiten.

7.) Spielen:

a) Die Räuber (halbe Gruppe) schleichen auf ihre individuelle Art von rechts nach links, laufen ein paar Schritte nach hinten und rollen sich unter der Lichtquelle durch auf die andere Seite;
b) neuer Durchgang jedes Räubers im Anschluss an den ersten. Perpetuum mobile! Die Sitzenden singen die zweite Strophe, eventuell mit Schlaghölzchen rhythmisieren.
c) Rollenwechsel

8.) Schlusskreis: Nochmals Rezitation des Eingangsgedichtes.

„Die Räuber von Toulouse" 1

Materialbedarf zusätzlich:
- Scheren, Kartons, Gummiband
- Kokosnusstrommeln
- Kassette mit „Die Räuber von Toulouse"

1.) Räubertanz nach dem Lied:

1.Str.: „Im Walde ..."	mit den Armen hin und her wiegen wie eine Baumkrone
2.Str.: „Es waren ihrer vierzig ..."	die Finger einzeln ausstrecken, Zählbewegung
3.Str.: „Ich sehe einen kommen ..."	Indianersuchbewegung
4.Str.: „Mein Herr, bleibt bitte ..."	beide Hände abwehrend-anhaltend von sich strecken
5.Str.: „Ich hab's in meiner ..."	Bewegung des Taschenausleerens
6.Str.: „So gebt denn eure Börse ..."	herrische Armbewegung, den Beutel fordernd
7.Str.: „Im gleichen Augenblicke ..."	rechts herum im Kreis marschieren
8.Str.: „Da hoben alle Räuber ..."	Hände hochnehmen und zurückweichen
9.Str.: „Im Walde von ..."	Waldbewegungen

2.) Liedfortführung: Strophen eins bis drei
Wer kommt neu hinzu? Der Reiter. Wir brauchen ein Pferd und einen Reiter. Wie kann man das Pferd machen? (Ideen sammeln)

3.) Spieletüde Pferd:
a) Je zwei Kinder tun sich zusammen und probieren erst einmal verschiedene Möglichkeiten aus. Als stimmigste wird nachher die übrigbleiben, wo ein Kind das Vorderteil und das andere das Hinterteil des Pferdes ist. Vorder- und Hinterteil wechseln aber immer nach einem Durchgang.
b) Diese Lösung (und eventuell andere) wird auf ihre „Schattentauglichkeit" hin untersucht. Alle Pferde zeigen einen Durchgang.
c) Die Kinder werden schnell herausfinden, dass es nur klappt, wenn sie im Gleichschritt in guter Nähe durchgaloppieren und das Vorderteil fest den Kopf des Hinterteils hält. Allerdings dürfen sie auch wieder nicht zu dicht aufeinander sein, sonst hat das Pferd keine vier Beine. Bei dieser Bewegungsetüde handelt es sich um eine schwere Aufgabe, die mit Geduld immer wieder geübt werden muss.
d) Die Motivation zum Üben kann durch einen papierenen Pferdekopf und das Mitklopfen (Kokosnusstrommeln) der Zuschauenden gehoben werden.

4.) Spieletüde „Pferd und Reiter":
Der Reiter steht so hinter dem Pferd, dass seine Beine die Beine des Hinterteils möglichst decken. Nun muss geübt werden, dass alle drei sich miteinander im gleichen Rhythmus fortbewegen. Sehr schwer! Wenn das einigermaßen klappt:

5.) Strophen 1-3 im Schattenspiel
a) Räuber ziehen vorbei, beim zweiten Durchgang halten sie etwa in der Mitte der Leinwand an und „erblicken" (Hände vorstrecken, miteinander tuscheln, enger zusammenrücken) den Reiter. Aufpassen, dass die Schatten nicht zu einem Klumpen verschmelzen!
b) Das Pferd hat nun die Aufgabe, das, was vorher in der Fortbewegung stattgefunden hat, nahezu am Platz zu machen. Eine gänzlich neue Bewegungsart!
c) Rollenwechsel

6.) Schlusskreis: Die drei gespielten Strophen des Liedes mit lebhafter Körpersprache singen.

„Die Räuber von Toulouse 2“

Materialbedarf:
- Räuberhüte und kleine Stöcke
- Pferdekopf, kleine Decke zum Egalisieren der Silhouette
- Für den Reiter einen Geldbeutel
- Polizistenmütze, Pistole
- Folie mit Bäumen

1-3.) Anfang wie gehabt.

4.) Spieletüde Groß / Klein:

a) Mehrere Kinder stehen mit dem Bauch zur Leinwand und gehen dann langsam rückwärts (der Schatten wird größer) und wieder vorwärts (der Schatten wird wieder kleiner und schärfer). Jedes Kind soll das einmal durchprobieren.

b) Ein Kind bleibt vorne, das andere kommt groß drohend von hinten.
Will man beide Schatten scharf bekommen braucht man einen zweiten Projektor, der dann den großen Schatten scharf macht.

5.) Das ganze Lied wird durchgespielt:

a) Räuber schleichen an, halten in der Mitte der Leinwand an.

b) Reiter kommt ihnen entgegen und wird in der Mitte angehalten.

c) Börse wechselt den Besitzer.

d) Die Polizisten kommen von groß nach klein und verhaften die Räuber, drängen sie rückwärts aus dem Bild.

e) Der Reiter reitet geradeaus weiter aus dem Bild (das Pferd darf sich während des ganzen Durchgangs nicht umdrehen!) und das Schlussbild mit dem Wald bleibt bei der letzten Strophe stehen.
Schön ist es wenn an den Gesten und Bewegungsabläufen immer mal wieder gearbeitet wird: Wie die Polizisten die Räuber im Genick packen, wie der Reiter dankbar die Arme hochwirft bei seiner Rettung, das Erschrecken der Räuber ... die Kinder vervollkommnen gerne den Ablauf, eine

6.) kleine Aufführung für die andere Gruppe krönt die Bemühungen.

Unterthema: Bären (Materialsammlung)

Tänze:
- Jiffy-Mixer
- Bärentanz (Improvisation nach langsamer bayerischer Blasmusik)

Musiken:
- Instrumentenkunde: Instrumente des Bärenliedes vorstellen
  Klang merken, wiedererkennen, dem Bild zuordnen
- Klanggeschichte: Was der Bär im Walde erlebt

Lieder:
- Das Bärenorchester (aus Hoffmann, „Wenn der Elefant in die Disco geht“)

Weitere Lieder:
- Ich bin ein kleiner Tanzbär (Kreusch-Jakob)
- Bären-Schlaflied (Krenzer / Edelkötter)
- Hab ich ein paar Bären (Jiddisches Volksgut)
- Spiellied: Unser kleiner Bär im Zoo (Krenzer)

Gedichte:
- Text von der Bärenjagd stark rhythmisiert und mit Gesten unterstützt rezitieren
  (Bilderbuch: Gehen wir auf Bärenjagd)
- Überall gibt's Bären (Nortrud Boge-Erli)
- Der Brummelbär (A. Holtz)

Spracharbeit:

- Bilderbuch-Sprachgestaltung: Gehen wir auf Bärenjagd
  Reihenfolgeübung: Wohin verfolgen die Kinder den Bär?
- Wie geht's wieder zurück?
- Wortfamilie „Bären“ (Bärenhöhle, Bärenhaut, Bärenzähne, bärig, bärenstark etc.)
- Pausewang-Fingerspiele: Der kleine Bär

Visuelle Wahrnehmung:

- Kopierte, angemalte Bilder, je zwei gleiche (Memory)
- Farbtraining (visuell), jeder Musikant bekommt eine andere Farbe
- Zählen (Mengenerfassung: Wie viele Bären waren es?)
- Bilder zum Bärenlied, Farbtraining
- Bildbeschreibungen entlang des Bilderbuches
- Arbeitsblatt mit verschiedenen Bären, gleich raussuchen

Auditive Wahrnehmung:

- Hören und Bewegung: Rhythmen klopfen und bewegen
- Instrumente vorstellen und hören lassen
- Rhythmik: Den Klangcharakter der verschiedenen Bären-Instrumente erleben, wenn möglich hörend erleben (Besuch in der Musikschule!)

Taktile Wahrnehmung:

- Dem Bär wird das Fell liebevoll gereinigt (Ein Kind liegt entspannt am Boden, der Partner bürstet sachte das Fell)
- Verschiedene Pelzreste werden abgefühlt und verglichen, gleiche Pelze zusammenfühlen

Stilleübungen:

- Märchen „Schneeweißchen und Rosenrot“ erzählen, darin einbauen die
- Entspannungsübung: Fell kraulen

Märchen / Darstellendes Spiel:

- Schneeweißchen und Rosenrot spielen (Spieletüden vorausschicken: Wie bewegt sich eine Oma, ein Bär, zwei Kinder, der Hund, die Katze?)

Psychomotorik:

- Psychomotorischer Übungsparcours nach dem Bilderbuch: Wir gehen auf Bärenjagd von M. Rosen und H. Oxenbury
- Die Kinder bauen mit den vorhandenen Sportmaterialien in der Halle eine Wiese (Schaumstoffwürfel?), einen Bach (Rhythmikbänder oder Seilchen), einen Sumpf (mehrere Kartons mit weichen Bällen gefüllt?), einen Wald (Stöcke und Kegel?), einen Schneesturm (großes Schwungtuch?), eine Höhle (Matten?) auf.
- Erst rezitieren sie mit Handgesten am Platz das Gedicht,
- dann spielen sie es mit improvisierten Dialogen.

Bärenspiel:

- Der Bär schläft noch: Ein Kind sitzt in der Mitte als schlafender Bär. Die anderen gehen herum und rufen: „Steh auf“. Er brummt. „Steh jetzt auf“. Er brummt lauter. „Jetzt wird aber aufgestanden“. Der Bär brummt: „In ... Stunden“. Die Kinder bleiben stehen und zählen laut. Der Bär springt auf und fängt eines. Dieses ist dann der neue Bär.

Basteln / Malen / Kochen und Backen / Riechen:

- Plastische Gestaltung aus Unterhemdstoff, der mit einer Füllung aus alten Stoffresten den Körper abgibt und Fell: Bär
- Einladungskarten mit Doppelbären für das Bärenfest basteln
- Servietten mit Bärchen bedrucken (Kartoffeldruck, Stempel)
- Tischkarten
- Eine schöne Ecke aus Waldmaterialien machen und die mitgebrachten oder gebastelten kleinen Bären dort einbauen
- Bärenmasken aus Karton schneiden für den Bärentanz und das Bärenorchester
- Feiern: Wir feiern ein Bärenfest, dafür haben wir gekocht und gebacken

– Unsere Bären von daheim kommen mit
– Bären müssen gut riechen können ... (Riechbüchschen)

Bilderbücher:

– Bilderbuch-Sprachgestaltung: „Gehen wir auf Bärenjagd“
– „Der Bär auf dem Försterball“ (Peter Hacks, Ill. Walter Schmögner)
  Middelhauve, Köln, Zürich, 1997
– „Kannst Du nicht schlafen, kleiner Bär?“ Von Barbara Firth und Martin Waddel, Betz Verlag
– Bastelbilderbuch „Zottel“ von Silvia Bötsch, Verlag Schwager und Steinlein, Fürth
– „Ich sag, du bist ein Bär“ von Janosch, Beltz Verlag
– „Prinz Bär“ von Helme Heine, Middelhauve Verlag

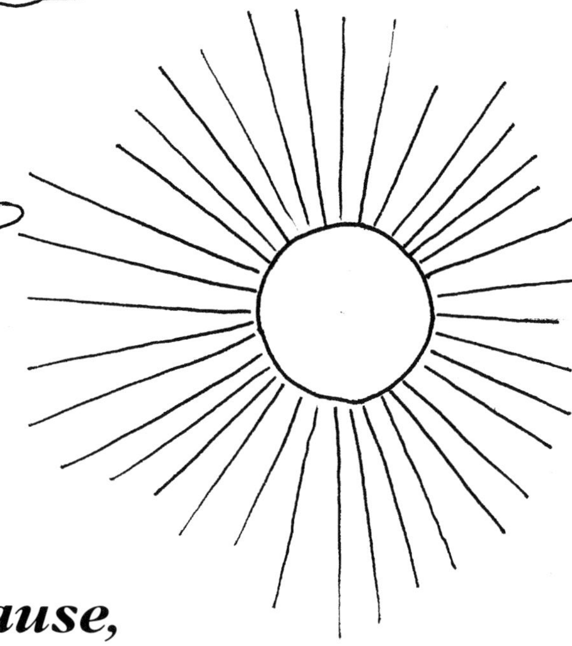

S – s – s

Sause – sause – sause,
ich geh aus meinem Hause,
ich geh aus meinem Haus heraus
und schau nach schönem Wetter aus.
Sause – sause – sause

F – *f* – *f*

Der Wind trägt nun die Vögel fort,
sie müssen fort zu anderm Ort.
Der Wind – er trägt sie gut.
Die Winde, die sie spüren,
soll'n sie nach Süden führen,
in warme Sonnenglut.

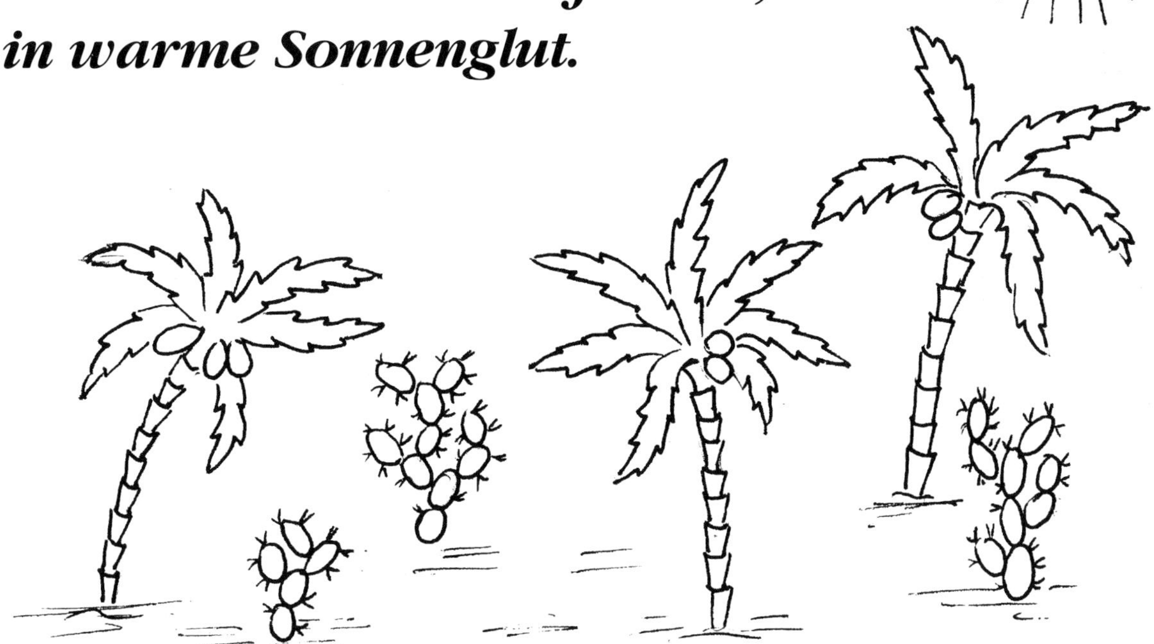

Oktoberthema: „Wind“

Tänze:

- Tanz mit den Seidenbändern (Les Sylphes von Burgmüller)
- Das große kecke Zeitungsblatt (Text Guggenmos, Melodie Kreusch-Jakob)
- Siebensprung (überliefert)
- Hejo, spann den Wagen an (getanzter Kanon, überliefert)

Musiken:

- Wir blasen in verschieden gefüllte Flaschen (Windmusik)
- Wir blasen auf selbstgemachten Panflöten
- Wir stellen ein Blasorchester zusammen aus Gießkannen, Schläuchen, Tüllen, Kämmen, Grashalmen, Papiertröten, Trinkhalmflöten

Lieder:

- Komm stell Dich mal mit mir in den Wind (Kreusch-Jakob)
- Über den Wolken (Reinhardt Mey)
- Winde wehn, Schiffe gehen (überliefert)
- Michel horch es geht der Wind (überliefert)
- Flattert vom Mast unsre Fahne im Wind (Horst G. Hoof)
- Hejo, spann den Wagen an (überliefert)
- Das große kecke Zeitungsblatt (Guggenmos / Vahle)
- Das Lied vom Leisen (Fischer-Olm)

Gedichte:

- Das große kecke Zeitungsblatt (Guggenmos)
- Aus ihrem großen, hellen Haus (FO)
- Sause, sause, sause, ich geh aus (überliefert)
- Der Wind trägt nun die Vögel fort (FO)

Spracharbeit:

- Wie fühlt sich der Wind an? (sanft, kalt, weich, böig, warm, streichelnd, wirbelnd, etc.)
- Wie sehen die Wolken aus?
- Was macht der Wind mit unseren Seidentüchern?
- Was für Winde gibt es? (Sturmwind, Sommerwind, Orkan, Wirbelsturm, Südwind)
- Welche Geräusche machen sie? (Lautmalerei)
- Z hören und als Buchstaben erkennen
- Phonemetüde „Wind“ (phonologische Bewusstheit)
- „Der Wind saust um die Ecken: – Wwww – www – www (MHZ: „W“)
  Er wirbelt allerlei Dreck auf: Iiii – ii –iiii (MHZ: „I“)
  Das lässt uns niesen: Nnn – tschi – nnn – tschi (MHZ: „N“)
  Und dann beruhigt er sich wieder: „D – d – d“ (MHZ: „D“)
  Alle rufen: „W – i – n – d!“

Stimmarbeit: Die Gedichte staccato und legato im Wechsel sprechen

Myofunktionelle Übungen:

- RL überprüfen
- ZÜ: Zunge kreisförmig mit Druck nach außen bei geschlossenem Mund vor den Zähnen herumfahren lassen.
- Zähneputzen: Mit der Zunge bei weit offenem Mund
- LÜ: Wie ein Fisch den Mund immer wieder rund öffnen und nach Luft schnappen, schließen (Gegenstände mit dem Mund ansaugen und transportieren)
- Opamund: Lippen über die Zähne ziehen und so sprechen
- Blaseübung: Die Seidentücher anblasen, Zeitungsschnipsel wegblasen, mit Strohhalmen Wasserwellen machen, Wattewolken blasen
- Windröhrenspiel sachte oder feste zum Klingen bringen mit Blasen

Visuelle Wahrnehmung:
- Wir beobachten, wie der Wind die Blätter und Zweige bewegt
- Wie bewegt der Wind die Wolken?
- Ein Zeitungsblatt wird vom Wind / Strohhalm / anderen Zeitungsblättern / Föhn weitergeweht
- Wie bewegen sich verschiedene Materialien, wenn ein starker Wind (Föhn) weht? (Seide, Baumwolle, Wollpullover, Papier, Pappe etc.)
- Wind und Wasser: Wind kann schnell nasse Sachen trocknen, warum?
- Wir stellen Fähnchen (Streifen) aus verschiedenen Stoffen im Garten auf und beobachten sie im Wind
- Eine Zeitung wird angezündet auf der Wiese. Was macht der Wind mit der Zeitung, der Asche?
- Zeitungsbällchen verschiedener Größe ordnen

Auditive Wahrnehmung:
- Wir hören dem Wind zu
- Wir machen Windgeräusche
- Spiel mit der Windflöte: Wirbelwind, Sausewind, Wiegewind ...
- Der Wind bringt die pentatonischen Röhren in den Bäumen zum Klingen
- Was macht der Wind mit unseren Haaren? (Föhn)
- Was macht die Ülin / ein Kind mit der Zeitung? (Reißen, knüddeln, anzünden, blasen, über den Boden ziehen etc.)
- Welches Zeitungsbällchen hörst du fallen? Groß, mittel, klein?
- Wann hörst du ein Z?
  Erst nur die Laute, dann zwei Laute, dann einsilbige Wörter mit Z am Anfang

Taktile Wahrnehmung:
- Wir machen unsere Hände nass und halten sie in den Wind
- Partnerarbeit: Verschiedene Körperteile werden sacht oder heftiger angeblasen. Wie ist das Gefühl dabei?
- Einige Kinder sitzen unter dem Schwungtuch, andere bewegen das Tuch auf verschiedene Weise auf und nieder. Wie fühlt sich das an?
- Zeitungsfetzchen werden auf verschiedene Körperteile gelegt. Wo sind sie?
- Zeitungsbällchen verschiedener Größe müssen erfühlt werden, mit dem Körper, mit den Händen

Stilleübungen:
- Das pentatonische Windröhrenspiel weitergeben, ohne dass es klingt
- Atemkreis
- Kerzenwandern mit sanftem Anblasen
- Seidentuch mit möglichst wenig Bewegung weiterreichen
- Japanball ohne Geräusch weitergeben

Märchen / Darstellendes Spiel:
- Die Gänsehirtin (Grimms Märchen)
- Spiel der Windkinder (FO nach Ellersieck)
- Heut wanderte durch unsre Stadt (Guggenmos)
- Schattenspiel: Vogelschwärme fliegen fort (FO)

Psychomotorik:
- Spieletüde: Beim Frisör
  Ein Kind ist der Kunde, mehrere Kinder seine Haare. Sie wehen hinter ihm her, wenn er durch die Straße zum Frisör geht. Sie ängstigen sich (zittern) wenn sie den Frisör sehen. Ein Haarbüschel nach dem anderen fällt der riesigen Pappschere zum Opfer (die Haarkinder knicken ein). Mit einem Igelschnitt (Arme steif hochrecken) verlässt der Kunde den Laden.
  Variante:
  Ein Mädchen steht mit seinen Haaren im Wind (die Haare werden wieder durch Kinder dargestellt)
  Jetzt kommt der Sausewind – der Wiegewind – der Blasewind ... wie bewegen sich die Haare?
- Wir fangen unsere Lebensluft in einem Japanball ein, Arbeit mit dem Japanball
- Arbeit mit dem Schwungtuch (Wassergehen, unter dem Wind laufen, Wolken machen, Luftballons / Bälle fliegen lassen etc.)

- Arbeit mit Tüchern (Baumwolltücher, Seidentücher, Chiffontücher)
- Wind und Wasser: Arbeit mit den langen Seidenbändern
- Arbeit mit dem Luftballon
- Zeitungsblatt und Luftballon: Die Zeitung wird zu einem festen Stab gerollt. Nun sollen auf möglichst verschiedene Weise beide Sachen bewegt werden (Luftballon wird mit dem Zeitungsstab balanciert, wandert auf dem Stab hin und her, wird mit dem Stab vorwärts geschoben, wird mit dem Stab geschlagen etc.).
- Sprünge – Erfahrung Hüpfball

Bastel- / Malaufgaben:
- Wir basteln uns Windpeitschen (Kreppstreifen schneiden. Einen dünnen Bambusstock oben kurz einschneiden, auseinanderbiegen und die Kreppstreifen reinzwängen. Mit Tesaband umwickeln)
- Wir schneiden aus einem Bambusrohr eine Panflöte oder blasen in verschieden volle Flaschen
- Gemeinschaftsarbeit: Einen Windkranz aus Seidenstreifen herstellen
  Holzring an drei Punkten aufhängen, verschieden lange Seidenstreifen verschiedener wässeriger Farben daran knoten und unten Glöckchen, Perlen, Knöpfe etc. drannähen
- Pustebilder herstellen
- Aus Abfallröhren vom Flaschner (oder Zimmermannsnägeln) Windgongs herstellen und im Garten aufhängen
- Auf blauem Fotokarton entsteht eine Landschaft mit großem Himmel. Am Himmel sind verschieden geformte Wolken (aus Watte oder Märchenwolle). Die Kinder können die Landschaft dazu malen oder die Einzelteile aus buntem Papier ausschneiden und kleben oder gleich alles aus Märchenwolle gestalten oder....
- Faltarbeiten: Vögel, Flieger, Sterne – alles in einen Busch hängen
- Kleine Windmühlen verschiedener Art aus Fotokarton basteln, an Stöckchen befestigen, in einem großen Blumentopf dem Wind aussetzen
- Drachen basteln
- Wir basteln einen Hut, ein Schiff, ein Flugzeug etc. aus Zeitungspapier
- Eine Collage aus großen Zeitungsbuchstaben, vor allem die „Z“ wie Zeitung suchen
- Verschieden große Bällchen aus Zeitungspapier und Tapetenkleister herstellen

Einheit „Das große kecke Zeitungsblatt“ (Gedicht und Lied)

Immer mit dem Springtanz anfangen

Materialbedarf:
- reichlich alte Zeitungen
- 3-4 Föhne von daheim mitbringen
- Kassette mit dem Lied von Vahle
- Instrument für die Ülin

1.) Singtanz: Siebensprung

a)	Hei, wir tanzen sieben Sprünge ...	Takt 1-4 rechter Seitgalopp
b)	Wiederholung	Takt 5-8 linksrum Seitgalopp
c)	Wer uns einen zeigen ...	Takt 9-12 stehen, stampfen, klatschen

d) Ein Kind springt in die Mitte und zeigt verrückte Sprünge, während die anderen im 4/4-Takt vier Takte durchklatschen und „holla, toll, super“ oder Ähnliches rufen. Darauf achten, dass die 1 betont geklatscht wird (laut-leis-leis-leis).
Mehrere Durchgänge

2.) Kontaktübung:

a) Je zwei Kinder bekommen eine Doppelseite Zeitung. Klavier, Flöte oder Trommel intonieren einen Rhythmus. Die Kinder sollen den Rhythmus in Raumwege umsetzen, ohne sich zu behindern, obwohl sie beieinander bleiben sollen.

b) Musikpause. Die Zeitung wird einmal gefaltet, die Kinder stellen sich drauf.
c) Anderer Rhythmus
d) Pause, wieder falten, draufstellen usw. ... bis es nicht mehr geht. Man kann schön beobachten, welche Kinder kooperationsbereit sind und welche hier noch dazulernen müssen.
Diese Übung kann auch erst einmal jedes Kind für sich allein machen.

3.) Blaseübung:
a) Zwei Kinder versuchen, eine Zeitung wie der Wind durch Blasen fliegen zu lassen.
b) Wie geht das zu dritt?
c) Wie zu viert? (Die Kinder werden merken, dass es zu mehreren, die gut kooperieren, am besten geht.)
d) Wie geht's, wenn man einen Föhn zu Hilfe nimmt?

4.) Hör-Reaktionsübung:
a) Sitzkreis. Die Kinder falten die Zeitung wieder auseinander. Die Ülin trällert oder spielt einen Ton, hört der auf, muss die Zeitung mit einem Ruck auseinander gerissen werden. Wiederholen bis die Schnipsel zu klein sind.
b) Auch hier kann man entweder die Kinder allein oder zu zweit arbeiten lassen.

5.) Gedichtrezitation „Das große kecke Zeitungsblatt“ von Guggenmos: (Blatt mit Text und Zeitungsschnipseln aufhängen)
Die Ülin trägt mit lebhaftester Körpergestik das Gedicht vor, damit die Kinder später schon ein paar Bewegungsmuster als Vorbild haben.

6.) Spracharbeit: Was ist in dem Gedicht passiert?
a) Gedächtnisschulung (wer – wo – wie – was)
b) Reihenfolgeübung (was geschah nacheinander)
c) Spracherweiterung Verben (wie hat sich das Zeitungsblatt bewegt? Vormachen!)

7.) Gedichtgestaltung mit Handgesten:
a) Die Bewegungen des Zeitungsblattes im Sitzen mit den Händen nachvollziehen, passend zum rezitierten Text.
b) Nochmals Handgestenspiel, diesmal mit dem eingespielten Lied von Vahle.

8.) Darstellendes Spiel:
a) Die Kinder spielen selber das Zeitungsblatt, rollen sich, wirbeln hoch, schlurfen etc.
b) Je zwei Kinder spielen den Text: Eines ist der Dichter, der immer versucht das Blatt zu kriegen, das andere ist das Blatt, das sich davonmacht.
Hier werden einige „Dichter“ nicht einsehen, warum sie sich das „Blatt“ nicht packen sollen. Text anhören: Kriegt er's???
c) Die Kinder bekommen ein Zeitungsblatt und spielen das Lied mit der Zeitung.

9.) Stilleübung / Kinästhetik:
a) Partnerübung: Einer liegt mit geschlossenen Augen am Boden, der andere legt ganz zart auf verschiedenen Körperteilen Zeitungsschnitzel ab. Können wir es nur auf der nackten Haut oder auch an bekleideten Körperteilen erspüren?
b) Die ganze Gruppe liegt und die Ülin legt vorher gerollte Zeitungsbällchen ab.
c) Variation: Die Kinder sollen nicht nur fühlen, an welcher Stelle das Bällchen abgelegt wurde, sondern auch wie groß es war (hier kann nur zwischen groß-mittel-klein differenziert werden).

10.) Auditive Übung:
a) Die beim Basteln verschieden großen Zeitungsbällchen fallen zu Boden. War es ein großes, ein kleines, ein mittleres?

b) Rollen die Bällchen oder bleiben sie gleich liegen?
c) Fallen mehrere oder nur eins?

11.) Abschlussübungen:

a) Sitzkreis. Jedes Kind hat eine Zeitung. Wir rascheln laut, wir rascheln leis (an den Zauberwald erinnern!), je nachdem, was der Dirigent anzeigt.
b) Sitzkreis. Wer hat am schnellsten seine Zeitung in die kleinstmögliche Form gebracht? Auch ein Kind, das sein Blatt zerknüddelt und solange draufsteigt, bis es ganz klein ist, hat die Aufgabe richtig gelöst!
c) Mit jetzt schön ausgestalteten passenden Körperbewegungen das Liedgedicht von Vahle „tanzen"

12.) Bastel- / Malaufgaben: Siehe Materialsammlung

1. Stunde: Das Windhaus (Geschichte)

Materialbedarf:

- selbstgemachte Windpeitschen
- Kassette mit Kindergesang „Hejo"

1.) Tanzlied: Hejo, spann den Wagen an, pro Kind 2 Stück
(auf Kassette mit den Kindern mehrmals einsingen)
Jedes Kind hat 2 selbstgemachte Windpeitschen

a) Hejo, spann ... Windpeitschen werden 4 x parallel rechts / links geschwungen (4 Schr)
b) denn der ... mit 8 Schritten rückwärts gehen und dabei Wellen am Boden schlagen
c) Hol den ... beidarmig beim Vorwärtsgehen 4 große Kreise neben dem Körper schlagen

Dieser Kanon wird in drei Gruppen mehrmals hintereinander getanzt. Bei kleineren Kindern dauert es etwas, bis sie in der Lage sind, sich anders zu bewegen als der Nachbar. Hier kann man mit drei Farben (Mütze, Tuch, T-Shirt, Schminke) die Orientierung erleichtern.

2.) Gedicht: Sause, sause, sause (Blatt mit Gedicht aufhängen)

S – s – s	MHZ „S": Arm zeigt groß ein S von unten nach oben
Sause – sause – sause,	Die Kinder sausen herum, müssen aber beim dritten Sause wieder am eigenen Platz stehen
ich geh aus meinem Hause,	Gehbewegungen am Platz im Rhythmus machen
ich geh aus meinem Haus heraus	Mit den Armen einen Giebel überm Kopf bilden
und schau nach schönem Wetter aus.	Die Hand suchend an die Stirn legen, umschauen

3.) Geschichte von den Windkindern: (nach einer Idee von Wilma Ellersieck)
Die Kinder stehen mit ihren Peitschen im Kreis und gestalten jedes neue Windkind beidhändig.
Weit, weit fort am Ende der Welt gibt es ein großes Haus, das ist das Windhaus. Hier wohnt die Windmutter mit ihren Kindern. Das erste heißt ZAUSEWIND und ist besonders wild. Wenn er in die Welt geschickt wird, gibt es Sturm, Orkane, Sturzfluten. Er kann Bäume umreißen und Häuser abdecken. Deshalb darf er auch nicht so oft in die Welt hinaus.
Kommt, wir verwandeln uns mal in den „Zizazaus": Beine fest und breit, beide Peitschen über den Kopf und jetzt im Zickzack herunter: Zizazaus – zizazaus – zizazaus. (spiegelbildlich bewegen)
Das zweite ist der RAUSCHEWIND, den können wir in den Blättern und Büschen, in den Baumkronen und in der Wäsche hören: Sch
Wir sind jetzt der Rauschewind. Sch – sch – sch (Beide Arme von oben nach unten in einer Wellenbewegung spiegelbildlich laufen lassen.)
Und dann gibt es da ein ganz verrücktes Windkind, den WIRBELWIND. Der macht die kleinen Wirbel auf den Straßen. Macht, dass die Blätter im Kreis tanzen. Manchmal allerdings wird er auch groß und

stark, das nennt man dann eine Windhose. Da saugt er alles in sich hinein und wirft es weit weg wieder auf die Erde. Das ist der Huihui – dreeeh!
Beide Arme werden weit auseinander in Schulterhöhe gehalten und nun machen die Hände schnelle Drehbewegungen: Huihui, dreeeh – rechtsherum – huihuidreeeh – linksherum – huihuidreeeh – rechtsherum.
Jetzt im Herbst schickt die Windmutter besonders gerne den BLASEWIND auf die Reise: „Geh, sagt sie, blase alle Blätter von Baum, blase die letzten Kastanien herunter, blase frische Luft in die warmen Zimmer – bereite alles vor für deinen Bruder, den Zizazaus. Der verteilt dann alles. Und der Blasewind bläst sachte alle Blätter vom Baum: Fffft –
Die Windpeitschen werden in Augenhöhe vor den Körper gehalten und angeblasen: Ffft – fffft – fffft
Ganz zum Schluss, wenn alle schon ganz erschöpft sind, hat die Windmutter noch ein Kind, das sie in die Welt schicken kann; den WIEGEWIND. Der ist ganz sacht, der bläst ganz lind, der wiegt alle Kinder in den Schlaf: Suusuusuu
Die Windpeitschen sachte parallel vor dem Körper hin und her schwingen und leise mit stimmlosem s die Erkennungslaute singen (a – g – e). Sususuuuu – sususuuuu – sususuuuu
Jetzt aber ruft die Windmutter die Kinder heim:
Zausewind!! Zizazaus! (3 x Silben und Bewegung, die Hände dann hinter den Körper)
Rauschewind!! Sch! (3 x Silben und Bewegung, dann die Hände hinter den Körper)
Wirbelwind!! Huihuidreeeh! (3 x ...)
Blasewind!! Fffft! (3 x usw.) bzw. (3 x ...)
Wiegewind!! Sususuuuu! (3 x wiegen, dann die Hände verstecken)
Wenn alle Kinder wieder in ihrem Windhaus sind, ruhen sie sich erst einmal richtig aus. Dann aber erzählen sie ihrer Mutter, was sie alles erlebt haben.

4.) Darstellen der Geschichte:

a) Wir bauen mit vorhandenen Materialien ein Windhaus, in das alle Kinder reinpassen. Alternative: Vier Kinder bauen mit ihren Körpern das Haus.
b) Die Mutter wird bestimmt. Sie ruft nun immer schön laut und deutlich die Namen der verschiedenen Winde. Alle Kinder schwärmen mit ihren Windpeitschen aus und sausen herum, bis sie wieder von der Mutter heimgerufen werden. Wichtig ist, dass sie sowohl die Windpeitschen in der eingeübten Weise bewegen als auch ganzkörperlich den Charakter des dargestellten Windes zeigen. Beim ersten Durchgang sind alle Kinder der gleiche Wind (Aussprache und Rückmeldung: Was hat euch besonders gefallen?).
c) Neue Mutter. Zweiter Durchgang wie b).
d) Neue Mutter. Die Kinder werden jetzt in fünf Gruppen eingeteilt. Jede Gruppe stellt einen Wind dar. Die anderen warten im Windhaus, bis sie dran sind und wieder heimgerufen werden.
e) Neue Mutter. Fünf Gruppen. Jetzt wird eine Gruppe nach der anderen herausgeschickt und NICHT wieder zurückgerufen. Erst, wenn alle draußen sind, ruft die Windmutter sie einzeln zurück.

5.) Zusammenfassendes Gespräch:

a) Wie habt ihr euch gefühlt? Wäret ihr lieber ein anderer Wind gewesen? Was hat euch an eurem Windkind besonders gefallen?
b) Was kann denn der Sausewind von seiner Reise wohl erzählen? Der Wirbelwind? Der ...
c) Und jetzt legt euch alle zu Boden und lasst euch von der Windmutter (Ülin) in den Schlaf singen:

6.) Stilleübung: Liedvortrag (Text und Melodie: Anna Fischer-Olm)

2. Stunde: Das Windhaus (Gedichtgestaltung)

Materialbedarf:
- Windpeitschen
- Karte an der Wand als Gedächtnisstütze (Verben der Windkinder: Reibt, bläst etc.)

Tanz:
- Hejo, spann den Wagen an

Gedicht: (Blatt mit dem Gedicht aufhängen)
Übungsbereiche: Rhythmisierte Sprache, Spracherweiterung, angepasste Phonation, Gedächtnis, Artikulomotorik, musikalische Form „fortlaufendes Rondo“, passende Grobmotorik.

Die Kinder stehen mit ihren Windpeitschen im großen Kreis. Während die Ülin zum ersten Mal rezitiert, machen sie die Bewegungen gleich mit:

Refrain:	
Aus ihrem großen, hellen Haus **kommen die Windkinder einzeln heraus.**	Kleine Grätsche, die Hände sind mit den Peitschen hinten, die Knie leicht eingeknickt. Die Arme schwingen im Sprech-Rhythmus immer vor-zurück.
Ich bin gespannt, ob ihr wohl wisst, **welches Windkind das jetzt ist:**	Mit den Stöcken im Sprechrhythmus gegeneinander klopfen, immer dreimal rechts, dreimal links.
Es rast und braust und reißt und zischt – **Wisst ihr, welches Kind das ist?** **Zizazaus – zizazaus – zizazaus** **Der Zausewind –** **Der war das Kind!**	Von oben nach unten zackige, blitzförmige Bewegungen machen. Die Peitschen sollen laut sein. Im Rhythmus gegenläufig von oben nach unten „blitzen“, wild schütteln.
Aus ihrem ...	wie oben, Refrain
Es rauscht und raschelt und reibt und wischt – **Wisst ihr, welches Kind das ist?** **Schsch – schsch – schsch** **Der Rauschewind –** **Der war das Kind!**	Von oben nach unten und wieder nach oben wellenförmige Bewegungen machen Rascheln lassen

Aus ihrem ...	wie oben, Refrain
Es hüpft und tanzt und wirbelt und springt – Wisst ihr, welches Kind das ist?	Die Peitschen tun was der Text sagt
Huihuidreeeh – huihuidreeeh – huihuidreeeh Der Wirbelwind – Der war das Kind!	In Hüfthöhe mit den Peitschen gegenläufige Kreisbewegungen machen.
Aus ihrem ...	wie oben, Refrain
Es pustet und streichelt und bläst und erfrischt – Wisst ihr, welches Kind das ist?	Mit leichten Schritten vorlaufen und dabei die Peitsche heben und vorstrecken, wieder zurücklaufen und die Peitsche senken.
Ffffft – ffffft – ffffft Der Blasewind – Der war das Kind!	Kreppbänder fest anblasen
Aus ihrem ...	wie oben, Refrain
Es steigt und fällt und schaukelt und wiegt – Wisst ihr, welches Kind das ist? Susususuu – susususuu – susususuu	Mit beiden Peitschen sachte hin und her schwingen, in eine Acht übergehen.
Der Wiegewind – Der war das Kind!	Weiterschwingen
Nun sind die Windkinder alle heraus, die Windmutter ruft sie einzeln nach Haus:	Die vorgestreckten Peitschen leicht schütteln.
Zausewind!!! 3x zizazaus und kommt nach Haus geschwind. Rauschewind!!! 3x schschsch und kommt nach Haus geschwind. usw.	Mit gut geöffnetem Mund laut herausrufen – nicht schreien, dann bei den Silben die erlernten Bewegungen dazu machen. Nach jedem Windkind die Arme hinterm Rücken verstecken.
Die Kinder sind alle wieder zu Hause Und ruhen sich erst mal tüchtig aus.	Alle Windpeitschen werden in der Kreismitte mit den Stöcken voraus zu einem Kreis gelegt.

Zum stillen **Abschluss** singen alle ein schon bekanntes Abend- oder Wiegenlied.

Schattentheater

1.) Gedicht: Der Wind trägt nun die Vögel fort (Gedichtblatt aufhängen!)

F – f – f	MHZ „F“: Gestreckten Zeigefinger vom Mund wegblasen
Der Wind trägt nun die Vögel fort,	
sie müssen fort zu anderm Ort.	Eine weite Armbewegung machen.
Der Wind – er trägt sie gut.	Beide Arme heben, als ob der Wind darunter greift.
Die Winde, die sie spüren, soll'n sie nach Süden führen,	Die Arme noch einmal wie unter Wind heben, den ganzen Körper heben.
in warme Sonnenglut.	Große Sonne mit weiten Armen beschreiben, vor dem Körper enden.

2.) Vorübungen:

a) Vögel beobachten

b) Die Kinder sollen lernen, sich so zu bewegen, dass es wie Vogelflug aussieht. Dazu ist es wichtig, dass die Arme sehr locker aus dem Ellbogen heraus hochgezogen werden. Man stellt sich vor, dass an den Ellbogen Schnüre wären, die sie hochziehen. Sind die Ellbogen in Schulterhöhe, werden die Unterarme hochgezogen, „als wenn der Wind darunter greift". Gleichzeitig hebt sich der ganze Körper auf die Zehenspitzen. Beim Herunternehmen der Arme wieder in den Knien leicht einknicken. Die Arme müssen ganz weich sein, man muss förmlich sehen können, wie die Luft die Vögel hebt.

c) Nun diese Bewegungen hinter der Schattenleinwand machen. Bauch zur Leinwand! Seitlich gehen! Die anderen Kinder beobachten genau und geben positive Rückmeldung, was schon gut war.
d) Ein großes Schultertuch, möglichst mit Fransen, verstärkt den Eindruck.
e) Textrezitation dazufügen. Hintergrund: Folie mit Glasmalfarben in Herbsttönen.

Das Gedicht „In einem leeren Haselstrauch" kann gleich im Anschluss gespielt werden.
Hintergrund: Folie mit einem gezeichneten oder kopierten Strauch, in die man mit einer heißen Nadel kleine Löcher gebrannt hat. Das sieht nach Schnee aus. Die Kinder spielen entlang dem Text:

a) Der leere Strauch wird eingeblendet
b) Ein Vögelchen fliegt herein
c) Das nächste fliegt herbei
d) Das dritte komplettiert
e) Immer, wenn einer beim Namen genannt wird schüttelt er die Flügel
f) Der „freche Franz" hebt sie in Siegerpose, er hat sich immerhin die warme Mitte erobert
g) Zusammenrücken
h) Das Pochen der Herzen mit der Trommel simulieren
i) Einer nach dem anderen verlässt den Strauch
j) Der Strauch steht leer, eine kleine Windflöte simuliert leise den Wind.

Stoffsammlung zu Psychomotorikstunden

Thema: Wind und Wolken

Material: Zauberschnur, Schwungtuch, Bälle, Luftballon, Klangkugel, Windinstrumente

Einstimmung: Atemkreis
Die Kinder stehen im Kreis und halten eine Zauberschnur in Taillenhöhe mit beiden Händen fest. Mit dem Atem wird die Schnur langsam auf- und abbewegt, bis sich die Bewegungen (und damit der Atem) harmonisieren.

a) Das Tuch wird auf den Boden gelegt
b) Eine Luftwelle von einer Seite zur anderen durchlaufen lassen
c) Im Wechsel: Seite 1, 2, 3, 4
d) Alle Kinder gleichzeitig: Der Wind macht kabbelnde Wasserwellen
e) 1-4 Kinder liegen unter dem Tuch und erspüren die „Wellen"
f) 1-4 Kinder steigen „durchs Wasser"
g) 1-4 Kinder rollen sich mit dem ganzen Körper „durchs Wasser"
h) Eine große Wolke entsteht: Gleichzeitig hoch und runter schwingen
i) 1-4 aufgerufene Kinder laufen unter der Wolke durch und schnell zurück zum Platz
j) Je zwei Kinder wechseln unter der Wolke auf Zuruf den Platz
k) 4 Kinder wechseln auf Zuruf den Platz
l) Alle, bis auf die vier Eckenhalter, tauschen die Plätze
m) Ein Luftballon auf dem Tuch soll zum Tanzen gebracht werden, ohne herabzufallen
n) Immer mehr Luftballons dazugeben
o) Das Gleiche mit Bällen und anderen Materialien. Ein Kind darf immer angeben, wie das Tuch bewegt werden soll.
p) Ein Kind liegt im Tuch und wird von den anderen geschaukelt (Hängematte)
q) Die Hälfte der Kinder liegt unter dem Tuch. Die äußeren versuchen mit Tasten herauszufinden, wer wer ist.

r) Außer den vier Eckenhaltern liegen alle Kinder unter dem Tuch und lauschen der Klangkugel nach, die oben auf dem Tuch läuft.
s) Die meisten dieser Übungen können auch mit Trommelschlag rhythmisiert werden
t) Regentropfen: Die Hälfte der Kinder liegt unter dem Tuch, die andere Hälfte macht eine sanfte Klopfmassage.
u) Das Tuch als Fischnetz: Die Hälfte der Kinder sind Fische, die andere Hälfte die Fischer. Die Fische schwimmen im Aquarium (Turnhalle) herum, die Fischer müssen sie mit dem „Netz“ fangen. Wer einmal gefangen wurde, wird auch zum Fischer.
v) Windfangen: Einige Kinder sind die weiße Windwolke, die anderen versuchen, die Wolke zu fangen.
w) Eine Höhle / Iglu bauen: Alle schwingen mehrmals auf und ab, bis eine schöne hohe Kuppel entsteht. Nun schnell das Tuch hinter sich nach unten ziehen und sich auf die Kante setzen.
x) Krokodilfangen: Die Kinder sitzen – Beine voraus unter dem Tuch – auf dem Boden und halten das Tuch in Brusthöhe gut gespannt. Unter dem Tuch ist ein Kind, das Krokodil. Nacheinander werden nun die Sitzenden unter das Tuch gezogen, dabei soll es solange wie möglich gespannt bleiben, bevor es zusammensinkt. Die Gefangenen verwandeln sich in Krokodile. Zum Schluss liegen alle Kinder unter dem Tuch.
y) Der Sturmwind: Das Tuch wird halb gefaltet. Vier Kinder spannen es aufrecht. Sie versuchen jetzt, möglichst viele von den „Freien“ einzukreisen und in eine Ecke zu ziehen. Wer in der Ecke war, scheidet aus und macht Sturmwindgeräusche (eventuell mit den selbstgebauten Blasinstrumenten vom Windorchester).

Thema: LuftBlasen

Material: Luftballons, Japanbälle, Seifenblasen, Schweinsblase

a) Visualisierungsübung **Japanball**: Was kann der JB darstellen, wenn er zusammengefaltet ist? (Orangenschnitz, Schiffchen, Wippe, Mützchen, etc.)
Halb aufgefaltet? (Schale, Lampe, Halbkugel, Regenschirm, Kappe, Blumentopf etc.)
Ganz aufgeblasen! (Kugel, Ballon, Perle, Regentropfen, Erbse, Blase etc.)
b) Japanball ohne Mundberührung aufblasen und ausprobieren, was man alles damit machen kann: Auf den Händen herumtragen, vorsichtig hochwerfen und fangen, von rechts nach links wechseln, auf verschiedenen Körperteilen tragen, hochblasen, vor sich her über den Boden blasen, vorsichtig mit dem Fuß bewegen und so weiter..., die Kinder haben tausend Ideen. Damit diese Ideen auch von den anderen bemerkt werden, greift man sich immer wieder ein Kind heraus und lässt es vormachen, die anderen sollen imitieren. Das kann schön mit einem Lied geschehen:

(Text und Melodie: Anna Fischer-Olm)

Ist das Lied zu Ende, probiert wieder jeder für sich Bewegungsmöglichkeiten aus, begleitet durch die Ülin mit irgendeinem Instrument.

c) Der Japanball wandert über den ganzen Körper, er soll möglichst wenig hinfallen.
d) Ein Kind liegt entspannt am Boden, das andere pustet den Japanball über seinen Körper.
e) Alle gehen ruhig im Raum herum und versuchen den Ball im Wechsel mit der Handober- und der Handunterseite zu schlagen. Mit der Zeit bildet sich ein gemeinsamer Rhythmus heraus. Variante: Die Trommel gibt den Rhythmus vor.

f) Mit Stöcken / Seilen / Formhölzern wird eine Straße gebaut. Die Japanbälle müssen durch diese Straße gepustet werden.
g) Zwei Parteien: In der Mitte, markiert durch einen Klebestreifen, liegen alle JB. Auf Kommando fangen beide an, die JB ins gegnerische Lager zu blasen. Nach dem Schlusszeichen werden die Bälle gezählt.
h) Leise von einer Hand in die andere rollen lassen. Dazu das Leise-Lied singen:

(Text und Melodie: Anna Fischer-Olm)

i) Wir bauen eine Lampe mit vielen Kugeln. Wie viele Japanbälle können auf einem einzigen aufrecht stehenden Kind gelagert werden?

Die **Luftballons** sind sehr viel schwerer zu steuern als die Japanbälle, dafür sind sie stabiler. Man kann (fast) alle Übungen mit ihnen machen, die mit Japanbällen möglich sind. Darüber hinaus:
a) Verschiedene Hindernisse sind im Raum verteilt. Der Weg durch sie hindurch ist vorgegeben. Nun sollen die Kinder mit dem Luftballon im Handteller (nur auflegen, nicht zwicken) den Parcours ablaufen.
b) Ballons werden in die Luft geschlagen. Keiner darf zu Boden fallen, alle schlagen alles.
c) Zu einer rustikalen Musik werden die Ballons „zum Singen" gebracht. (Kratzen und reiben)
d) Materialerfahrung allein, zu zweit, zu dritt
e) Partnerübung: Den Luftballon vorne zwischen sich nehmen, hinten, seitlich.

Die Möglichkeiten der kleinen **Seifenblasen** sind begrenzter: Sie müssen noch vorsichtiger behandelt werden als die Japanbälle. Hier wird vor allem die Kontrolle des Blasens im Vordergrund stehen: Blase ich fest, gibt es viele kleine Blasen, je sachter und beständiger geblasen wird, umso größer werden die Kugeln. Sie können vorsichtig wieder gefangen und herumgetragen werden, sie können auf der Hand landen, wir gehen gleichzeitig mit ihnen zu Boden, der „Wind" bläst in einen Schwarm, die Hände vollziehen die Bewegungen der Blasen nach. Die Seifenblasen eignen sich für stille Stunden.
Man sollte den Kindern bei allen drei Materialien immer wieder vor Augen führen, dass sie mit ihrem eigenen „gefangenen Atem" experimentieren.

M – m – m

Meister Maler, male mir
manches Mäuschen auf's Papier.

Male, dass die Mäuschen fressen
und dabei die Katz' vergessen.

Doch sie retten sich ins Haus –
Mal mir noch das Ende aus.

T – k – tz

Lautlos schleicht die Katze,
sie schleicht auf weicher Tatze.
Sie schleicht ganz leis hinauf-hinauf
und lauert allen Mäusen auf.

Tappt die satte Katze
hinunter auf der Tatze,
Sie legt sich nieder, purre-purr
und lässt sich kraulen, schnurre-schnurr.

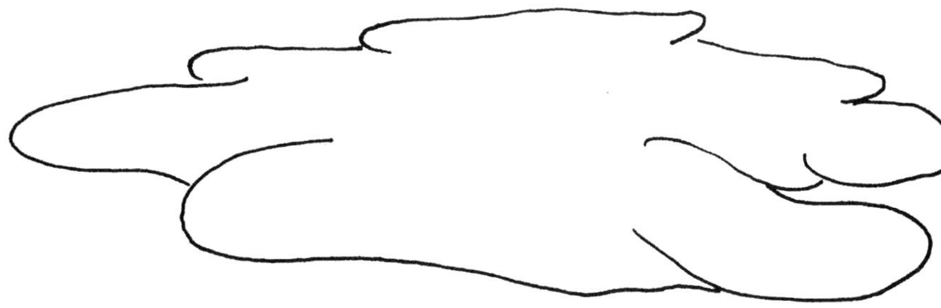

S – s – s

Das Mäusebaby will hinaus.
„Ich lass dich nicht aus meinem Haus,
denn draußen regnet's feste.
Ruh aus, das ist das Beste!“

Das mutge Mäuslein aber spricht:
„Matratzenhorchen mag ich nicht!
Ich mag den Regen und den Wind.“
Und läuft hinaus geschwind!

Novemberthema: Katze und Maus

Tänze:
- Die Maus, die ist in ihrem Haus (Fischer-Olm)
- Katzentanz (Schreibtanz 1 von Oussoren)
- Tanzlied: Miau, miau, hörst Du mein Schreien (aus Frankreich)
- Tanzlied: Das Kätzle schleicht (überliefert)

Musiken:
- Macavity aus Cats (Lloyd Webber)

Lieder:
- Unsre Katz hat Junge g'habt (Volksgut)
- ABC – die Katze lief in'n Schnee (Volksgut)
- Miau, miau, hörst du mein Schreien (aus Frankreich)
- Die Katze Musulunga (Vahle)
- Die Maus, die ist in ihrem Haus (FO)
- D'Bäure hot d'Katz verlorn (Volksgut)
- Spiellied: Ein Schneider fing 'ne Maus (überliefert)

Gedichte:
- Lautlos schleicht die Katze (FO)
- Das Mäusebaby will hinaus (FO)
- Meister Maler, male mir (FO)
- Kracks – sprach der Baumstamm (Orff-Schulwerk)
- Mäuseplage (Hoffman von Fallersleben)

Spracharbeit:
- Kinder erzählen von ihren Tieren daheim, besonderes Augenmerk auf Katzen
- Wortfeld Katzen und Mäuse im Schattenspiel
- Ortsbestimmungen mit Maus und Katz (die kleine Wollmaus und eine Spielkatze sind HINTER dem Karton, VOR dem Stuhl, AUF dem Kissen, NEBEN der Truhe, UNTER dem Tisch ...
- Spiel mit der Stimme: Hoch, tief, langgezogen, kurz, schleifend, drohend, schreiend, zärtlich, leis beginnend lauter werdend, tief beginnend hoch endend miauen
- Wie können Haare sein? (siehe taktile Erfahrungen)
- Szenen von Erlauben und Verweigern erzählen
- Phonemetüde „Katzen" (phonologische Bewusstheit)
  „Die Katzen die kratzen mit ihren Tatzen: kkkk – kkk – kkk MHZ: „K"
  Wenn man sie streichelt, schnurren sie: aaaa – aa – aaaa MHZ: „A"
  Wie der Blitz sausen sie um die Ecken: tz – tz – tz MHZ: „TZ"
  Sie sausen an den Baumstämmen hoch: e von tief nach hoch MHZ: „E"
  Am liebsten aber liegen sie auf dem Sofa und schlafen: nnnnn MHZ: „N"
  Alle flüstern deutlich: „K – a – tz – e – n"

Stimmarbeit: Die Gedichte mal sehr laut und im Wechsel sehr leise sprechen

Myofunktionelle Übungen:
- RL prüfen
- ZÜ: Zunge so weit wie möglich Richtung Nase, dann Richtung Kinn und rechtes Ohr linkes Ohr herausstrecken. (Katze leckt sich nach dem Essen)
- Nun nur Nase und Kinn im Wechsel (alle Teile um den Mund herum müssen geputzt werden)
- LÜ: Im Wechsel Opagebiss und offene Lippen mit Zähnezeigen (Katze gähnt)
- Opagebiss und entspannte geschlossene Lippen
- Möglichst schnell mit geöffneten Lippen Knäckebrot kauen (auch die Maus knabbert)
- Mit der spitzen Zunge ein Puffreiskorn aufnehmen (Puffreis liebt die Maus besonders)
- Die Katze isst Spaghetti, nur mit Lippen und Zunge, ohne Hände oder Füße (für die Kinder saure Spaghetti verwenden)

Visuelle Wahrnehmung:

- Wir schauen uns verschiedene Katzenrassen im Katzenbuch an. Vergleichen!
- Wie laufen Katzen, schleichen, schlagen zu? (Film von der Kreisbildstelle)
- Vielleicht haben Kinder Maus / Hamster oder Katze, die sie mitbringen können zur Beobachtung
- Was ist an Katze und Maus verschieden? Beides sind doch Tiere?

Auditive Wahrnehmung:

- Geräusch „Maus": Klapperhölzchen, Castagnetten klappern lassen oder Erbsen auf die Trommel fallen lassen
- Geräusch „Katze": Reiben auf der Trommel, Murmel in der Schale laufen lassen
- Diese beiden Geräusche sollen bei geschlossenen Augen auseinander gehört werden
- Richtungshören: Die beiden „Geräuschtiere" bewegen sich im Raum. Wo sind sie gerade?
- Katzensprache: Tonband mit Schnurren, Miauen, Katzenschreien, Fauchen hören lassen. In welcher Stimmung ist die Katze?
- Geräuschgeschichte: Die verschwundene Katze aus Detektiv Langohr
- Tierlaute unterscheiden (Detektiv Langohr)
- Selber Tierlaute machen: Raten lassen
- Das Tempo des Mäuseknabberns hören (siehe mundmotorische Übungen), die Maus knabbert mal langsamer, sie hört zwischendrin auch mal ganz auf...

Taktile Wahrnehmung:

- Haare, Felle, Borsten, Bürsten anfassen, vergleichen
- Mit verbundenen Augen wiedererkennen
- Die Haarschöpfe der Kinder untereinander vergleichen (fest, fein, gelockt, glatt, borstig, lang, kurz, gezopft, gebunden etc.)
- Unterschiede von Haut und Fell fühlen. Wo fühlen sich Katzen ähnlich an wie unsere Haut? (Ballen der Pfoten)
- Partnerübung: Ein Kind liegt zusammengerollt wie die Katze, das andere ist der Mensch, der die Katze streichelt. Wie die Katze schnurrt der, der gestreichelt wird, dann besonders laut, wenn es besonders schön ist. Rollenwechsel.
- Spiel: Armer schwarzer Kater (Alle Kinder sitzen im Kreis, eines ist der schwarze Kater. Der muss nun von Kind zu Kind und möglichst erbärmlich und kläglich miauen, das angemaunzte Kind streichelt ihn über die Wange und sagt: „Armer schwarzer Kater", dreimal. Muss das Kind lachen, wird es zum armen Kater.

Stilleübungen:

- Die Mäuse sitzen in der Mitte des Raumes; sie schlafen. Die Katzen müssen sich so leise anschleichen, dass die Mäuse sie nicht hören. Hat eine Maus eine Katze gehört, zeigt sie in ihre Richtung, die Katze muss zum Ausgangsort zurück. Hat sie falsch gezeigt, scheidet die Maus aus. Kann eine Katze eine Maus anrühren, ohne gehört worden zu sein: Rollenwechsel.
- Die Kinder sitzen auf Kissen oder Teppichflecken als „Katze". Sie sitzen ganz ruhig und schauen in die Ferne. Hin und wieder kommt ein Hund vorbei (Ülin) und knurrt kurz in ihre Richtung. Die Katze faucht zurück, lässt sich aber sonst nicht beeindrucken.
- Die Kinder liegen im Raum verteilt: Die Ülin führt mit ihrer ruhigen Stimme in die Vorstellung, dass die Kinder sich in Tiere verwandeln, ohne ein bestimmtes Tier zu nennen, um die Phantasie der Kinder nicht zu sehr einzuschränken.
  „ Erst wachsen dir deine Tierbeine, dann verwandelt sich deine Haut in Fell etc." Ist die innere Verwandlung beendet, machen die Kinder die Augen auf und eins nach dem anderen zeigt sein Tier vor, die andern raten.
- Katzenkampf (Fixierübung): Zwei Kinder sitzen sich gegenüber wie zwei Katzen. Sie schauen sich ganz fest an, solange bis einer wegschauen muss.

Märchen / Darstellendes Spiel:

– Der gestiefelte Kater	(Grimms Märchen)
– Der Rattenfänger von Hameln	(Grimms Märchen)
– Stadtmaus und Feldmaus	(Film von Lotte Reiniger)

- Der Löwe und die Maus (Fabel)
- Geschichten vom Kater Garfield (Comics)
- Mickymaus-Geschichten anschauen und vorlesen (können die Kinder mitbringen)
- Bilderbuchgeschichte vom Kater Nimmersatt nachspielen (Schwarzer Kater Nimmersatt von Ingar Moor, erschienen im Coppenrath Verlag)
- Der Fuchs und die Katze (Fabel in Grimms Märchen)
- Katze und Maus in Gesellschaft (Fabel in Grimms Märchen)
- Spiellied: Ein Schneider fing 'ne Maus (überliefert)
- Geräuschgeschichte: Die verschwundene Katze aus Detektiv Langohr nachspielen lassen
- Tischschattentheater nach dem Film von Lotte Reiniger

Psychomotorik:

- Katze und Maus, Spiel (Kreisform, ein Kind ist als Maus in der Mitte, die Katze außerhalb: Dialog. „Mäuslein, Mäuslein, komm heraus!" „Nein, ich komme nicht heraus" „Dann kratz ich dir die Augen aus" „Und ich lauf schnell zum Haus hinaus". Die Maus verlässt den Kreis, die Katze muss sie fangen.)
- Die Katze legt sich schlafen (ganz zusammenrollen). Ein Körperteil nach dem anderen „wacht auf" und wird gestreckt und gedehnt. Zum Schluss ausgiebig räkeln.
- Das Märchen „Der gestiefelte Kater" in eine Bewegungsstraße umbauen.
- Tiere raten (Imaginationsspiel).
- Maus fangen (eine ans Ende des Seiles gebundene kleine Wollmaus. Ein Kind zieht als Maus das Seil immer weg, das andere soll die Maus fangen.)

Bastelideen:

- Wollmaus basteln (für die Psychomotorik)
- Ein aufgemaltes Katzenhaus miteinander beleben (verschiedene Rassen sehen, beschreiben, ausschneiden, in ein großes Haus einkleben)
- Papiermäuse ausschneiden (für das Stockpuppentheater)
- Origami-Mäuse falten (für das Stockpuppentheater)
- Ein Kätzchen filzen aus Märchenwolle, ebenso Mäuschen
- Aus alten Nylonstrümpfen Mäuse und Katzen basteln

Einheit „Katzenjagd"

Materialbedarf:

- Mäusekappe
- Saure Spaghetti
- Puffreis
- Klanghölzchen
- Matte
- Musikstück „Katzen" aus dem Schreibtanz von Oussoren-Voors

1.) Tanzlied:

„Die Maus, die ist in ihrem Haus"

1. Muster:

Die Kinder stehen Hand in Hand zu zweit auf der Kreislinie. Sie hüpfen zum Rhythmus des Tanzliedes im Kreis. Ein Kind bekommt eine Mauskappe und wartet in der Mitte des Kreises, bis die erste Strophe zu Ende ist.

2. Muster:

Bei der 2. Strophe fassen sich die Kinder an den Händen und heben die Arme zu einem „Zaun" hoch. Die Maus schlüpft nun zwischen den „Zaunlatten" durch. Zum Schluss wird die Mütze an die nächste Maus weitergegeben, die wieder in der Mitte des Kreises auf ihren Einsatz wartet. Kein Fangspiel!

Der Zaun, der schützt die kleine Maus.
Sie schleicht sich fort aus ihrem Haus.
Die Katze, die lauert vor dem Loch:
Wie schön, da wartet sie heute noch.

(Text und Melodie: Anna Fischer-Olm)

2.) Mundmotorische Übungen: „Mäusefutter“

a) Jedes Kind bekommt ein Geleespaghetti, Farbe nach Wahl. Auf Kommando soll jede Maus ihr Spaghetti ohne Hände – nur mit den Lippen und der Zunge – so schnell wie möglich in den Mund ziehen und aufessen.

b) Mäusekampf: Zwei Kinder bekommen ein Spaghetti. Jedes steckt sich ein Ende in den Mund, auf Schlag geht's los. Wer kann am schnellsten essen?

c) Auf einem Teller sind ein paar Puffreiskörner. Können die Mäuse diese Körner mit der äußersten Zungenspitze aufnehmen? Immer nur eins?

d) Die Mäuse haben ein kleines Knäckebrot gefunden. Wer kann mit geöffneten Lippen das Brot am schnellsten herunterkauen? (Augen zu und die Geräusche anhören)

3.) Sprachgestaltung:

Neueinführung „Meister Maler“

a) Das Gedicht wird einmal dramatisch vorgetragen und das Bild an der Sprüchetafel aufgehängt.

b) Die Begriffe „Meister“, „Maler“, „malen“, „fressen“ werden geklärt.

c) Der Spruch wird ein zweites Mal vorgetragen.

d) Was ist in unserer Geschichte passiert? (Nacherzählung)

e) Das Gedicht wird ohne Requisiten – laut / leise im Wechsel – mehrmals miteinander rezitiert.

M – m – m	MHZ „M“: Hand über dem Magen kreisen lassen
Meister Maler, male mir	Die Arme vor dem Körper in Gegenbewegung groß kreisen,
manches Mäuschen aufs Papier.	rechte Hand mit Schnappbewegung von rechts nach links laufen lassen.
Male, dass die Mäuschen fressen	Beide Hände vor den Mund, Fressbewegung machen, lautmalerisch
und dabei die Katz' vergessen.	gestalten, schmatzen.
Doch sie retten sich ins Haus –	So schnell wie möglich mit beiden Füßen trappeln,
Mal mir noch das Ende aus.	wieder die großen gegenläufigen Kreise vor dem Körper.

4.) Hör- / Stilleübungen:

a) Die Mäuse sitzen in der Mitte des Raumes; sie schlafen. Die Katzen müssen sich so leise anschleichen, dass die Mäuse sie nicht hören. Hat eine Maus ein Katze gehört, zeigt sie in ihre Richtung, die Katze muss zum Ausgangsort zurück. Hat sie falsch gezeigt, scheidet die Maus aus. Kann eine Katze eine Maus anrühren ohne gehört worden zu sein: Rollenwechsel.

b) Die Katzen und Mäuse spielen ein neues Spiel. Die Katzen liegen faul auf der Matte, die Mäuslein trappeln nach „ihrem“ Rhythmus (Klanghölzchen) im Raum herum.
Plötzlich Pause. Die Katzenmusik beginnt (Schreibtanz 1). Die Mäuse verstecken sich schnell, während die Katzen auf ihre Musik im Raum herumschleichen und nach den Mäusen suchen. Mehrmaliger Rollenwechsel.

5.) Schlusslied:
„Die Maus, die ist in ihrem Haus“

6.) Bastelaufgabe:
Katzenmasken und Mäusekappen basteln

Einheit „Mäusemut“

Materialbedarf:
- Katzenmasken für den Tanz und die Stilleübung
- Hölzchen
- Donnerblech
- Gleitflöte
- Peitsche
- Baummützchen
- Mäusekappen

1.) Tanz: Katzentanz (Oussoren Schreibtanz 1)

2.) Gedicht: Meister Maler (Wiederholung mit Handgesten)

3.) Stille / Kontaktübung: (Die Gedichtkarte an die Wand hängen)

T – k – tz	MHZ „T“: Zeigefinger von den Lippen wegspringen lassen MHZ „K“: gestreckte Hand springt von der Gurgel weg MHZ „T“ mit „Z“: (Blitz) kombinieren
Lautlos schleicht die Katze, **sie schleicht auf weicher Tatze.** **Sie schleicht ganz leis hinauf-hinauf** **und lauert allen Mäusen auf.**	Die Kinder schleichen erst gebückt, dann zunehmend aufgerichteter rechts im Kreis herum. Aufrecht gestreckt. Auf Zehenspitzen.
Tappt die satte Katze **hinunter auf der Tatze,** **sie legt sich nieder, purre-purr** **und lässt sich kraulen, schnurre-schnurr.**	Nach der ersten Strophe eine „Lauerpause“ und dann linksherum zunehmend kleiner werdend schleichen. Am Ende der zweiten Strophe den Vordermann sachte am Rücken kraulen.

4.) Spracharbeit / Rollenspiel:
a) Einführungsgespräch über Situationen daheim, wo Mutter und Kind verschiedener Ansicht sind: Das Kind möchte etwas tun / haben / fernsehen / kaufen und die Mutter verweigert es dem Kind. Wenn wir genug Stoff gesammelt haben, tun sich
b) je zwei Kinder zusammen. Sie sind Mutter und Kind. Jede Zweiergruppe übt nun eine kleine Szene aus dem Material ein, das wir vorher gesammelt haben. Diese Szenen haben natürlich nichts mit Katzen oder Mäusen zu tun!
c) Den anderen vormachen. Wollen zwei nicht – ist es auch nicht schlimm.

5.) Darstellendes Spiel:
Kreis. Die Ülin rezitiert das Gedicht:

S – s – s
Das Mäusebaby will hinaus.
„Ich lass dich nicht aus meinem Haus,
denn draußen regnet's feste.
Ruh aus, das ist das Beste!“

MHZ: „S“: Hand zeichnet von unten nach oben ein S.
Arm ausstrecken mit fordernder Gebärde.
Mit beiden Händen abwehrende Bewegungen.
Mit den Händen Regenschnüre machen.
Beide Hände an die Wange legen.

Das mutge Mäuslein aber spricht:
„Matratzenhorchen mag ich nicht!
Ich mag den Regen und den Wind.“
Und läuft hinaus geschwind!“
(Gedichtkarte aufhängen)

Arme in die Seite stemmen.
Ohr an die Handinnenfläche legen.
Mit ausgestreckten Armen einmal um sich selbst drehen.

Die Kinder spielen nun die Geschichte, die das Gedicht erzählt. Dabei sind einige Kinder der Regen (Hölzchen), der Wind (Gleitflöte), der Donner (Donnerblech), der Blitz (Peitschenknall). Wichtig ist, dass man erst eine Weile das Unwetter hört, es dann allmählich verebbt und nachlässt-, damit man den Dialog zwischen Mutter und Mäuslein auch verfolgen kann. Ein paar Kinder stellen mit ihren Körpern die schützende Höhle dar, in der die Mäuse sitzen, die andern sind der Wald, der sich im Unwetter biegt. Haben die Mäuse ihren Dialog zu Ende gebracht, fängt das Unwetter neuerlich zu toben an, während das Mäuslein herausläuft und zwischen den Bäumen herumspringt. Wird das Unwetter wieder leiser, kehrt das Mäuslein in die Höhle zurück. Rollenwechsel. Im ersten Durchgang sind die Dialoge frei; danach haben wir für die Verbindungssätze zwei Sprecher (Anfangs deutlich Zeile für Zeile souffliern) .

5.) Schlusskreis: Miau, miau, hörst du mein Schreien

Darstellendes Spiel

Der gestiefelte Kater (Stationentheater)

Dieses Märchen eignet sich besonders gut dazu, einmal das ganze Haus samt dem Garten ins Spiel zu bringen. Entweder zieht ein Sprecher mit, der die Geschichte erzählt – dann müssen wir in bewährter Manier immer Text und Spiel auseinander dividieren: Der Erzähler erzählt, solange erstarren die Spieler in der letzten Pose; ist er fertig spielen sie nach, was er erzählt hat. So folgt immer Spiel auf Sprachdarbietung.
Die gespielte Geschichte beginnt damit, dass der Junge dem Kater Stiefel kauft. Der Kater geht los in den Garten, die ganze Gesellschaft geht mit. Hier verwandeln sich ein paar Kinder in Bäume, andere in Hühner und die Fangszene wird nachgespielt. Als Sack können wir das große Schwungtuch nehmen, da passen die „Hühner“ dann auch wirklich rein. Die ganze Gesellschaft wandert wieder ins Haus und sieht nun die Szene, wie der Kater heimkommt und das Gold ausschüttet. Freudentanz aller! Und so geht es von Zimmer zu Hausflur zu Garten, entlang den Szenen der Geschichte. Vorteil: Immer andere Kinder können nach dem Ortswechsel spielen, ohne dass das unharmonisch wirkt und die Requisiten können vorher deponiert werden.

Der Mäusefänger von Hameln (Schattentheater mit Stockpuppen)

- Große Schattenleinwand
- Folie mit Dorfansicht
- Dicker Karton zum Abdecken des Projektors
- Karton und Stöcke für die Figuren

Die Kinder schneiden die Figuren der Geschichte aus leichter Pappe aus und befestigen sie an Stöcken. Die große Schattenleinwand durch Abdecken des Projektors von unten her so verdunkeln, dass die Kinder nur als ganz schwache Schatten zu sehen sind und das Augenmerk sich auf die Stockpuppen richtet.
Hier gilt ganz zwingend: Trennung von Text und Spiel!

Der Kater Nimmersatt (Live-Spiel)

Bei diesem Live-Spiel kann man als Spieletüde wunderbar das Spiel: „Armer schwarzer Kater“ vorschalten.

So vorbereitet lässt sich auch die Bilderbuchgeschichte vom Kater Nimmersatt, der sich in jedem Haus der Straße füttern lässt, gut spielen. Da die Leute nicht miteinander reden, fällt das weiter nicht auf. Erst, als er krank wird und von jedem zum Tierarzt gebracht wird, merkt der, dass es immer die gleiche Katze ist. Die Leute in der Straße kommen über diesen witzigen Umstand ins Gespräch und der Kater wird in Zukunft als Gemeinschaftskater gehalten.

Bilderbuch: Der Schwarze Kater Nimmersatt von Inga Moore, erschienen im Coppenrath Verlag

R – r – r

Regentropfen – Regentropfen,
die auf deinen Rücken klopfen.

Regenrauschen – Regenrauschen,
mit dem ganzen Körper lauschen!

Hagelkörner – ma non troppo,
prasseln jetzt auf deinen Popo.

Regen, Hagel, Sturm und Wind,
schnell, versteck dich, liebes Kind!

I – i – i

Licht – Licht – Licht!
Scheinst mir ins Gesicht.
Machst mich warm
und machst mich froh,
viele Menschen ebenso!

Die Sonne ging auf den Sonnenritt –
da sprachen die Sterne: „Wir wollen mit!“
Doch die Sonne schalt: „Ihr bleibt zu Haus!
Mein Licht brennt euch die Äuglein aus!“

Und die Sternlein gingen zum lieben Mond,
der hoch in weißen Wolken wohnt.
„Ach lieber Mond, dein mildes Licht
verbrennt uns nimmer das Gesicht!“

Und sie zündeten ihre Lichter an,
damit der Mensch sie sehen kann.
So stehen sie am Himmelszelt
und leuchten auf die stille Welt.

Dezemberthema: Licht / Feuer

Tänze:
- Tanzkanon: Vom Aufgang der Sonne
- Der „Vulkan", Schreibtanz nach Oussoren 1
- Kerzentanz: Adagio des Cembalo-Konzertes D-Dur von J.S.Bach, Choreographie B.Wosien

Musiken:
- Sonnenmeditation von J.S. Bach, Konzert für Cembalo D-Dur, Adagio
- Filmmusik aus „Fratello sole sorella luna" von RIZ Ortolani
- Mischmusik „Sanctus" für den Vulkan (Oussoren 1)

Lieder:
- Wenn die Sonne ihre Strahlen
- Vom Aufgang der Sonne
- Licht – Licht – Licht am Himmel oben (Fischer-Olm)
- Sonnengesang des Franz von Assisi (Ortolani)
- Himmel, Erde, Luft und Meer (Neander / Strattner)

Gedichte:
- Licht am Himmel – Licht (FO)
- Feuerlied (James Krüss)
- Sonnenritt nach Arndt, sehr verändert (FO)
- Die gar traurige Geschichte mit dem Feuerzeug (H. Hoffmann)
  Paulinchen war allein zu Haus

Spracharbeit:
- Wortfamilie „Licht" (Lichterkette, Lichtbirne, Lichtbaum, Sonnenlicht, Sternenlicht, Abendlicht, Mittagslicht etc.)
- Wortfeld „Feuer" (Knistern, knacken, Flammen, feurig, Holz, Kohle, Öl, Papier etc.)
- Wortfeld „Wärme" (gemütlich, Glut, erheiternd, entspannen, aufwärmen etc.)
- Phonemetüde „Feuer"
  „Das Feuer brennt hell, wenn der Wind reinfegt: fff – fff – ff MHZ: „F"
  Vorsicht, nicht in die Flamme fassen! eu eu eu – eu eu MHZ: „EU"
  Die Flammen erreichen den Esstisch! eeee – ee – eeee MHZ: „E"
  Die Feuerwehr rufen! rrrrrrr – rrrrr – rrrr" MHZ: „R"

Alle rufen: „F – E – U – E – R"

Stimmarbeit: Die Gedichte glissando (Stimme geht in Wellen hoch und runter) sprechen

Myofunktionelle Übungen:
- RL kontrollieren
- ZÜ: Im Auf- und Abzickzack die Zähne mit der Zungenspitze berühren (Zähnezählen)
- Zunge gerade herausfahren und fest gegen den Handrücken drücken
- LÜ: Oberlippe fest über die Oberzähne ziehen. Mit beiden Zeigefingern von außen Richtung Nase massieren. Die Lippen müssen fest bleiben!
- Mund zumachen. Ruhelage einnehmen, Mundwinkel soweit wie möglich nach unten ziehen (Familie Schiefmaul versucht eine Kerze auszublasen)
- Ansaugübung (AÜ): Zunge weich an den harten Gaumen anlegen
- Zunge an den harten Gaumen ansaugen und mit einem Knall lösen

Visuelle / Geruchswahrnehmung:
- Beobachtung von verschiedenen Kerzenflammen: Papierflammen, Holzflämmchen, beschichteten Karton verbrennen, Stoff etc. Das alles lässt sich auf einem alten Blechtablett gut im Freien machen.
- Riechen, wie sich der Rauch der Materialien im Geruch unterscheidet
- Rauchwurst mitbringen und riechen lassen. Räuchervorgang erklären!
- Bilder zum Thema „Feuer" sammeln
- Schattenspiele mit der Sonne oder einer künstlichen Lichtquelle

- Sonnenfarben beschreiben, eventuell eine rußgeschwärzte Scheibe als Hilfsmittel zur Sonnenbeobachtung nehmen. Nicht zu lange in die Sonne schauen!
- Wahrnehmen der Form „Spirale“
- Bilder zum „Vulkan“, Schreibtanz nach Oussoren
- „Licht“bilder sammeln
- Vergleich von verschiedenem Licht:
  Kerze, Glühbirne, Wunderkerze, Taschenlampe, Neonröhre, zerlegtes Licht im geschliffenen Kristall beobachten, Fluter, Gasflamme etc.
- Lichtmausspiele: Die Leinwand vom Schattentheater wird aufgehängt, Kinder sitzen im Halbkreis davor. Jedes Kind hat einen kleinen Handspiegel, der anders abgeklebt ist: Dreieck, Viereck, Kreis etc. Von der Seite scheint eine starke Lichtquelle auf die Kinder. Wenn sie nun ihre Spiegelchen heben, entsteht „ihr“ Lichtfleck auf der Leinwand. Es können sich Lichtflecken zusammenfinden und miteinander spazierengehen, ein Kampf kann entstehen, Tänze können gestaltet werden... Diese Lichtmausspiele haben viele Möglichkeiten in sich.

Auditive Wahrnehmung:
- Wie verschieden hört sich Feuer an? (Holz, Papier, Holzkohle, Baumwolle etc.)
- Hat man die Kerze mit dem Streichholz oder mit dem Feuerzeug angezündet?
- Knistern der Kerzenflamme hören
- Hören wie das Holz zusammenfällt

Taktile Wahrnehmung:
- Wahrnehmen der Wärme, die von den Kerzen ausgeht
- Streichholz anzünden üben (Wasserschüssel bereitstellen für die ängstlich weggeworfenen Streichhölzer)
- Experimente zum Feuer:

a) Zünden auf verschiedene Weise,
b) Was tun bei Verbrennungen? (lange unter kaltes Wasser halten)
c) löschen auf verschiedene Weise,
d) Feuer im Freien machen,
e) Licht / Feuer / Wärmequellen im Haus aufsuchen (eventuell in Partnerarbeit: Einer führt an Wärmequellen heran: Warmwasser, Heizung, warme Glühbirne, Kerzenflamme etc., der Blinde erfühlt sie)

- Hände mit geschlossenen Augen in die (eventuelle) Sonne halten, ein anderes Kind schattet ab; geht auch mit künstlicher Lichtquelle

Stilleübungen:
- Spirallaufen: Eine Spirale ist am Boden abgeklebt. Die Kinder sitzen im Kreis. Eine Kerze wird leise von Kind zu Kind weitergegeben. Das letzte läuft in die Spirale hinein, setzt die Kerze ab und geht leise wieder zu seinem Platz. Der Nachbar geht auf der Spirale hinein, holt die Kerze und gibt sie einem Kind seiner Wahl usw.
- Ein Kind hat die Kerze und nähert sich einem anderen, lässt Licht und Wärme spüren.
- Mit geschlossenen Augen merken, wenn die Kerze näher kommt.
- Die Kerze steht in der Mitte. Zwei Kinder verständigen sich mit Blickkontakt, dass sie ihre Plätze tauschen wollen. Die Kerzenflamme soll sich beim Platztausch möglichst wenig bewegen. Wenn ein Kind losläuft, bleiben die anderen auf ihrem Platz, bis auf den Partner. Erst, wenn beide wieder ganz ruhig auf ihrem Platz stehen, kann ein anders Paar loslaufen.
- Atemübung: Ruhig mit geschlossenen Augen am Platz sitzen. Gut durchatmen. Sich brennende Kerzen vorstellen, die mit einem kräftigen Ausatmen durch die Nase ausgeblasen werden.
- Atemübung „Feuer anfachen“: Stellt euch ein kleines Feuer vor, ein Feuer, das bald ausgeht. Nun atmet ihr ruhig immer tiefer, allmählich wird das Feuer größer, immer größer ... ihr könnt aufhören, es anzufachen, es brennt nun von allein.
- Regen nach dem Vulkanausbruch: Die Kinder stehen hintereinander im Kreis und haben ihre Hände auf den Schultern des Vordermannes. Nun werden mit einer leichten Klopfmassage die Regentropfen imitiert, das Wasser rauscht herunter (breithändig wischen), allmählich wird der Regen immer weniger und hört schließlich auf.

– Alternative: Regentropfengedicht als Stilleübung.
Partnerarbeit: Einer liegt auf dem Bauch, der andere kniet daneben.

R – r – r **Regentropfen – Regentropfen,** **die auf deinen Rücken klopfen.**	MHZ „R": Faust neben dem Ohr schütteln (Wecker) Leicht mit den lockeren Fingern den Rücken klopfen.
Regenrauschen – Regenrauschen **mit dem ganzen Körper lauschen!**	Mit beiden Händen Wellenbewegungen von den Schultern bis zu den Füßen machen. Genitalien aussparen!
Hagelkörner – ma non troppo, **prasseln jetzt auf deinen Popo.**	Fingerspitzen imitieren auf dem Rücken Hagel.
Regen, Hagel, Sturm und Wind, **schnell, versteck dich, liebes Kind!**	Die passenden Bewegungen noch einmal machen. Dem liegenden Kind ruhig Hände a. d. Kopf legen.

Sacherfahrungen:
– Eine richtige Feuerstelle draußen bauen
– Mit einer Lupe Papier ans Brennen bringen
– Durch Reiben mit einem Feuerholz Feuer anzünden
– Ausprobieren, was alles brennt. Zwei Haufen machen
– Rauchzeichen mit einer alten Decke geben
– Glasplatte drüber halten, Ruß auffangen (Warum muss der Kaminfeger regelmäßig kommen?)
– Was ist Kohle? Warum brennt die besonders gut?
– Wie macht man Holzkohle?
– Wie wird daheim geheizt? (Gas, Öl, Kohle, Kaminofen, Erdwärme, Dampf, Strom?)
– Räucherkerzen, Räuchermännchen
– Löschen lernen (Ersticken, Wässern, mit Sand oder Erde löschen, mit Schaum löschen, ausblasen)
– Erfahrungen Licht und Schatten (siehe Schattentheater)
– Hände verwandeln sich in Flammen (anmalen mit verschiedenen Rottönen)

Märchen / Darstellendes Spiel:
– Sonnenritt von Arndt
– Das Mädchen mit den Schwefelhölzchen
– Rumpelstilzchen
– Weihnachtsgeschichte (Tischschattenspiel vor mehreren Kerzen)

Psychomotorik:
– Wir lassen die Sonne aufgehen und langsam ihre Runde drehen. Sie scheint dabei auf Bäume, Blumen, Häuser, Kirchen, spazieren gehende Menschen, Tiere ... der Phantasie sind keine Grenzen gesetzt.
– Früher haben die Menschen geglaubt, dass in den Vulkanen Drachen wohnen. Drachengeschichte erzählen, mit allen gefährlichen Stationen nachspielen.
– Gemeinschaftsaufgabe: Ein großer Drachen geht durch's Land. (Großes Tuch mit soviel Löchern wie Kinder sind. Als Drache Abenteuer erleben.
– Materialerfahrung „Heulrohre": Die Feuerwehrmänner werden zu einem Brand gerufen. Die Feuerwehr fährt im Einsatzwagen hin, löscht das Feuer, fährt wieder heim und schreibt den Bericht.
– Autospiel: Die Kinder sitzen auf Rollwagen, stehen auf Pedalos oder anderen Bewegungsgeräten. Sie haben ein Heulrohr und formen es zum Lenkrad. Mit Seilen ist am Boden eine Kreuzung ausgelegt, ein Verkehrspolizist steht in der Mitte und regelt den Verkehr. Lautmalerisch unterstützen die Kinder ihre Fahrt.
– Variante: Keine Kreuzung. Der Polizist hat eine grüne, eine gelbe und eine rote Fahne. Je nachdem, welche Farbe er hochhält, muss gebremst, Gas gegeben oder angehalten werden.

Bastel- / Malaufgaben:

- Wir drehen uns aus einer Platte unsere Honigkerze selbst
- Wir ziehen uns unsere Kerzen selbst
- Kerzentropfbild
- Ausstecherkerzen gießen
- Einen Kerzenständer dazu basteln
- Mit Glasmalfarbe auf Folie die Sonne mit ihren Flammen malen, die Folie zu einer Laterne drehen und zukleben
- Ein Feuerbild als Gemeinschaftsarbeit: Auf weiße Blumenseide werden die verschiedenfarbigen gerissenen Flammen geklebt. Schöne Effekte durch die Überlagerung, leider nicht lichtecht (Kraft der Sonne!)
- Mit Märchenwolle ein Sonnenbild gestalten
- Mit Fingerfarben die Flammen nachempfinden
- Mit window-colours Sonnenflammen ans Fenster zaubern
- Töpfern:

a) Kinder, die um ein Feuer sitzen
b) Tanzkreis um eine Kerze (Adagio, genaue Beschreibung bei Stundenbild 1)
c) Kerzenhalter für den Kerzentanz
d) Adventskränzchen

- Einen kleinen Vulkan bauen (Beschreibung im Stundenbild „Vulkan“)
- Leuchtrakete aus Servietten (Serviette rollen, an einer Seite zudrehen. Anzünden, sie steigt auf, die Asche kann zur Erde sinken – oder auf einen großen Teller)
- Wachskratzbild „Feuerwerk“
- Wir basteln ein Feuerkarussel: Achterwindmühle, drunter vier Kerzen
- Kostüm für den Feuertanz: Stirnreifen mit aus rotem, gelbem und orangenem Karton, ausgerissene Flammen aus Fotokarton, auf das Band kleben
- Hemd mit Flammen (rottönigem Kreppstreifen) bestücken
- Bild zum Vulkantanz malen

Einheit „Sonnen- und Sternenritt“

Ruhige entspannende Stunde, mehr dem Licht als dem Feuer gewidmet
Materialbedarf:

- 24 Teelichte auf Untertassen, oder selbstgemachten Ständern, oder Goldkartonsternen
- 2 große Honigkerzen (Sonne)
- 1 kleinere Honigkerze (Mond)
- Sternbänder für den Kopf
- Mondkrone
- Sonnenkrone
- CD mit dem Adagio von Bach

1.) Tanz: Sonnenmeditation von J.S. Bach (zur Beruhigung)
Tanzmuster, Choreographie Bernhard Wosien
Kreisfassung

- Rechts zurück, links zurück (Schritt – Schritt)
- Vor-Rück-Wiegeschritt (wiegen)
- Rechts vor, links vor (Schritt – Schritt)
- Rechts seit – links anstellen (rechts – ran)

Darauf achten, dass die Kinder anfangs ein wenig dicht stehen, denn sie müssen ja angefasst zwei Schritte rückwärts gehen, ohne dass der Kreis spannen soll!
Oder
Tanzkanon „Vom Aufgang der Sonne“

1. Muster:
8 Schritte zur Mitte gehen, dabei die Arme heben
2. Muster:
8 Schritte zurück gehen, Arme senken
3. Muster:
Arme rechts und links zur ägyptische Gebetshaltung heben und um sich selber drehen.

2.) Lied: „Licht – Licht – Licht am Himmel oben (Text und Melodie: Anna Fischer-Olm)

I – i – i	MHZ „I“: Hand sehr steif abwehrend vorschieben
Licht – Licht – Licht am Himmel oben,	Arme langsam in einem großen Kreis heben.
hell – hell – wollen wir dich loben.	Mit erhobenen Armen einmal um sich selber drehen.
Schein in unser Herz hinein,	Beide Arme beschreiben ein Halbrund zum Herzen.
lass uns gut und freundlich sein.	Die Arme wieder nach außen breiten.
Schöner sanfter Mondenschein	Hände übereinander, Handflächen nach außen, Sichelbewegung.
mit den lieben Sternelein	Leichte lockere Tupfbewegungen machen.
schein in unsern Traum hinein,	Beide Handinnenflächen weich vor die Augen führen.
schein in unsern Traum hinein.	Beide Hände weich abwärts zur Bauchmitte führen.

3.) Rezitation / Darstellendes Spiel:	(Sprache erinnern und in Handlung umsetzen)
Der Sonnenritt	(sehr vereinfacht nach Ernst Moritz Arndt)

Die Sonne ging auf den Sonnenritt –	Parallele Kreisbewegungen der Arme,
da sprachen die Sterne: „Wir wollen mit!“	Tupfbewegungen der Hände,
Doch die Sonne schalt: „Ihr bleibt zu Haus!	Abwehrende Armbewegungen.
Mein Licht brennt euch die Äuglein aus!“	

Und die Sternlein gingen zum lieben Mond,	Kleine runde Scheibe mit den Händen,
der hoch in weißen Wolken wohnt.	Gegenläufig. Über Kopf Wolken malen,
„Ach lieber Mond, dein mildes Licht	Das eigene Gesicht streicheln
verbrennt uns nimmer das Gesicht!“	
Und sie zündeten ihre Lichter an,	Hände zu Schalen, die leise aufsteigen,
damit der Mensch sie sehen kann.	
So stehen sie am Himmelszelt	Gespreizte Hände über dem Kopf tupfen.
und leuchten auf die stille Welt.	Arme in schönem Bogen herunternehmen.

a) Rezitation des Gedichtes, Nacherzählung
b) Wenn die Kinder sehr klein oder gedächtnisschwach sind, kann man die Erzählung mit Bildern illustriert anbieten.
c) Die Kinder erzählen wieder, was sie behalten haben
d) Die Rollen werden verteilt (Sonne, Mond und Sterne) und die entsprechenden Stirnbänder und Kronen aufgesetzt.
e) Unter Absingen der ersten Strophe des Liedes „Licht – Licht“ geht das Sonnenkind mit angezündeter Honigkerze im Raum herum.
f) Die Sternenkinder folgen der Sonne und fragen, ob sie sie mitnimmt auf ihrem Weg.
g) Die Sonne lehnt ab „Ich brenn Euch die Augen aus“.
h) Der Mond, der bisher in einer Ecke gewartet hat, zündet seine Kerze an. Die Sternlein wandern nun zum Mond und fragen ihn, ob sie mit ihm gehen dürfen.
i) Eines nach dem anderen bekommt sein Teelicht und zündet es an der Mondkerze an.
j) Zu der meditativen Musik des Liedes (Ülin singt, summt oder spielt) gehen die Kinder mit dem Mond im Raum herum – allmählich – mit dem Leiserwerden des Liedes – bildet sich ein Kreis.

4.) Schlusstanz:

a) Die Kinder stehen mit ihren Lichtern im Kreis. Die Sonne stellt sich in die Mitte. Zur Musik der „Sonnenmeditation“ tanzen sie mit ihren Kerzen um die Sonne.
b) Die Sonne stellt ihre Kerze ab,
c) die Sternlein und der Mond stellen ihre einer nach dem anderen dazu. Großer Kreis.

5.) Schlussgedicht:

I – i – i – Licht – Licht – Licht (Bild an die Wand)

I – i – i	MHZ „I“: Die schwache Hand wird nach vorn gestreckt, als ob sie etwas fortschieben wollte
Licht – Licht – Licht!	Arme wie beim Lied heben,
Scheinst mir ins Gesicht.	Hände ums Gesicht legen,
Machst mich warm	Hände vor der Brust überkreuz auf die Schultern legen,
und machst mich froh,	liegen lassen.
viele Menschen ebenso!	Arme weit öffnen, vorm Bauch schließen.

Leise den Raum verlassen, der Letzte bläst die Kerzen aus und stellt sie auf das Tablett.

Töpfern eines Tanzkreises:

- Die Kinder bekommen ihren Ton: Schlagen, Kneten, in ein nasses Tuch einschlagen.
- Festen Karton wie einen Kegel formen.
- Um diesen Karton herum Ton legen, eine Figur mit langem Rock und ausgestreckten Armen töpfern – Arme zur Not abstützen mit Tonwürstchen.
- Wenn die Jungen unbedingt eine Hose haben wollen: Am nächsten Tag in lederhartem Zustand den Scherben weiter bearbeiten: Vorne und hinten aufschneiden, eine Hose formen. Zur Not abstützen mit Tonwürstchen, die später wieder entfernt werden.

- Der Karton kann beim Brennen drin bleiben, er wird zu Asche.
- Ebenfalls am zweiten Tag:
  Eine große Kugel formen, flach zu einem Pfannekuchen schlagen. Die Figuren draufsetzen. Nicht vergessen: Ritzen, schlickern, draufsetzen, Arme verbinden!
- In die Mitte einen kleinen Kugelkerzenständer setzen. Fertig!

Einheit „Der Vulkan"

Bitte lesen Sie vorher die Stunde von Frau Oussoren (vgl. Oussoren-Voors, Schreibtanz I, S. 38) nach, vielleicht sagt Ihnen ihre Arbeitsweise mehr zu. Ich habe die Stunden zur großmotorischen, tänzerischen Bildumsetzung hin variiert.)
So wurde es eine stark aktivierende Einheit
Materialbedarf:
- CD Schreibtanz 1 von Oussoren-Voors
- Wachsmalblöcke, große Kartons, Unterlagen

1.) Tanz: Wiederholung „Siebensprung" (zur Aktivierung)

2.) Bildbetrachtung: Verschiedene Vulkanbilder werden gezeigt (Sachbücher gibt's in jeder Bibliothek!) und die Kinder breiten ihr Wissen aus. Die Ülin fügt ihr Wissen dazu.

3.) Vulkantanz:
a) Kreis. Wir stehen etwas breitbeinig und fest am Platz. Wenn die Musik beginnt, spannen wir nach und nach den ganzen Körper – warten aber die ersten acht Schläge ab.
b) Dann mit sehr gespannten, kraftvollen Bewegungen die Arme von Mitte oben nach außen unten herunterziehen. Dabei Hände oben öffnen und zur Faust schließen beim Herunterziehen – sehr angespannt, mit viel Kraft! „Berg – Berg" kräftig dazu sagen.
c) Wenn die Wiederholung kommt (acht Schläge plus Sanctus) ganz nach unten in die Hocke gehen. (die bequemeren Kinder werden versuchen, nur den Oberkörper zu beugen, ohne in die Hocke zu gehen; aber die Aktivierung und Kräftigung funktioniert nur mit Anstrengung!) Aus der Hocke heraus in großen Kreisbewegungen das Feuer von unten nach oben steigen lassen – von ganz unten nach soweit oben wie möglich – und das im Takt! Volle Körperspannung! Dazu können Ülin und Kinder „Feuer – Feuer" schreien!
d) Die Musik wechselt: Wir hören trockene Schläge. Die Steine werden herausgeschleudert aus dem Mund des Vulkans: Die Hände fliegen – Faust immer wieder öffnen – in alle Richtungen. Aus den Schultern herausschleudern! Dazu die Lautmalerei: „Pack – pack".
e) Die Musik wechselt wieder: Wir hören den Donner: Arme und Fäuste spannen, mit dem Takt anziehn und lösen. Der letzte Blitzschlag: Beide Hände fahren in Gegenbewegung blitzartig herunter, zweimal. Lautmalerisch beim Donner mit einem Glissando die Stimme hochziehen und „TZ" den Blitz hören lassen.
f) Dann die Lösung und Erlösung: Der Regen. Die Hände fahren in weichen parallelen Wellenbewegungen von oben nach unten, der Wasserstrom macht alles weich und löscht die schlimmsten Feuer. Stiller wird's. Lautmalerei: „Schsch".
g) Die ersten vereinzelten Regentropfen sind zu hören: Wir tupfen mit den Händen die Regentropfen in den Raum, ganz locker, ganz weich, ganz leicht. „TippTipp".

So erreichen wir mit dem ganzen Körper eine totale Spannung mit einer totalen Lösung – und – das Bild des Vulkans wurde großmotorisch plastisch.

h) Jetzt können wir in die zeichnerische Gestaltung gehen (Wachsmalblöcke): Wir malen einfach, was wir getanzt haben, während die Musik wieder unser Tun begleitet: Die geraden starken Linien des Berges von oben nach unten, das Herausschleudern des Feuers aus dem Bauch des Vulkans, die fliegenden Steine, den Blitz, das herunterstürzende Wasser, die tupfenden Regentropfen... alles haben die Kinder körperlich erfahren, also werden sie es auch malen können ...

i) Mehrmals die Musik abspielen, da die einzelnen Sequenzen schnell vorüber sind und für die Ausgestaltung des Vulkanbildes kaum Zeit lassen.
j) Wir lassen unsere Bilder am Boden liegen und gehen herum, um die der anderen anzuschauen. Trotz der ziemlich engen Gestaltungsvorgabe sind die Bilder sehr verschieden.

4.) Schlusskreis: Wir tanzen noch einmal den Vulkantanz

Töpfern eines Vulkans:
- Die Kinder bekommen ihren Ton: Schlagen, Kneten, in feuchtes Tuch einschlagen.
- Jedes Kind hat eine kleine Schüssel von daheim mitgebracht. Ein altes Hemd wird über die Schüssel gezogen. Der Ton wird ausgewellt und eine runde Platte ausgeschnitten. Diese wird über die Schüssel gelegt, überstehendes abgeschnitten.
- Aus der Spitze wird eine kleine runde Öffnung ausgeschnitten (Vulkankrater)
- Am nächsten Tag wird das lederharte Stück von der Schüssel abgenommen und das alte Hemd abgezogen. Man kann den „Vulkan“ mit Kratzern, Lavaspuren, Tonsteinchen etc. verzieren. Nie vergessen: Ritzen, schlickern, ankleben!
- Das Teil trocknet aus und wird dann mit Feuermaterial befüllt: Räucherstäbchen, Wunderkerzen, brennendem Papier, Kaminofenanzünder, Farbbrennmasse – der Phantasie sind keine Grenzen gesetzt!
- Wenn man es für längere Zeit benutzen will, empfiehlt sich das harte Brennen bei 1060 Grad.

Einheit „Feuer und Feuerwehr"

Stark psychomotorisch bestimmte Einheit mit Erweiterung des Sachwissens
Materialbedarf:
- Heulschläuche
- Matte

1.) Tanz:
Vulkantanz

2.) Gedicht:
I – i – i – Licht – Licht – Licht

3.) Eingangsgespräch:
Wenn der Vulkan mit seiner glühenden Lava kommt, kann keine Feuerwehr mehr helfen. Aber es gibt ja auch bei uns in der Stadt manchmal einen Brand, wer hilft dann? Was wissen wir über die Feuerwehr?

4.) Materialerfahrung „Heulschlauch“:
Die Ülin teilt die Heulschläuche aus und lässt die Kinder in gutem Abstand voneinander erst einmal die Möglichkeiten ausprobieren; die meisten der später benötigten Bewegungen werden die Kinder schon in dieser Phase finden.

5.) Erzählen und Spielen der Geschichte vom Feuerwehreinsatz:
a) *„Das Feuerwehrhaus liegt still und verschlossen da. Da geht auf einmal das Telefon des Einsatzleiters: Ein Brand in der Hauptstraße! Er springt ins Auto und fährt zum Feuerwehrhaus. Unterwegs alarmiert er seine Kollegen per Telefon“.*
Der <u>Heulschlauch wird ein Telefon</u>, die Gespräche werden geführt. Man kann auch eine Telefonkette machen – aufpassen, dass kein Kind in den Schlauch schreit.
b) *„Die Alarmanlage wird eingeschaltet“.*
Durch schnelles Drehen den <u>Heulschlauch zur Sirene</u> machen.
c) *„Die Männer treffen einer nach dem anderen ein und ziehen sich an: Hose, Jacke ...“.*
Der <u>Heulschlauch wird zum Gürtel</u>, an den die Werkzeuge gehängt werden.

d) *„Wer fertig ist, springt in die Wagen. Der erste Wagen fährt los!“* Die Kinder sitzen hintereinander und spielen Autofahren. Der Heulschlauch wird zum Steuerrad.
e) *„Die Sirene macht schrecklichen Lärm“.*
Einige Kinder machen mit ihren Heulschläuchen die Sirene.
f) *„Wir nähern uns dem Einsatzort; schon von weitem kann man die Flammen sehen!“*
Die roten Heulschläuche werden zu den Flammen.
g) *„Die Feuerwehrleute rollen ihre Wasserschläuche aus und spritzen, was das Zeug hält“.*
Immer mehrere Kinder stecken die Heulschläuche zusammen und bekämpfen den Brand.
Die Heulschläuche werden zu langen Wasserschläuchen.
h) *„Die Flammen werden schwächer; da – ein Hilferuf!“* Eines der Flammenkinder verwandelt sich in ein eingeschlossenes Opfer. Über Telefon wird der Krankenwagen bestellt. Er kommt auch mit Sirenengeheul. (Matte und 4 Kinder). Das Opfer wird herausgeholt, der Arzt hört das Herz ab. Heulschlauch wird zum Hörrohr.
i) Der Patient wird mit Geheul ins Krankenhaus gefahren, die Feuerwehrleute löschen die letzten Flammen.
j) *„Zwei bleiben zur Feuerwache da, die anderen abrücken!“* Es geht auf die gleiche Weise zurück wie vorher – nur ohne Sirene natürlich.
k) Im Feuerwehrhaus angekommen, stärken sich die Männer erst einmal tüchtig an einem Bier. Da treffen auch die Kameraden von der Feuerwache ein (und die „Flammen“- und Krankenhauskinder). Man sitzt in gemütlicher Runde.
„Und nun der Bericht. Wer schreibt?“

6.) Spracharbeit: Nacherzählung
Stück für Stück wird nun zusammen die ganze Geschichte noch einmal rekapituliert und einer tut so, als schriebe er auf.

Wenn man dieses Spiel mehrmals macht, bringen die Kinder schöne Erweiterungsideen ein; der Heulschlauch wird dann zu Bäumen, die die Straße säumen, zu einem letzten Rauchfähnchen, das sich aus der Asche erhebt, zu einem Infusionsschlauch, zu einem Defibrillator, zu einem Staubsauger, mit dem der Wagen gereinigt wird, zum Wind, der das Feuer anfacht ... auch die Rollen werden immer mehr perfektioniert, jeder gibt ein bisschen was dazu.
Die Sachgespräche über Brandursachen, Löschmöglichkeiten, Gefahren und kriminelles Handeln ergeben sich nebenher. Bücher über die Arbeit der Feuerwehr können ausgelegt werden, das Bilderbuch vom Struwwelpeter liegt aus („Paulinchen war allein zu Haus“), die Geschichte von Paulinchen kann auch gespielt und gemalt werden... Das Thema Feuer kann im Zusammenhang mit dem Thema Weihnachten eine Rolle spielen: Was tun bei Christbaumbrand? Wie löscht man Kerzen? Was tun, wenn eine Kerze umfällt?

Einheit: Tischschattenspiel „Weihnachtsgeschichte“

Eine vor allem gestalterische Aufgabe mit meditativem Charakter
Materialbedarf:
- Ein aufrecht stehender, mit Architektenpapier bespannter Rahmen, dahinter ein Holzbalken, in den eine Rille gefräst wurde. In diese Rille können die Kartonfiguren gesteckt werden.
- Karton, Scheren, Transparentpapier
- Mehrere Kerzenleuchter und Kerzen

1.) Präsentation der Weihnachtsgeschichte:
Die Weihnachtsgeschichte wird entlang einem Bilderbuch erzählt.

2.) Spracharbeit:
Nacherzählung
Welche Personen spielen eine Rolle? Kartonfiguren

Was passiert hintereinander?	Die Figuren in wechselnden Stellungen
Wo passieren diese Ereignisse?	Kulissen

3.) Herstellen der Spielfiguren:
Aus Karton ausschneiden, mit einem festen Fuß versehen, damit sie in die Nut eingestellt werden können. Wir können auch Verzierungen ausschneiden mit dem Papiermesser und die Figuren bunt hinterkleben (mit Transparent- oder Seidenpapier).

4.) Spielen der Weihnachtsgeschichte: vor dem Licht einer selbstgerollten Honigkerze mit starkem Docht, das gibt eine ganz andere Stimmung als elektrisches Licht!

a) Eine weihnachtliche Musik / Lied zu Beginn.
b) Die Figuren werden eingestellt – Erzählen
c) Die Szene ändern – Erzählen
d) Abschlussmusik

Auch hier gilt: Sprache und Spielaktion nicht zu gleicher Zeit!

E – e – e

Wehe – wehe – weh!
Wo ich geh und steh,
tu ich mir weh.

Geht mal was daneben,
fällt's dir schwer, das Leben,
musst dagegen streben.

P – p – p

Pitsche patsche Peter –
vor dem Paule steht er.

Patscht die Hände,
patscht den Po
etwa so.

W – w – w

***Weiche Wolle wickeln
ist nicht schwer.
Weiche Wolle wickeln –
bitte sehr!***

***Welle, walle, wolle,
wickel nicht so dolle,
wickel nicht so wilde,
wie die wilde Hilde!***

Januarthema: Körpererfahrung und Körperschema

Tänze:
- Gänselieslpolka (Einfache Tänze 01)
- Die Dideldudelleute (Gerda Bächli)
- Zeigt her eure Füße (überliefert)
- Du und ich, wir beide, ja so spazieren wir (überliefert)
- Robot (Schreibtanz 1 Oussoren)
- Kreis und Achten (Schreibtanz 1 Oussoren)

Musiken:
- Klangschalenkonzert
- Beliebige Meditationsmusik
- Improvisierte Musik: Vierertakt und Dreiertakt
- Beim Vierer Körper spannen „Roboter"
- Beim Dreier Körper locker schlenkern lassen „Kreise und Achten"

Lieder:
- Wir werden immer größer (T: Ludwig, M: Heymann)
- Die Dideldudelleute (Gerda Bächli)
- Ich bin ich und du bist du (FO)
- Jetzt steigt Hampelmann (überliefert)
- Brüderchen, komm tanz mit mir (überliefert)
- Oh, Sonne, schein auf mich herab (FO)
- Ich habe einen Kopf (T: Krenzer, M: Edelkötter)
- Der See liegt glatt in Eisesruh (FO)
- Schleiche, Schlange, schleiche (FO)

Gedichte:
- E – e – e – Wo ich geh und steh (FO)
- Zwei schnelle Füße zum Laufen und Springen (überliefert)
- Ich möchte mal was anderes sein! (FO)
- Was haben wir am Ende doch für geschickte Hände (Elfriede Pausewang)
- Oder als Alternative: Selbst mit den Kindern erfinden
  Wir können viele Sachen mit unseren Händen machen:
  Die Hände können stricken – und dicke Löcher flicken
  Die Hände können halten – und schöne Bilder falten etc.
- Gefroren hat es heuer (Friedrich Güll)
- Fingerhütchen (Conrad Ferdinand Meyer)

Spracharbeit:
- Bezeichnungen für die Körperteile sammeln (Wortfeld Körper)
- Anfangsbuchstaben heraushören (mit MHZ) K – Kopf, B – Bein
- Buchstabenkärtchen dazu benutzen
- Verben suchen: Was können die verschiedenen Teile?
- Wortfamilie Körper (körperlich, körpernah, Hohlkörper, Heizungskörper, Körpergröße, Körperteile, Körperwärme, Klangkörper, körperwarm etc.)
- Gedichtgestaltung mit Gesten: Was haben wir am Ende doch für geschickte Hände
- Phonemetüde „Körper"
  Mit den Händen können wir Holz hacken: kkk – kkk – kkk MHZ: „K"
  Mit den Ohren hööören wir: – ööö – öö – ööö MHZ: „Ö"
  Auf den Füßen können wir uns ganz schnell drehen: rrrrr – rrrr MHZ: „R"
  Mit den Beinen hüpfen wir wie ein: Känguru – ppp – ppp MHZ: „P"
  Mit den Augen seeehen wir: eeee – eee – eee MHZ: „E"
  Und die Füße drehen uns wieder: rrr – rrr –rrr MHZ: „R"

Alle rufen: „K – Ö – R – P – E – R"
Stimmarbeit: Die Gedichte mit knackender und schmelzender Stimme sprechen

Myofunktionelle Übungen:

- RL kontrollieren!
- ZÜ: Finger (Löffel, Spatel) quer über die Zunge legen und fest dagegen drücken.
- Zunge rechts und links seitlich gegen Spatel (Löffel, Finger) drücken.
- LÜ: RL kontrollieren, zubeißen, Lippen schließen, Mundwinkel einzeln seitlich nach oben ziehen.
- AÜ: Zunge fest ansaugen, geräuschlos lösen (Hängematte).
- BÜ: Seifenblasen

Visuelle Wahrnehmung:

- Mit einer Taschenlampe werden Körperteile angestrahlt. Die Kinder beschreiben, welche Körperteile beleuchtet werden.
- „Jonny" (zusammensetzbares Holzmännchen) wird in Einzelteilen ausgelegt, benannt und zusammengesetzt.
- „Jonny" macht Körperstellungen vor, die imitiert werden sollen. Statt „Jonny" kann auch eine kleine Holzmalerpuppe verwendet werden oder ein selbst ausgeschnittenes Pappkartonmännchen.
- Körperumrisse der Kinder lebensgroß auf Pappe malen. Ein Kind liegt am Boden, das andere umreißt seinen Körper.
- Menschen haben verschiedenfarbige Haut, aber sonst alles gemeinsam. Beschreiben.
- Folie in einzelne Körperteile zerschneiden. Mit dem OP projizieren und raten lassen. Anfangs langsam, um die Begriffe zu sichern, mit der Zeit immer schneller.
- Spiegelbild: Die Kinder bekommen Handspiegel und schauen, was man mit dem Gesicht alles machen kann: Ein Auge zukneifen, lachen, weinen, zucken, Backen aufblasen, Stirn runzeln etc,
- Spiegelbildvariante: Reihum gibt ein Kind vor, was dann alle mit ihrem Gesicht machen sollen.
- Fotos mit den verschiedenen Ausdrucksmöglichkeiten des Gesichtes machen und aufhängen.
- Kimspiele mit den ausgeschnittenen Körperteilen.
- Partnerarbeit: Einer ist der Spiegel, der andere schaut hinein und macht Faxen.
- Durch die Scheibe sprechen: Zwei Kinder stehen diesseits und jenseits einer Glasscheibe. Sie sollen wechselseitig am Mund ablesen, was der andere gesagt hat.
- Suchbilder: Was fehlt diesem Menschen?
- Haarmemory: Jedes Kind schneidet sich ein paar Haarspitzen ab und klebt sie auf zwei Karten. Die Gleichen müssen zusammengesucht werden.
- Variante: Wem gehört dieses Haar?

Auditive Wahrnehmung:

- Klangschalenkonzert mit Körpererfahrung
- Nach dem Klangschalenkonzert den Partner mit Klöppeln klopfen
- Stimmenraten mit Richtungshören
- Spiel „Hänschen, piep mal" zur Stimmerkennung
- Hoch-Tief-Hören
- Viererlei Händeklatschen auseinander hören: Flachhandklatschen, Hohlhandklatschen, Fingerspitzen auf Handwurzel klatschen, Handoberflächenklatschen
- Dreierlei Fußstampfen unterscheiden lernen: Ganzer Fuß stampft, Hacke stampft, Fußspitzen tippen den Boden
- Verschiedenes Fußgetrappel hören: Schnell, mittel, langsam, hüpfen, stampfen, schleichen, tanzen etc.
- Klopfen der verschiedenen Körperteile – jeweils anderes Geräusch
- Der Bauch als „Erste Trommel". Verschiedene Rhythmen auf der Bauchtrommel nachklopfen.
- Was wir mit unserer Stimme alles machen können: Schreien, lachen, flüstern, röcheln, Tiere nachmachen, ohne Zähne sprechen, mit am Obergaumen „angeklebter" Zunge sprechen, singen, Naturgeräusche nachmachen etc.
- Bilderbuch: Stomatenpaghetti (Vettinger, Räber) vorlesen: Der kleine Krebs spricht komisch. Was spricht er anders als wir?

Taktile Wahrnehmung:

- Die Körperteile werden nach improvisierter Musik und Zuruf mit der Hand oder einem weichen Klöppel berührt.
- Berührungserfahrung nach Klangschalenkonzert: Ein Kind ist die Trommel, das andere klopft sanft den Rhythmus mit.
- Knetmännchen: Zwei Kinder tun sich zusammen. Eins ist das Knetmännchen, das andere der Bastler. Das Knetmännchen macht sich ganz weich und lässt sich vom Bastler in jede Stellung bringen, die möglich ist. Rollenwechsel.
- Mit geschlossenen Augen das Gesicht des anderen abfühlen und raten, wer es ist.
- Einen Hampelmann abfühlen und die Körperteile benennen.
- Taststraße für Hände und Füße
- Verschiedene Rauhigkeiten erfühlen, Sandpapiermemory.
- Verschiedene Kleidungsstücke ertasten und benennen.
- Auf der nackten Haut Schnee, Eis, Wasser, Dampf, Wärme- und Kältekissen erfahren.
- Klebeübung: Wir berühren das andere Kind irgendwo, z.B. an der Schulter. Die Trommel setzt ein, das berührte Kind klebt fest und wird durch den Raum geführt. Wechsel, anderer Körperteil, anderes geführtes Kind. Das lässt sich auch zu drei / vier
- und mehr Kindern erweitern, bis hin zu einer langen Schlange.

Stilleübung:

- Vertrauenskreis
- Bilderbuch: Schöpfungsgeschichte
- Still die Schöpfung des Menschen nachempfinden, in dem beim Partner ein Körperteil nach dem anderen „nachgeformt" wird.
- Gesichtsmassage mit Duftöl
- Duftölmemory: Je zwei Fläschchen enthalten den gleichen Duft
- Die Hälfte der Kinder steht sehend am Platz, die andere tastet sich von Kind zu Kind und fühlt das Gesicht ab: Raten, wer es ist.
- Partnerübung: Blind den Körper eines anderen Kindes abklopfen, raten, wer es ist.
- Fußmassage, Partnerübung

Märchen / Darstellendes Spiel:

- Der Teufel mit den drei goldenen Haaren (Grimms Märchen)
- Pinocchio (Collodi)
- Zwerg Nase (Hauffs Märchen)
- Sterntaler (Grimms Märchen)
  (Komplette Stundenbilder zum Sterntaler-Märchen in: Anna Fischer-Olm: Alle Sinne helfen mit, borgmann publishing)
- Schattentheater: Der Zauberer tritt aus dem Spalt
- Fußtheater nach der Musik „Schnecken" von Saint Saens: Karneval der Tiere
- Handtheater nach der Musik „Carmen, Arie L'amour est un oiseau rebelle" von Bizet

Psychomotorik:

- Holzpuppe „Jonny" oder Malergliederpuppe oder selbstgemachte Kartonpuppe in Stellung bringen: Kinder imitieren
- Arbeit mit dem Balancekreisel, klein und groß
- Bewegungsstraße mit Gegenständen, die entweder nur mit den Füßen oder nur mit den Beinen oder nur mit den Händen, nur mit dem Mund etc. bearbeitet werden.
- „Marionettenübung" (Körper schlenkert völlig entspannt) zur Musik von Tea for Two
  „Kreis und Achten" Oussoren Schreibtanz 1
- Nachspielen des Gedichtes: Gefroren hat es heuer, von Friedrich Güll
- Falls möglich: Schlindern, Schneeballschlacht, Schneemann bauen etc.
- Wollknäuelübung in der Gruppe (Ein Knäuel wird von Kind zu Kind weitergeworfen, wobei jedes Kind den Faden fest hält. Das Knäuel wickelt sich also langsam ab. Hält jedes Kind den Faden, wird das Knäuel wieder aufgewickelt).

- Arbeit mit den Formhölzern (Legen von Figuren, Tieren, Menschen)
- Spiel: Der Fakir und seine Schlange
- Klebespiel: Der Raum wird so verkleinert, dass immer ein Kind gefunden werden kann, das angerührt wird. Ein Kind ist „Die Klebe". Berührt es ein anderes Kind, muss dieses Kind an der Stelle festkleben, die angerührt wurde. Einer von beiden berührt nun ein drittes Kind, das wiederum an der Stelle kleben bleibt, wo es berührt wurde usw. Zum Schluss gibt es eine lange Schlange zusammengeklebter Kinder (Vorübung zu „Die goldene Gans", Grimms Märchen), Schlangenwege im großen Raum runden das Spiel ab; wer als letzter geklebt hat, ist die neue Klebe.

Basteln / Malen:

- Hampelmann basteln
- Selbstbildnis malen
- Körperumrisse auf großes Papier am Boden malen
- Mit Gipsbinden Gesichtsmasken abnehmen und gestalten
- Hand- und Fußabdrücke machen
- Haarmemory basteln
- Aus einem großen Karton die „Bühne" für das Papiertheater Sterntaler bauen
- Aus Karton die Sterntaler, das Mädchen und die Kleidungsstücke für das Papiertheater Sterntaler ausschneiden und anmalen
- Schneesterne aus Papier für die Fensterdekoration
- Bühne für das Handtheater, Handpuppen
- Bühne für das Fußtheater, Kartonfußschnecken
- Filzklöppel

Einheit „Körpererfahrung 1"

Materialbedarf:

- Trommel oder Klavier
- Kassette Gänselieslpolka (Einfache Tänze 01)
- Kassette Klangschalenkonzert oder eine andere Meditationsmusik
- Selbstgemachte Filzklöppel

1.) Tanz: „Gänselieslpolka"

1. Muster: Kreisfassung
  8 Takte im Seitgalopp nach rechts
  8 Takte im Seitgalopp nach links (insgesamt 16 Takte)
2. Muster: Zweimal die Knie patschen, dreimal in die Hände klatschen
  Mühle (rechte Hand zu rechter Hand) mit beliebig vielen Kindern rechts herum
  Zweimal die Knie patschen, dreimal in die Hände klatschen
  Mühle linksherum (insgesamt 16 Takte)
3. Muster: Untergehakt spazieren laufen (16 Takte)

2.) Gedicht:

E – e – e	MHZ: 2. und 3. Finger der linken Hand gestreckt vor den Mund halten, die anderen Finger krümmen
Wehe – wehe – weh!	Im Rhythmus auftreten
Wo ich geh und steh,	Zusammensinken, mit Schmerzgesicht!
tu ich mir weh.	An Bauch und Rücken greifen
Geht mal was daneben,	Mit offenen Händen Hindernisse schieben
fällt's dir schwer,	Wieder zusammensinken, bis die Hände den Boden
das Leben,	berühren, locker hängen lassen
musst dagegen streben.	Mit tiefem Luftholen Spannung auf den Körper geben, sich aufrichten, die Fäuste ballen, rhythmisch vorwärtsboxen

3.) Lied: „Zeigt her eure Füße"

4.) Spracharbeit: (Wörter für Körperteile suchen, zuordnen)

a) Die Ülin zeigt an sich selber fünf Körperteile, die Kinder sollen sie benennen
b) Einige Kinder zeigen nun an sich selbst Körperteile; die anderen benennen sie
c) Alle Kinder bekommen einen Filzklöppel. Sie gehen auf einen vorgegebenen Rhythmus im Raum herum. In der Pause berühren sie den durch Zuruf festgelegten Körperteil mit dem Klöppel bei einem anderen Kind.
d) Die Kinder bekommen einen zweiten Filzklöppel. Sie tun sich zu zweit zusammen. Ein Kind liegt am Boden. Das andere trommelt im Rhythmus (Klavier oder Trommel) den Körper des anderen. In der Spielpause wird nur noch der Körperteil betrommelt, den die Ülin oder ein Kind ausgerufen haben.
e) Rollenwechsel

5.) Stilleübung zur taktilen Wahrnehmung:

a) Die Kinder sind zu zweit, eins liegt am Boden. Die Kassette „Klangschalenkonzert" oder eine andere Meditationsmusik wird eingelegt. Nun trommelt das eine Kind sanft den Körper des anderen passend zur Musik durch. Diese Übung dient der Entspannung.
b) Rollenwechsel

6.) Schlussübung:

a) Reaktivierung: Die Kinder stehen im Kreis, jedes klopft seinen Körper feste von unten nach oben durch
b) Spruch: E – e – e mit MHZ und Gesten

Einheit „Körpererfahrung 2"

Materialbedarf:

- Trommel oder Klavier
- Kassette Northeimer (Einfache Tänze 01)
- Schlafmasken
- Taschenlampe, kleine Tischlampe
- Kassette „Klangschalenkonzert" oder andere Meditationsmusik

1.) Tanz: Northeimer (Einfache Tänze 01)

1. Muster:

- zu zweit mit Handfassung auf der Kreislinie
- 16 Schritte vorwärts, laut mitzählen
- bei 16 läuft der innere vorwärts zum nächsten Partner
- wiederum 16 Schritte vorwärts, Partnerwechsel

2. Muster:

- Das Paar macht 16 Schritte Seitgallopp rechts
- 16 Schritte Seitgallopp links

3. Muster:

- Voreinander stehen: Stampf – stampf – Partnerhände 3x gegeneinander klatschen
- Mühle (rechte Hand zu rechter Hand), vier Schritte rechts drehen
- Stampf – stampf – klatsch-klatsch-klatsch
- Linkshändige Mühle links drehen. Von vorne

2.) Gedicht:

P – p – p	MHZ: Hand steht mit der Innenseite vor den Lippen; mit dem P wird die Hand nach unten geschleudert
Pitsche, patsche, Peter,	Rhythmisches Händeklatschen
vor dem Paule steht er.	Hände in die Hüften stemmen, vor einen Partner treten
Patscht die Hände,	In die Hände patschen
patscht den Po –	Auf den eigenen Po patschen
et – wa – soooo!	Beide Partner klatschen die Hände gegeneinander, nach oben weg

3.) Lied: Mein Gesicht ist hell und klar (Text und Melodie: Anna Fischer-Olm)

4.) Stilleübung: Gesichtserfahrung

a) Wir sitzen im Kreis am Boden. Eine Taschenlampe wird von Kind zu Kind weitergegeben und unter das Kinn gehalten. Die anderen schauen das von unten erleuchtete Gesicht an und beschreiben es: „Patrick hat helle Haare, er hat einen kleinen Mund, er hat dunkle Haut etc.“

b) Eine Lampe wird in die Mitte gestellt. Nun ertönt eine leise Musik (Klangschalenkonzert). Die Kinder massieren sich selbst mit duftendem Öl die Wangen, Stirnen, Münder etc.

c) Die Kinder tun sich zu zweit zusammen. Sie sitzen sich gegenüber und massieren vorsichtig das Gesicht des anderen (ohne Anweisung der Stellen). Die Musik läuft durch.

d) Die Hälfte der Kinder bekommt Schlafmasken, sie bleiben am Platz stehen. Die anderen Kinder wechseln still von einem zum anderen und führen die Hände an das Gesicht. Das Kind soll erkannt werden. Ist klar, um wen es sich handelt, wechselt das Kind zum nächsten Schlafmaskenkind (Musik läuft weiter).

e) Rollenwechsel

5.) Masken herstellen:

a) Auf Tellern wurden die Gipsbindenstückchen vorbereitet. Schüsselchen mit Wasser stehen auch bereit.

b) Partnerarbeit: Ein Kind liegt. Mit einem alten Lappen werden Haare und Hals, eventuell auch die Kleidung abgedeckt. Das Gesicht wird nochmals schön geölt, besonders die Augenpartie. Dann ein kleines Stück Klopapier auf die Augen legen. Zu ruhiger Musik wird Stück für Stück der Gipsbinden eingetaucht und auf das Gesicht gelegt, schön sanft ausstreichen. Nasenlöcher aussparen. Nicht zu dick arbeiten, sonst dauert der Vorgang zu lange und die Maske wird zu schwer.

c) Die Kinder, die das nicht aushalten, können ja ihre Gipsbinden auf Plastikmasken (Gießvorlagen) aufbringen und so eine Maske herstellen.

d) Wenn die Masken trocken sind, die Augenlöcher ausschneiden und sie anmalen.

e) Weiterverwendung: Die Masken werden auf Stöcken befestigt und als vorgehaltene Gesichtsmasken für einen rezitierenden Hintergrundchor
f) oder für einen gemessenen Tanz benutzt.
g) Die Masken werden zum Selbertragen eingerichtet und dienen uns bei den häufigen Rollenspielen zur Verfremdung.

Einheit „Körpererfahrung 3"

Materialbedarf:
- große Kartons
- kaputte Nylonstrümpfe
- Gleitflöten oder Abfallröhren oder Kazoos oder singende Kämme oder nur die Singstimme
- Für eine eventuelle Aufführung: Kindergroße Schläuche aus Trikotmaterial

1.) Tanz: „Kreise und Achten", Schreibtanz I von Oussoren
a) Völlig entspannt und weich bewegen sich die Kinder nach dieser Musik im Raum. Nicht nur der Körper soll gleitend bewegt werden, sondern auch die Raumwege sollen möglichst gebogen sein. Gelingt die Beachtung beider Aufträge den Kindern anfangs nicht, können Taue und Seile die Raumwege markieren.
b) Gelingt es den Kindern, mit dem ganzen Körper weich und entspannt zu sein, verwandeln wir uns in Schlangen, die sich durch den Raum schlängeln.
c) Partnerübung: Einer ist der Baum, der andere die Schlange, die sich an dem Baum emporringelt und ihn weich umschlingt. Keine Würgeschlange!! Sondern eine zärtliche Glücksnatter.
d) Rollenwechsel

2.) Lied (Text und Melodie: Anna Fischer-Olm):

3.) Die Geschichte vom Fakir und der Schlange:
Die Ülin denkt sich eine Geschichte aus, die von einer Schlangenbeschwörung handelt.
a) Je zwei Kinder tun sich zusammen. Sie suchen sich aus einem Korb ein Instrument ihrer Wahl aus. Ausprobieren.
b) Ein Kind zwängt beide Arme in einen Nylonstrumpf und verschwindet in dem großen Karton. Das andere „flötet" nun die „Schlange" aus dem Karton-Korb heraus. Weiche biegsame Arme, gefolgt von einem allmählich sichtbar werdenden weichen Körper, sind das Bewegungsziel.
c) Die Szene kann später ausgebaut werden: Leute stehen drum herum, das Ganze hat auf einem Marktplatz mit entsprechenden Ständen, Ausrufern und Geräuschen stattgefunden – der Phantasie sind keine Grenzen gesetzt, die Materialien für den Marktplatz etc. können wieder in der Turnhalle selbst gesucht werden.

Ziel dieser Übungseinheit ist der weiche, vorsichtige, leise, gleitende, entspannte Körper.

Einheit „Körpererfahrung 4"

Psychomotorikstunde nach dem Gedicht „Vom Büblein auf dem Eis" von Güll

Materialbedarf:

- Großes Schwungtuch
- Große Trommel

1.) Tanz: Cheltenham (Einfache Tänze 01)

1. Muster:

- In der Halle liegt schon das Schwungtuch zu einem runden See ausgebreitet. Kinder stehen mit Handfassung im Kreis drumrum. Acht kleine kraftvolle Schritte nach außen
- Acht Schritte nach innen
- Wiederholung

2. Muster:

- Rechts seit, links ranstellen – 4x
- Links seit, rechts ranstellen – 4x
- Wiederholung

3. Muster:

- Rechter Fuß stampft mit der Hacke siebenmal, ranstellen
- Linker Fuß stampft mit der Hacke siebenmal, ranstellen
- Wiederholung

2.) Lied (Text und Melodie: Anna Fischer-Olm):

3.) Gedichtrezitation: Vom Büblein auf dem Eis

4.) Umsetzung in Bewegung:

a) Mit gespannten Händen machen alle Wischbewegungen, als führe man mit den Händen über glattes Eis, dabei leicht zurückgehen „Gefroren hat es ..."
b) Wieder ein paar Schritte vorgehen „Das Bübchen steht ..."
c) In die Hocke gehen und das Schwungtuch prüfend klopfen „Ich will es ..."
d) Feste mit den Beinen hacken und stampfen „Das Bübchen stampft"
e) Umfallen „und krach – schon bricht ..."
f) Feste strampeln, paddeln, rudern, um sich schlagen
g) Einer packt den Nachbarn und zieht ihn hoch
h) Von Kopf bis Fuß abstreifen und ausschütteln
i) Den Popo versohlen, Ermahnung: „Nicht zu fest"
Das ganze Gedicht wird zweimal mit allen in Partnerarbeit durchgespielt.

j) Dann Rollenverteilung Bübchen, Mann, Vater, Rezitatoren
k) Mehrfach sprechen und spielen, wobei die Rezitatoren das Klopfen des Eises, das Zurück- und Hineingehen mitmachen, auch das Knacken des Eises kann lautmalerisch begleitet werden.
l) Beim letzten Durchgang einen Trommelwirbel beim Einbrechen setzen.

Schattentheater „Ich sehe was, was du nicht siehst"

Materialbedarf:
- Schattenleinwand
- 2 Overheadprojektoren
- 2 feste Kartons

Die beiden Projektoren werden dicht nebeneinander gestellt und beide eingeschaltet. Die beiden festen Kartons werden so aufgelegt, dass sie die Lichtflächen schräg abdecken und die Lichtstraßen in der Mitte der Leinwand zusammenstoßen. Auf dem Fußboden muss ein leichtes Schattendreieck zu erkennen sein. In dieser Schattenfurche geht jetzt ein Kind bis heran an die Leinwand – es wird nicht zu sehen sein. Streckt es jetzt vorsichtig eine Hand nach links, ist nur diese Hand zu sehen, der Restkörper bleibt in der Schattenfuge und damit unsichtbar. Auf diese Weise können die einzelnen Körperteile gerufen und dann vorgezeigt werden. Zum Schluss tritt der ganze Mensch aus dem Spalt. Dieser Trick eignet sich besonders für Texte, bei denen die Schauplätze wechseln, ohne dass man zwischendurch ausschalten möchte; oder für Realitäts- / Traumwechsel; für plötzlich herbeigezauberte Menschen; für plötzlich verschwindende ...

Fußtheater „Schnecken" nach der Musik von Saint-Saëns oder gesungenen Schneckenliedern

(Zum Thema Schnecken allgemein finden Sie mehrere ausführliche Stundenbilder in „Alle Sinne helfen mit" von Fischer-Olm, borgmann publishing.)

Materialbedarf:
- Ständer oder mehrere große Kartons, schwarzer Stoff für die Bühne
- Nicht zu fester Karton, Schere, Kleber, Gummiband für die Fußschnecke
- Licht

Bühne: Eine Reihe von Stühlen wird nebeneinander gestellt, die Beine werden mit Stoff verdeckt.
Der Vorhangausschnitt zeigt die Fläche unterhalb der Sitze.
Die Spieler sitzen auf den Stühlen. Ertönt die Musik, geht das Licht an.
Extrem langsam schiebt sich die erste Schnecke (Fuß mit Kartonspirale) von oben nach unten, die anderen folgen eine nach der anderen.
Endet die Musik, fällt der Vorhang.
Besonders schön ist diese Bewegungsübung mit Schwarzlicht; dann haben die Kinder weiße Söckchen an und die Schneckenspirale ist aus weißem Karton gearbeitet.
Diese Theateretüde gewinnt ihren Reiz durch die zauberhafte, langsame Musik, die mit den Bewegungen harmoniert.
Bewegungstechnisch sind diese extrem langsamen Abläufe sehr anspruchsvoll und erfordern höchste Konzentration.

Handtheater nach der Musik von Bizet „Carmen: L'amour est un oiseau rebelle"

Materialbedarf:
- Alte Socken, die in Frösche verwandelt wurden
- Altes Leinentuch oder Decke, so viele Löcher reinschneiden, wie Kinder spielen
- Licht von vorne

Auf das Leinentuch wurde mit Dispersionsfarbe ein Teichszenario gemalt. Es wird dann straff gespannt aufgehängt.

a) Jedes Kind gehört mit seiner Hand zu einem Loch.
b) Spielen wir nach der Musik, ist die Handlung klar: Es handelt sich um den Wechselgesang von einem Solisten und dem Chor. Setzt das Solo ein, dann singt ein besonders schön ausgestatteter Frosch, setzt der Chor ein, bewegen sich alle, während der Solist den Mund (die Hand) schließt und sich eitel hin und her dreht.
c) Wir können aber auch kleine Geschichten spielen. Auf das Leinentuch ist ein großes Spinnennetz gemalt, ein Loch in der Mitte für die Spinne. Sie lauert. Mehrere Käfer und Bienen nähern sich. Einer verfängt sich im Netz, die Spinne eilt herbei. Im letzten Moment stößt ein Vogel nieder und frisst die Spinne.
d) Ein Haus mit verschiedenen Fenstern ist aufgemalt. Nacheinander strecken die Nachbarn die Köpfe (Hände) raus und erzählen sich Geschichten oder streiten.

E – e – e

Liebe Fee, steh doch, steh!
Unserm Kinde tut was weh!
Nimm das Weh in deine Hand,
trag's fort über Stadt und Land!
Wirf es in das große Meer!
Helfen fällt doch dir nicht schwer!

L – l – l –

Kralle – balle – aus dem Haus
stampft die böse Hex heraus.

Kralle – balle – Besenstiel,
böse Hexen schreien viel.

Kralle – balle – Zauberbesen,
sie ist in der Höll gewesen!

Kralle – balle – großer Schreck,
plötzlich ist die Hexe weg!

Für das flüsternde Sprechen

In dunkler Nacht beim Glockenschlag
die Zauberkraft erwachen mag.
Die Geister, Hexen, Gnomen, Feen,
die könnt ihr bei der Arbeit sehn.

X – x – x

Bix – bax – bex,
hier kommt die Hex
mit dem Besen angeflogen
und das ist jetzt nicht erlogen!

Bix – bax – bex,
hier ist die Hex
Hexehaxehixehu –
und die Hexe bist jetzt du!

Ckt – k – ckt

Ein Kobold ganz verstockt
in seiner Ecke hockt.
Er hatte sich die Axt gepackt
und in die Küchentür gehackt.
Jetzt hat er sich versteckt,
doch wird er bald entdeckt.
Man hat ihn fest gepackt
und ihn verklopft im Takt.

Februarthema: Zauberwesen

Tänze:

- Hexentanz (mit dem Stock / Besen)
- Wer hat Angst vor Dracula (traditionell)
- King of the fairies – Feenkönig (Einfache Tänze 01)
- Elfentanz der Seidenelfchen (nach der Musik „King of the fairies") oder nach
- Improvisierter pentatonischer Glockenspielmusik
- Tanzkanon: Kommt und lasst uns tanzen, springen (überliefert)

Musiken:

- Walpurgisnacht (Kinder bringen alte Töpfe, Dosen, Röhren, Tröten, Gießkannen, Kartonröhren etc. mit und veranstalten eine Hexenmusik. Wir können ja irgendeine bekannte Melodie nehmen und mit der Hexensprache mitsingen. Auf diese Weise haben wir einen festen Rhythmus für alle Instrumente, wenn es schon keine Melodie gibt).
- Türkischer Marsch aus der Sonate A-Dur (Mozart)
- Nature sounds (für einen freien Elfentanz)

Lieder:

- Die Hexen fliegen auf bei Nacht (FO)
- Hänsel und Gretel (Volkslied)
- Ein Jäger längs dem Weiher ging (überliefert)
- Wer hat Angst vor Dracula (traditionell)
- Kommt und lasst uns tanzen, springen (Jöde)
- Ich bin ein Hexenmädchen (FO)
- Die Moorhexe (M. Jehn / W. Jehn)

Gedichte:

- Tralle balle hinterm Haus (FO)
- Das Hexeneinmaleins (Goethe)
- Morgens früh um sechs (überliefert)
- Ein Kobold ganz verstockt (B. Fischer)
- Elfenlied (Goethe)
- Hexenbesen (H. Diestel)

Spracharbeit:

- Wortfeld / -familie „Hexen"
- Was können Hexen alles tun?
  Gespräch über die Vorstellungen der Kinder
  Ärztinnen des Mittelalters: Die als Hexen verschrienen weisen Frauen
  Kräuter als Heilmittel (einige Kräuter kosten, bestimmen und benennen)
- Wir üben die Hexensprache: Bix, lax, wux, hix, kax etc.
- Wortmelodie erkennen (Kinder sprechen Sätze in der Hexensprache und müssen hören, ob es eine Frage, ein Ausruf, ein Schimpfen oder einfach ein Erzählen war)
- Wortfamilie „Feen / Elfen" (Feennacht, Feenhügel, Feentanz, elfengleich, Elfenreich, Elfenschloss, Elfenzug, Feenwunsch, Blumenfee, Glücksfee etc.)
- Wortfeld „Zauberer" (Magier, zauberhaft, Wunder, Tricks, Zauberstab, Rabe, Katze, Zauberschloss, Zaubermantel, Zauberteppich, fliegen, verwünschen etc.)
- Phonemetüde „ Elfen"
  „Ein klagender Ton geht über die Wiese bei Nacht ... (singen): Eeeeee MHZ: „E"
  Das sind die Elfen, die zum Tanze rufen ... (zittrig und leise lautieren): Lllll MHZ: „L"
  Der Wind trägt ihre Stimmchen weit in den Wald: ffff – fff – fff MHZ: „F"
  Und wieder hört man ihr Singen: Eeeeee – eee – eee MHZ: „E"
  Wenn die Sonne kommt, wird es still und stiller: Nnn – Nn – nn" MHZ: „N"
  Alle flüstern: „E – L – F – E – N"

Stimmarbeit: Gedichte mit Hexenstimme sprechen: Die Lippen über die Zähne ziehen und mit kicksender Stimme sprechen. Die Gedichte mit Feenstimme sprechen: Sehr leise, sehr deutlich, zart und hoch.

Myofunktionelle Übungen:

- RL kontrollieren
- ZÜ: Löffel (Spatel) auf die unteren Schneidezähne legen. Zunge legt sich drauf und fährt rein und raus
- Spatel liegt noch auf den Zähnen; Zunge drückt dagegen
- LÜ: Mit der Oberlippe in Zickzackbewegungen die obere Zahnreihe schrubben
- Zähnefletschen
- AÜ: Zungenröllchen herausschieben und Luft einsaugen
- BÜ: Wattepusten / Luftballons / Seifenblasen

Visuelle Wahrnehmung:

- Schattentheater: Zauberstunde
- Bilder zur kleinen Hexe (Gedächtnisstütze, Beschreibung)
- Sehen und Riechen der Hexenkräuter (Pfefferminze, Rosmarin, Kamille, Petersilie etc.)
- Kim-Spiel: Hexenutensilien

Auditive Wahrnehmung:

- Hexenkinder unterm Schwungtuch (Stimmenerkennspiel mit bis zu drei Kindern)
- Ball und Schatten umgekehrt. Der Schatten hört den Trommelschlag und lässt den Ball prellen
- Spiel im Hausflur: Die Hexe geht mit Klackerschuhen durch das Haus. Wo ist sie jetzt?
- Das Hexe rasselt mit Ketten, Kugeln, Schüttelboxen etc. Was hörst du?
- Wir hören die Hexe immer aus einer anderen Ecke des Zimmers rufen, pfeifen, singen etc. Mit geschlossenen Augen wird die Ecke gezeigt, aus der das Geräusch kam.
- Kleine Hexe: Wir hören die Arbeiten der kleinen Hexe (Live oder von Kassette)
  Was tut sie gerade?
- Hörbilderbuch „Spukefix hilft hören“, Verlag Hölder / Pichler / Tempsky, Wien

Taktile Wahrnehmung:

- Im Keller des Zauberschlosses lagert allerlei (Krabbelsack mit Flaschen, Papier, Dosen)
- Das Hexenmädchenlied wird rhythmisch auf den Rücken geklopft (Paararbeit)
- Hexen brauchen allerlei Utensilien: Besen, Löffel, Kräuter, Hölzer, Pulver, Eier etc. Kannst du fühlen, welches Arbeitsmaterial hier unter diesem Tuch liegt?
- Wir schminken uns als Hexen, Elfen, Zauberer, Gespenster

Stilleübungen:

- Die Hexe hat einen sehr gefährlichen Hexenpudding gekocht. (In eine große Glasschüssel ein Wasserglas stellen. Nun mehrfarbige Götterspeise nacheinander hineingeben. Immer warten, bis die eine Schicht erstarrt ist. Beim Auftragen kommt eine Kerze in das Wasserglas). Können wir diesen Pudding ohne ein Geräusch im Kreis herumgeben?
- Können wir nun auch einen kleinen Teil dieses Puddings essen, ohne dass man ein Geräusch hört? (Danach den Pudding mit Lust und Geräusch normal essen)
- Die Elfen machen sehr leise Musik; manchmal sperren sie ihre Musik in eine Klangkugel ein. Reicht leise die Kugel herum und hört den feinen Ton!
- Ein Seidentuch wird einem Kind auf die Handrücken gelegt. Das Kind soll dies Tuch langsam und vorsichtig seinem Nachbarn ebenfalls auf die Handrücken legen usw.
- Schwebeweg der Seidenelfchen zu Entspannungsmusik

Märchen / Darstellendes Spiel / Spiellied:

- Hänsel und Gretel (Als Beispiel für die böse Hexe an sich)
- Schneewittchen (Als Beispiel für die Beziehungs-Hexe)
- Frau Holle (Als Beispiel für die gute Hexe, die die Guten belohnt und die Schlechten abstraft)
- Dornröschen (Die Feen können gut und böse sein, jedenfalls launisch)
- Die Geschichte vom Fingerhütchen (nach C. F. Meyer). Der bucklige Junge sieht die Feen tanzen und darf mittanzen, am nächsten Tag ist sein Buckel verschwunden.

- Das Blaue Licht (Grimms Märchen)
- Schattentheater: Die Zauberstunde
- Das Hexeneinmaleins von Goethe

Psychomotorik:
- Die Sternenfee – ein Bilderbuch lernt laufen
- Materialerfahrung „Seidentuch“
- Materialerfahrung „Stock“
- Thematisch gebundene Bewegungsimprovisationen: Hexensabbat

Bastelaufgaben:
- Feen aus kleinen Seidentüchern gestalten (für den Tanz „King of the fairies“)
- Hut und Zauberstock für den Zauberer, Zauberstock und Feenhut für die Fee
- Goldsternchen für die Sternenkinder
- Vogelmasken für die Vögel
- Mobile mit kleinen Hexen aus Haselnussstecken (Gemeinschaftsaufgabe)
- Hexen als Schattenrisse
- Hexenbesen herstellen
- Instrumente aus Verpackungsabfall basteln
- Gemeinschaftsarbeit: Stoffcollage „Hexensabbat“
- Requisiten für die „Sternenfee“ herstellen
- Folien für die Schattenspiele malen

Grundwissen zu Zauberwesen:
Die Geschichten und Legenden von Zauberwesen gibt es in allen Kulturen. Da haben wir die Hexen: Meist alte Frauen mit dem typischen Hexenbuckel (Osteoporose), die entweder Gutes tun oder aber gefährlich und böse sind, meist im Walde wohnen und gern Kinder rauben.
Die Zauberwesen, die am meisten mit der Natur verbunden sind, sind die Elfen oder Feen. Sie sind wunderschön, unberechenbar, nur manchen Menschen sichtbar und tanzen herrlich. Manchmal verbinden sich Elfen mit den Menschen; dabei gehen die Liebesgeschichten meist nicht gut aus. Sie wachen über die Natur. Über Feen und Elfen gibt es besonders in Irland viele Legenden, während die Hexen eher Gestalten aus dem Märchen sind. Die Zauberer sind weise, gütige, priesterähnliche Wesen (Merlin), manchmal aber auch lächerlich und leicht zu täuschen (Gestiefelter Kater!).

Buchtipp: Schönrade / Pütz: Die Abenteuer der kleinen Hexe, borgmann publishing, Psychomotorische Übungsanleitungen, themengebunden

Bilderbücher:
- Die Sternenfee, von Krüss / Careme / Puebla
- Die Hexe und die sieben Fexe, von Ali Mitgutsch und Irmgard Hailer
- Hörbilderbuch: Spukefix hilft hören, 1 und 2 von Eveline Buca und Eva Walcher
- Breucker: Auf dem Blocksberg tanzt die Hex, Ökotopia Verlag

Einheit „Feen“

Materialbedarf:
- Seiden- oder Chiffontücher
- CD Einfache Tänze 01 „King of the fairies“
- Großer Karton, für jedes Muster einen farbigen Wachsblock

1.) Tanz: King of the fairies (Feenkönig)
Einführung: Wir wollen heute einen Feentanz tanzen, er heißt „König der Feen“. Was wisst ihr über Feen?
Haben Kinder und Ülin das Wissen „Naturwesen, Blumenelfen“ eingebracht, kann man das Muster des Tanzes auf einen Karton malen: Es ergibt einen Kreis (den Elfentanzkreis) mit vielen Blumenblättern.

1. Muster:
Kreishandfassung
- Mit 7 langsamen Schritten rechts – links ran, bei 8 drei doppeltschnelle leichte Schritte am Platz
- Mit 7 Schritten nach links, bei 8 drei schnelle, leichte Schritte am Platz

2. Muster:
- Handfassung jetzt lösen; mit 7 langsamen, sehr kleinen Schritten zur Kreismitte, bei 8 wieder die drei schnellen. Zurück genauso

3. Muster:
- Mit Schritten einen kleinen Kreis am Platz tanzen, bei 8 wieder die drei Schritte
- Den kleinen Kreis zurück tanzen

4. und 5. Muster:
- Gleich wie 2. und 3., aber statt zur Mitte nach außen und zurück, dann beginnt es von vorne

2.) Gedicht:
Ihr wisst ja, dass Feen gerne helfen, wenn man sie bittet. Aber dazu muss man den Zauberspruch kennen, der sie herbeiruft:

E – e – e	MHZ: „E“
Liebe Fee, steh doch, steh!	Hände bittend in die Höhe heben
Unserm Kinde tut was weh!	Hand wie bei Kopfweh an die Stirn legen
Nimm das Weh in deine Hand,	Beide Hände zu einer Kugel schließen
trag's fort über Stadt und Land!	Und die Hände reisen lassen
Wirf es in das große Meer!	Das Weh hinter sich werfen
Helfen fällt doch dir nicht schwer!	Arme weit ausbreiten und wieder schließen

3.) Materialerfahrung Seidentuch:
Die Elfen sind ganz leicht und luftig, so wie dieses Seidentuch. Versucht einmal, was ihr alles damit machen könnt:
a) Selbsterprobungsphase. Die Ülin macht auf besonders gelungene Übungen aufmerksam, sodass reihum einmal jedes Kind ein Lob bekommt.
b) Wir lassen die Tücher durch Luft bewegen.
c) Unser Pusten bewegt sie.
d) Wir können mit Rennen durch Luftgegendruck die Tücher am Körper halten.
e) Die Hälfte der Kinder bildet eine Gasse und hält die Tücher hinein, die andere läuft durch. Wie fühlt sich das an, wenn die Tücher einem entgegenwehen?
f) Wielange kann ich mein Chiffon- / Seidentuch mit Blasen in der Luft halten?
g) Wir stellen uns eng zusammen und blasen mit unseren Tüchern eine Wolke.
h) Die einzelnen Teile der „Wolke“ landen auf immer verschiedenen Körperteilen.
i) Alle Tücher werden gleichzeitig hochgeworfen und jedes Kind versucht, eine neue Farbe zu erwischen.
j) Wir tragen die Tücher vorsichtig auf der Oberseite der Hände herum.
k) Das Tuch liegt am Boden. Vorsichtig in eine vorgegebene Richtung blasen.
l) Zu zweit einen Elfentanz mit diesen Tüchern erfinden (Musik: King of the fairies, ein Durchgang)
m) Anschauen der Tanzmuster

4.) Tanz mit Tuch:
Kreis ohne Handfassung. Jedes Kind hat sein Tuch. Wir tanzen nun den „King of the fairies“ mit dem Seidentuch, dabei soll es möglichst leicht und weit ausgebreitet geschwungen werden, damit das Luftige der Elfen sichtbar wird.

5.) Visualisierungsübung „Tuch“:
Wir stellen uns vor, was so ein Tuch alles sein könnte: Eine Schürze, ein Kopftuch, eine Tischdecke usw. Jedes Kind, das eine Idee zum Tuch hat, geht in die Mitte und zeigt es uns vor. Wir müssen raten ... aber immer nur einer!

6.) Abschlussgestaltung:
Die Kinder legen mit ihren Tüchern in der Mitte des Kreises eine Blume.

7.) Bastelarbeit:
Seidenelfchen:
Kleine Tücher aus Seide, Georgette oder einem anderen sehr leichten Stoff schneiden.
In die Mitte eine kleine Wollbommel legen, darunter zubinden (Kopf).
Einen feinen Kunststofffaden durch den Kopf nadeln und die Elfe daran führen.
Bei besonders geschickten Kindern kann man noch kleine runde Händchen machen, die ebenfalls an einem Nylonfaden geführt werden.
Die Muster des „King“ mit den Elfchen nachtanzen oder eigene erfinden auf improvisierte Glockenspielmusik (pentatonisch).
Wenn wir die Elfchen zum Tanzen nicht mehr brauchen, können sie an Lampen o. Ä. gehängt werden und für gezielte Blaseübungen benutzt werden.

Zauberer und Fee: Psychomotorische Gestaltung des Bilderbuches „Die Sternenfee“

Materialbedarf:
- Selbst ausgeschnittene Goldsterne, Sicherheitsnadeln
- Zauberhut, Zauberstock, Zaubermantel
- Seidentücher für die Fee, Zauberstab mit Goldstern dran
- Vogelmasken für die Vögel
- Hüte und Kopftücher für „die Leute“
- Schwungtuch oder Hängematte als Kristallkaraffe
- Bilderbuch „Die Sternenfee“

Vorbereitung:
Das Bilderbuch wird stückweise vorgelesen und angeschaut, dann mit eigener Sprache wiedererzählt. Die Kostüme für Zauberer, Fee, Sterne und Leute werden festgelegt beziehungsweise hergestellt. Die Fee bekommt ein Kostüm aus den Seidentüchern, die leicht und luftig um sie herflattern. Während die Kinder die Sterne etc. basteln, kann immer wieder das Bilderbuch vorgelesen werden, sodass die Geschichte zunehmend vertrauter wird und die Sprache verständlicher.
In der Turnhalle:
Wir besprechen, aus was wir ein Zauberschloss, ein Dorf, einen Feenwald bauen können.
Vorschlag:
Zauberschloss: Barren und Kästen
Karaffe: Großes Schwungtuch, in das die Sterne eingeschlagen werden.
Feenwald: Aufgestellte Stöcke und Kegel
Dorf: Je ein Reifen ist ein Haus oder aus Papierstreifen Häuser legen
Schiff: Umgedrehter Kasten
Himmel für die Sterne: Kletterseil, Sprossenwand etc.
Ist die Landschaft fertig, kann das Spiel beginnen. Auch hier gilt wieder: Erst wird vorgelesen, dann die Szene gespielt. Im Spiel sprechen die Kinder natürlich, aber das sind sinnerschließende, improvisierte Dialoge, keine gestaltete Sprache.
Zu Ehren der Fee wird zum **Schluss** der Feentanz getanzt.
Je öfter man dies Spiel spielt, umso einfallsreicher werden die Kinder in der Szene dann auch mit ihrer Sprache umgehen.

Einheit „Hexen“

Materialbedarf:
- Materialien für „Morgens früh um sechs“
- Verschiedene Kräuter

- Lange Rundstäbe (Hexenbesen)
- Tücher
- Allerlei Klapperkram für Hexenmusiken
- Räucherstäbchen, Wunderkerzen

1.) Tanzkanon:

1. Muster: Kommt, und lasst uns tanzen, singen
rechts – links – rechts – links beschwingt wiegen
2. Muster: Kommt, und lasst uns fröhlich sein
Mit vier Hüpfern um die eigene Achse drehen

Dieser an sich vierstimmige Kanon kann bei kleinen Kindern nur zweistimmig gesungen werden.

2.) Gedicht: L – I – I –

MHZ: Zeigefinger nach oben, Daumen nach der Seite wegstrecken, die anderen Finger einklappen. Hand vor den Mund legen

Kralle – balle – aus dem Haus	Knie einknicken, Arme parallel hin und her führen
stampft die böse Hex heraus.	Arme als Haus überkopf, Beine marschieren im Rhythmus
Kralle – balle – Besenstiel,	Arme wie oben, einknicken und einen imaginären Besenstiel halten
böse Hexen schreien viel.	Körper straffen, Zeigefinger raus und Schimpfbewegung machen
Kralle – balle – Zauberbesen,	Wie Strophe 2, aber allmählich immer tiefer einknicken
sie ist in der Höll gewesen!	Mit einem großen gespannten Sprung hochschießen
Kralle – balle – großer Schreck,	Arme dito, Hand erschreckt vor das Gesicht heben
plötzlich ist die Hexe weg!	Gesicht in den Armen verstecken und zusammenfallen

3.) Lied (Text und Melodie: Anna Fischer-Olm):

4.) Darstellendes Spiel: Morgens früh um sechs

a) Ülin trägt das Gedicht vor und zeigt die passenden Bilder dazu
b) Was hat die kleine Hexe alles gemacht? Vormachen der Bewegung, die anderen raten. (Gedächtnis, Reihenfolge)
c) Kim-Spiel mit den Bildern
d) Zusammensuchen realer Requisiten
e) Wie bewegen sich Hexen? Bewegungsetüden
f) Durchspielen
g) Die Hexenkinder unterhalten sich bei Tisch in ihrer Hexensprache: Bix – lax – lux – mix
h) Wir raten, ob ein Kind eine Frage gestellt hat, mit jemandem geschimpft hat, erstaunt ausgerufen hat, eine Antwort gegeben hat... die Kinder sollen an der Melodie der X-Silben hören, um was es sich handelte
i) Die Kinder suchen Wörter, in denen ein X vorkommt. Wo ist es? Hinten – Mitte – vorn?

Weitere Möglichkeiten für darstellendes Spiel mit Hexen:

Hänsel und Gretel (Spiellied)	(Volkslied)
Schneewittchen	(Brüder Grimm)
Rapunzel	(Brüder Grimm)
Das blaue Licht	(Brüder Grimm)
Schattentheater: Das Hexeneinmaleins	(J. W. v. Goethe)
Ich bin ein Hexenmädchen	(FO)

Dies ist ein Lied, das man mit den Kindern weiterdichten und in der Turnhalle gut spielen kann.

(Text und Melodie: Anna Fischer-Olm)

Ich schlage Purzelbäume – und was machst du?
Ich tick an alle Zäune – was sagste nun dazu?
Schneller Sprung und rasch ums Eck – du bist da und ich bin weg.

Ich fliege über Bäche – und was machst du?
Tanz nachts auf grünen Wiesen – was sagste nun dazu?
Schneller Sprung und rasch ums Eck – du bist da und ich bin weg.

Im Verlauf der weiteren Hexenstunden werden die Kinder sich

j) einen Hexenbesen basteln (Stöcke mit gebündelten Zweigen, gut ist Birke)
k) ausprobieren, was man mit einem Stockbesen alles machen kann
l) zur Musik des Türkischen Tanzes einen Stocktanz entwerfen und tanzen
m) zu einer bekannten Melodie (z.B. Sur le pont d'Avignon) ihre Hexeninstrumente spielen und in Hexensprache mitsingen
n) werden den Hexenpudding kochen und essen
o) einen wilden Hexensabbat mit ihren Besen, den Tüchern, den verrückten Instrumenten und dem Räucherstäbchenduft veranstalten. Sie werden sich hexig schminken und Kräuter sammeln für ihre Hexensuppen
p) Die anderen Hexen raten, um welche Kräuter es sich handelt (Erriechen)
q) Hexenverse und Gedichte lernen und erfinden

Menschenschattentheater „Das Hexeneinmaleins“ J. W. von Goethe

Materialbedarf:
- Schattenleinwand, Overheadprojektor
- Rote Folie (Glasmalfarben)

Zehn Kinder bauen sich im Dunkeln dicht hinter der Leinwand auf. Sie hocken zusammengekrümmt am Boden. Licht an.

Sprecher:

a) „Du musst verstehn! Aus Eins	Einer schießt hoch, mit erhobenen Armen
b) mach Zehn,	Alle kommen schnell mit erhobenen Armen hoch
c) und Zwei lass gehn,	Zwei krümmen sich wieder zusammen
d) und Drei mach gleich, so bist du reich.	Drei stellen sich hintereinander, ein Schatten!
e) Verlier die Vier!	Vier gehen runter in die Hocke
f) Aus Fünf und Sechs, so sagt die Hex,	Wieder auf fünf dann sechs Schatten auffüllen
g) mach Sieben	Einer kommt dazu
h) und Acht, so ist's vollbracht:	Noch einer
i) Und Neun ist Eins	Der Neunte kommt hoch, alle bis auf einen runter
j) und Zehn	Alle wieder hoch
k) ist keins.	Alle wieder runter
l) (deutliche Pause)	
m) Das ist – das Hexeneinmaleins“	Alle schreien laut mit und kommen auf einmal hoch. Sie stehen mit gespreizten Beinen und erhobenen, gespreizten Armen; das sieht im Schatten wie ein Jägerzaun oben und unten aus.

Je schneller und präziser das Auf und Ab funktioniert umso verrückter / verhexter wirkt das Ganze. Die Kinder brauchen eine Weile, bis jeder weiß, wann er dran ist, aber dann macht es ihnen großen Spaß. Die Sprecher müssen sehr akzentuiert sprechen – zum Schluss schreien alle miteinander den Schlusssatz.

Schattentheater „Zauberstunde“

Materialbedarf:
Großer Karton – Schattenleinwand – Overheadprojektor, eventuell 2 Schaltkasten – blaue Folie mit angedeutetem Dachbodeninterieur
- Becken
- Handtrommeln
- Pentatonisch hergerichtete Glockenspiele (c, d, – f, g, a)
- ausgesuchte Kassetten
- Tuch, Luftballon, Stock, Ball
- Wuschelkopf für den Kobold

1.) Rezitation:

In dunkler Nacht beim Glockenschlag	Langsam vom Boden hochwachsen und die Arme
die Zauberkraft erwachen mag.	In einem großen Bogen über den Kopf heben
Die Geister, Hexen, Gnomen, Feen,	
die könnt ihr bei der Arbeit sehn.	Arme langsam sinken lassen

2.) Lied (Text und Melodie: Anna Fischer-Olm):

Schauen dort in jede Kiste,
auch die große, lang vermisste.
Wo sind nur die Zaubersachen,
die uns immer Freude machen?

Die folgenden Etüden und das Zusammenbinden derselben sind Stoff für mehrere Stunden. Der Beginn der Stunde ist dann immer gleich: Tanz – Rezitation – Lied – Spiel.

3.) Spieletüden:

„Treppensteigen“

- Beine gut heben und parallel dazu den Arm, als ziehe man sich an einem Geländer hoch. Das Kind darf nur ganz langsam vorwärts steigen, da nicht weiter als bis zur Mitte der Leinwand gegangen werden darf.
- Die zuschauenden Kinder sollen den Bewegungsablauf genau beobachten und jedes Mal, wenn ein Fuß den Boden berührt, machen die anderen Kinder einen Trommelschlag. Gut hinschauen!
- In das rechte Drittel der Leinwandfläche wird der große Karton gestellt. Im Karton sitzt ein Kind mit einem Ball.
- Treppensteigeretüde mit „oben“ ankommen, zwei Schritte auf den Karton zumachen und die Hände vorsichtig zu ihm hin ausstrecken, wiederholen. Hände dürfen sich nicht decken!
- Die Ülin sitzt mit den Kindern vor der Leinwand. Ist der Treppensteiger oben angekommen, hat seine Schritte auf den Karton hin gemacht – alle zusammen einen großen Trommelschlag! Die Kiste springt auf und heraus wird ein Ball geworfen. Großes Erschrecken bei dem Spielenden. Dann aber nimmt er den Ball auf und spielt – begleitet vom Trommeln der zuschauenden Kinder. Auch hier wieder nur einen Trommelschlag tun, wenn der Ball die Hände des Kindes berührt.
- Ideen sammeln bei den Kindern, was noch aus der Kiste kommen könnte: Ein Stock, ein Luftballon, ein Paar Stiefel. Was kann der Spieler damit machen?
- Mit welcher Musik können wir es begleiten? Verteilen der verschiedenen Instrumente.
- Idee Stock:
  Visualisierung. Der Stock kann ein Spazierstock sein, ein Gewehr, ein Florett, ein Gewicht, eine Krücke, ein Skistock, eine Schaukel.... Diese Übung braucht keine Musik, da sie vom ständigen Wechsel lebt. Jeder neue Spieler hat dazu vielleicht eine neue Idee.
- Idee Stiefel:
  Eine Rambazambamusik wird eingespielt und der Spieler tanzt dazu.
- Idee Luftballon:
  Eine pentatonische Glockenspielmusik wird von den zuschauenden Kindern gemacht, leise und langsam, dem Medium entsprechend. Jedes Mal, wenn der Luftballon die Hand des Spielers berührt, klingt eine Zimbel.

- Idee Tuch:
  Das große Tuch (schön ist's mit Fransen) wird um die Schultern gelegt und mit den Händen festgehalten. Das Kind breitet die Arme aus und fliegt wie ein Vogel. Darauf achten, dass das Kind zuerst die Ellbogen hebt und den Unterarm ruhig hängen lässt, dann greift der Wind unter die Arme und der Unterarm wird gehoben, gleichzeitig stellt sich das Kind auf die Zehenspitzen und lässt sich wieder sinken, wenn die Arme sinken.
  Dazu machen die Kinder mit dem Mund Windgeräusche.
- Idee Papierblume:
  Der Spieler schaut sie sinnend an, legt sie dann zu Boden und lässt sie in völliger Stille wachsen. Effektvoll ist ein plötzlicher grüner Hintergrund mit einem zweiten OP.

Mehr als drei-vier Ideen sind nicht ratsam, da es für die zuschauenden Kinder sonst zu langweilig wird. Jedes Kind möchte natürlich lieber spielen als musizieren. Anfangs empfiehlt es sich, länger verschiedene Kinder das Gleiche machen zu lassen, um vom Vergleich zu lernen.
Das (vorspielreife) Stück besteht dann aus folgenden Szenen:

- Die musizierenden Kinder singen „Eben hat es zwölf geschlagen“. Dann Licht von hinten. Zwölf Schläge auf dem Gong.
- Der Junge steigt die Treppe hoch, erblickt die Kiste, erschrickt, vorsichtiges Nähern.
- Trommelschlag: Der Ball fliegt raus. Das wurfgenaue Trommeln der Kinder begleiten das Spiel des Jungen mit dem Ball. Der Ball fliegt weg. Stille. Der Junge geht wieder zur Kiste.
- Trommelschlag: Der Luftballon fliegt raus; pentatonische Glockenspielmusik, schöne, weiche Bewegungen. Luftballon fliegt weg. Der Junge geht wieder zur Kiste.
- Trommelschlag: Der Stock fliegt raus. Völlige Stille. Der Junge macht den Stock zum Spazierstock, zum Gewehr, zum Florett, zum Golfschläger, zum Spaten etc. Stock weg. Als nächstes wird das Tuch rausgeworfen.
- Tuch verwandelt sich in einen Vogel; Windgeräusche.
- Es schlägt eins. Der Kobold aus der Kiste zeigt sich kurz.
- Alle Instrumente machen auf einmal Katzenmusik, der Kobold verschwindet.
- Plötzliche Stille. OP aus.

Vor der Bühne steht der Rezitator und spricht das kleine Gedicht „In dunkler Nacht“.

Mit älteren Kindern kann man sehr schön das Gedicht „Der Zwölfelf“ von Morgenstern als Tischschattentheater gestalten:
Die Kinder hören das Gedicht – Assoziationen werden gesammelt – das Gedicht wird nochmals mit dramatischer Sprache gestaltet – wie sieht wohl ein Zwölfelf aus?
Bilder zu jeder Strophe malen:

- Heulender Hund mit Spinngespinsterhintergrund
- Vogelscheuche überm Moor
- Röhrenknochenwald mit Irrlichtern
- Schreiende Sophie
- Totenbaum und Nachtmahr
- Der Rabe Ralf
- Der Zwölfelf

Die schwarzweißen Zeichnungen werden zu Folien gemacht. Gedicht passend zu Folien rezitieren. Hier können die Kinder zeigen, dass sie schon ganz gut mir ihrer Sprache spielen können!

Für das allmählich lauter werdende Sprechen

Der Frühling, der nimmt seinen Lauf.
Die junge Sonne steigt herauf.
Bald schmilzt der Schnee,
bald taut das Eis.
Bald schwillt die Knospe schon am Reis.

Bald werden die Wiesen voll Blumen sein,
die Äcker voll Korn, die Hügel voll Wein.
Und Gott, der ewig mit uns war
behüt uns auch in diesem Jahr.

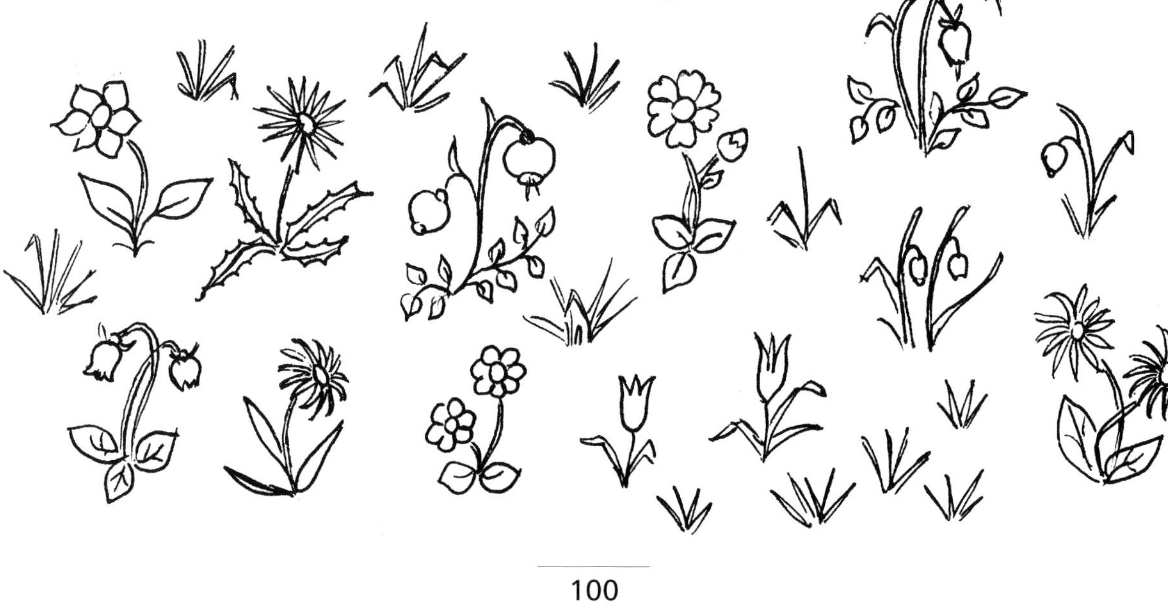

Mm – mm – mm

Trarira, der Sommer, der ist da!
Die Sonne scheint vom Himmel
auf Grün-rot-blau-Gewimmel;
es flirrt die Hitze überm Feld –
wie schön ist diese bunte Welt!
Trarira – der Sommer, der ist da!

A – a – a

Der Herbst, der ist ein Malersmann,
er malt die Welt recht leuchtend an.
Gibt Äpfeln schöne Backen –
schenkt Nüsse uns zum Knacken.
Nur abends ist es nun schon kalt:
Der Winter, der kommt bald!

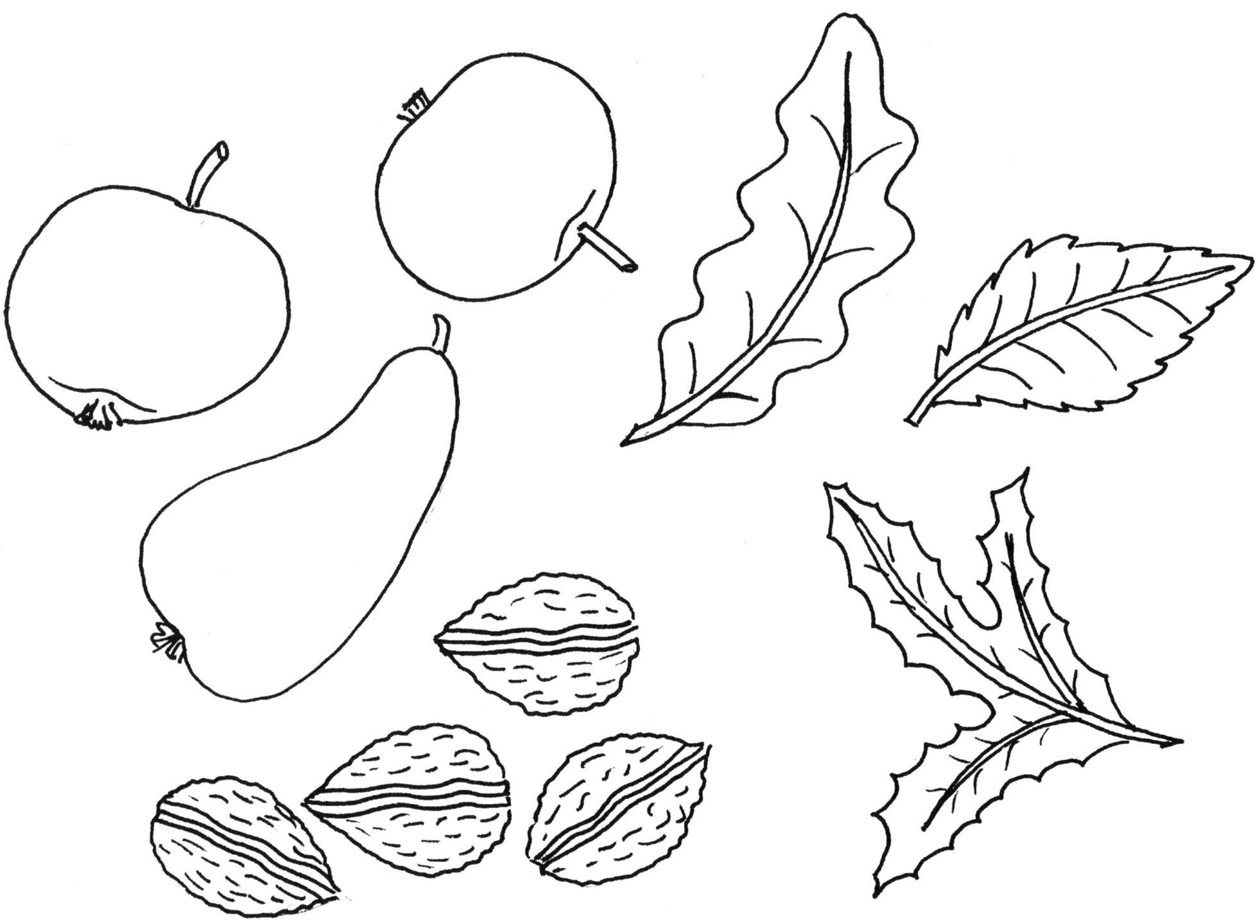

Chen – chen – chen

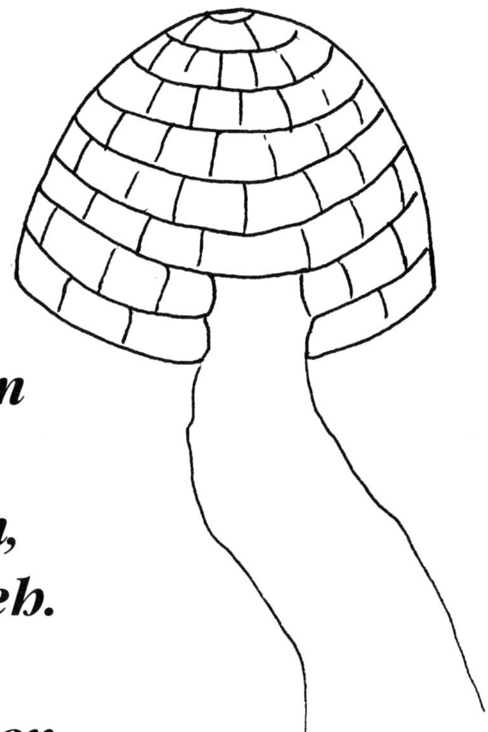

Ich baue mir ein Häuschen
aus festem weißen Schnee
mit meinem kleinen Spaten,
die Hand tut mir schon weh.

Ein Türchen und ein Fenster
bekommt das Häuschen auch;
den Weg, den kehr ich sauber
mit meinem Reisigstrauch.

Dann geh ich zu dem Häschen
und sage: „Wohn bei mir!
Der Bär kann nicht herein zu uns,
ein Schloss ist vor der Tür!“

(Russischer Kinderreim)

Märzthema: Vier Jahreszeiten

Tänze:
- Jibidi (Einfache Tänze 01)
- Schneeflockentanz: Schneeflöckchen, Weißröckchen
- Erntetanz mit Kornreifen (Ohrenschmaus aus Einfache Tänze 01)
- Gestentanz: Ich bin das ganze Jahr vergnügt (Worte Schubart, Melodie unbekannt)

Lieder:
- Es war eine Mutter, die hatte vier Kinder (überliefert)
- Jetzt scheint die Sonne so hell sie kann (aus Schweden)
- Hei, so treiben wir den Winter aus (Cesar Bresgen)
- Es regnet ohne Unterlass, es regnet immerzu (H. Bornefeld) Kanon
- Die dumme Liese / Tanzliedchen (Karl Bienenstein)
- In einem kleinen Apfel (Heinrich Seidel)
- Nebel, Nebel, weiße Wand (Walter Pudelko)
- Juchhe, juchhe, juchhe, der erste Schnee (Karl Marx)
- Schneeflöckchen, Weißröckchen (überliefert)
- Der Winter kommt gegangen (Fischer-Olm)
- Im Winter, im Winter ist es kalt (FO)
- Singt ein Vogel (Heinz Lau)

Gedichte:
- Die Blätter an meinem Kalender (Peter Hacks)
- Der Frühling, der nimmt seinen Lauf. (leicht bearbeitete Überlieferung)
- Wetterregeln (kleine Sprüche) (überliefert)
- Frühling lässt sein blaues Band (Eduard Mörike)
- Die Tulpe (Guggenmos)
- Trarira – der Sommer, der ist da! (FO)
- Der Herbst, der ist ein Malersmann (FO)
- Bunt sind schon die Wälder (von Salis-Seewis)
- Ein Lied hinterm Ofen zu singen (Mathias Claudius)
- Will sehen, was ich weiß (Friedrich Güll)
- Der Winter kommt gegangen (FO)
- Ich baue mir ein Häuschen (Russischer Kinderreim)

Spracharbeit:
- Assoziationen: Die Bilder der vier Jahreszeiten sind an der Wand. Kinder sammeln Begriffe dazu, die ihnen einfallen. Für jedes Wort einen kleinen Klebestreifen oder Punkt unter das passende Bild (Erinnerung, Zuordnung)
- Sätze wie „Wir fahren Schlitten" der passenden Jahreszeit zuordnen (Bilder zur Unterstützung)
- Verben wie „schwimmen – umgraben – Apfel pflücken" der passenden Jahreszeit zuordnen (Bilder zur Unterstützung)
- Jahreszeit und Adjektiv zuordnen: Sommer: Kalt, windig, warm, hell. Wie ist Sommer?
- Phonemetüden Frühling, Sommer, Herbst und Winter s. Stundenbilder (phonologische Bewusstheit)

Stimmarbeit: Mit Seufzerstimme und Stöhnen das Gedicht „Ein Seufzer fährt Schlittschuh" sprechen

Myofunktionelle Übungen:
- RL kontrollieren
- ZÜ: Zunge liegt auf dem Mundboden hinter den vorderen Schneidezähnen. Spatel oder Löffel wird auf die Zunge gelegt, Zunge drückt dagegen.
- LÜ: „Donald Duck-Mund": Der Mund ist entspannt und schmal. Nur die Mitte der Oberlippe wird etwas angehoben.
- AÜ: „Schaukel": Zunge liegt entspannt in Ruhelage. Nun wird die Mitte der Zunge mal Richtung Oberkiefer mal Richtung Unterkiefer bewegt.

- BÜ: Tintenbildchen in Sternform blasen (Winterbild).

Visuelle Wahrnehmung:

- Die vier Jahreszeitenbilder betrachten, beschreiben, in die richtige Reihenfolge setzen
- Den Jahreskreis malen: Winterblau (Januar), Frühlingsgelb (Mai) und Sommerrot (September), die Monate dazwischen mischen sich farblich im Uhrzeigersinn.
- Bilder mit Tätigkeiten und Szenen aus verschiedenen Jahreszeiten besprechen, sortieren, mit einem entsprechenden farbigen Rand versehen und den Jahreszeitenbildern zuordnen.
- Tulpenzwiebel ausgraben, aufschneiden und anschauen.
- Frühblüher sammeln.
- Wir raten Sommer- / Wassertätigkeiten: Ein Kind spielt immer vor, die anderen sollen raten
- Wir raten Winter- / Schneetätigkeiten s. oben
- Wir raten Frühlings- / Gartentätigkeiten s. oben
- Wir raten Herbst- / Erntetätigkeiten s. oben
- Bildergeschichten zu den Jahreszeiten selber malen oder im Jahr vorher fotografieren.

Auditive Wahrnehmung:

- Typische Geräusche erkennen und der Jahreszeit zuordnen: Knackendes Eis, Wasserplätschern, Vogelzwitschern, Nüssefallen
- Selbst aufgenommene Kassette „Sommergeräusche“
- Liederkönigin: Kreis, in der Mitte ein Tisch mit einer Krone. Die Ülin singt ohne Worte Liedanfänge, wer das Lied erraten hat, stürzt zum Tisch und klettert drauf und singt es. War es richtig, setzt er sich die Krone auf bis zum nächsten Lied.
- Passende Lautmalereien zu den vorgespielten Jahreszeitenpantomimen machen

Taktile Wahrnehmung:

- Schnee – Eis – Wasser – Dampf erfühlen und beschreiben.
- Einen Wäschekorb mit jahreszeitlich deutlichen Utensilien füllen. Decke drüber, Tastspiel. (Sandförmchen, Schlittschuhe, Papierblumen, Nüsse / Zapfen / Apfel, Badehose, Schneeanzug, kleiner Pappdrachen, Holzei etc.)
- Fühlbilder mit jahreszeitlich typischen Tätigkeiten erraten (herstellen aus grobem Sandpapier). Man kann die Bilder auch mit Flüssigkleber „malen“ und Sand draufrieseln lassen.

Stilleübungen:

- Zusammengekauert sitzen. Zum Klang des Gongs oder der Klangschale die geschlossenen Hände (Knospe) rausschieben. Ganz leise wächst die Tulpe. Sie öffnet sich der Sonne.
  Variation: Statt des Klanges das Guggenmos-Gedicht „Die Tulpe“ rezitieren und die Kinder spielen lassen.
- Sich mit den Fingerspitzen begrüßen, auf Fußspitzen gehen, zurück zum Kreis.
- Die Kinder sitzen im Kreis. Das erste spreizt die Beine, bis es links den Fuß seines Nachbarn berührt. Der wiederum schaut, dass er weiter den linken Fuß des Nebensitzers berührt, solange, bis der „Sternenkreis“ geschlossen ist. Durch Zuwerfen / -rollen / -prellen eines Balles und Flüstern, des Namens begrüßen.
- Begrüßung mit dem Rücken: Je zwei Kinder stehen Rücken an Rücken. Sie bewegen sich zusammen vorwärts, bis sie neben einem anderen Paar stehen. Ohne dass die Berührung unterbrochen würde, wechseln die Rücken zum Partner. Alles geschieht zu leiser Meditationsmusik. Nachfühlen, wie verschieden sich Rücken anfühlen können!

Darstellendes Spiel / Märchen:

- Spiellied: Die dumme Liese (Volkslied)
- Spielgedicht: Der schlafende Apfel (Robert Reinick)
- Es klopft bei Wanja in der Nacht (Michels / Michl)

Psychomotorik:

- Singt ein Vogel von Heinz Lau (Fortlaufendes Bewegungsrondo mit Musik)
- Steigt ein Bübchen auf den Baum
- Spiellied: Jetzt fahrn wir übern See
- Schneeflöckchen, Weißröckchen

Bastel- / Malaufgaben:

- Jahreszeitenuhr
- Jahreszeitenbaum
- Märchenwollebilder zu den Jahreszeiten
- Schneeflöckchen aus normalem weißen Papier ausschneiden (Faltsterne)
- Requisiten für „Singt ein Vogel“: 10 Kartonblütenblätter mit Gummi, für jeden Finger ein Blütenblatt, Vogelmaske und Federkragen, blaue Kartonwellen ausschneiden und einen Stirnkranz für das Bächlein machen, Sonnenkrone und Sonnenstab (rote, gelbe und orangene Krepppapierstreifen schneiden, einen Bambusstab einschneiden, die Streifen in den Schlitz schieben und mit Klebeband umwickeln), roten Filzumhang mit schwarzen Punkten versehen etc.
- Sich an die Herbstfarben erinnern und ein Nassinnass-Bild malen
- Eine Früchteschale malen, aus einem Gärtnerkatalog Früchte ausschneiden und in die Schale kleben
- Jahreszeitenquartett selber herstellen:
  Frühling: 4 Frühblüher, 4 Zugvögel, 4 fortlaufend mehr schmelzende Schneemänner
  Sommer: 4 Sommerfrüchte, 4 grüne Sommerbäume, 4 Wasserhobbies
  Herbst: 4 typische Hartfrüchte, 4 Sorten Pilze, 4 bunte Herbstblätter
  Winter: 4 Wintersportarten, 4 Tierspuren im Schnee, 4 Heizquellen
  Die Karten bekommen einen bunten Rand entsprechend der Jahreszeit, die Oberbegriffe werden miteinander gelernt. Frühling: Gelb / Sommer: Grün / Herbst: Rot / Winter: Blau /

Einheit „Frühling“

Materialbedarf:

- Vogelmaske, Blütenblätter für die 10 Finger, Sonnenkrone und Sonnenstab
- Je nach Erweiterung: Marienkäferumhang, blaues Seidentuch (Bach)
- Baummützchen
- Psychomotorikmaterialien
- Trommel
- CD Einfache Tänze 01

1.) Tanz: Jibidi (Einfache Tänze 01)

1. Muster:

Kreis mit Handfassung. 7 Seitgaloppschritte nach rechts, bei 8 wenden,
7 Seitgaloppschritte nach links, bei 8 stehen.

2. Muster:

Arme parallel vom Bauchnabel aus in Wellenbewegungen nach rechts oben führen
Arme / Hände in schönen Wellen nach links führen (das springende Bächlein)
Um sich selber drehen, dabei die Arme parallel überm Kopf kreisen lassen (Sonne)

2.) Phonemetüde: Frühling (F – r – üh – l – i – ng)

– Der Wind weht über das kahle Land: FFFFF – FFFFF	Solange das F gesprochen wird, schnell wie der Wind herumlaufen im Raum, auf Gongschlag zurück zum Platz
– Die Windrädchen drehen sich immer schneller: RRRRRRR	Am Platz drehen, Arme und Hände drehen auch. Gongschlag beendet den Laut u.die Bewegung
– Die Wolken ziehen schnell am Himmel: ÜÜÜÜH	Gegenläufige Kreisbewegung der Arme, Gong
– Das Wasser gurgelt: Lllll	Zunge raus- und reinflattern lassen, Hände mitflattern lassen, Gong,
– Die Erde wird matschig: Iiiiii	Hände abwehrend vorstrecken, Gong
– Und überall hört man ein Raunen: NNNg	Mit dem ganzen Körper aufmerksam hören, Gong
– Alle rufen: „Frühling – Frühling, das ist der Frühling!“	

3.) Gedicht:

Der Frühling, der nimmt seinen Lauf.	Im Kreis ohne Handfassung gemessen nach rechts gehen, stehenbleiben
Die junge Sonne steigt herauf.	Beide Arme im weiten Kreis nach oben
Bald schmilzt der Schnee, bald taut das Eis.	Hände in langsamen Wellenbewegungen von ganz oben nach ganz unten führen
Bald schwillt die Knospe schon am Reis.	Einen Arm steif strecken, die andere Hand als Knospe langsam sich öffnen lassen
Bald werden die Wiesen voll Blumen sein,	Hände zusammenlegen zu einem Blütenkelch
die Äcker voll Korn, die Hügel voll Wein.	Bei „Äcker" gestreckte Arme eine Fläche zeichnen lassen, Hügel mit lockeren Armen
Und Gott, der ewig mit uns war, Behüt uns auch in diesem Jahr.	Arme rechts und links heben, Handflächen nach oben, gemessen um sich selber drehen

4.) Lied:
Einmal einfach durchsingen, dazu den Rhythmus klatschen. Unterstützend sind Bilder, die gleichzeitig hochgehalten werden.

- Singt ein Vogel
- Blüht ein Blümlein ...
- Scheint die Sonne ...
- Springt ein Bächlein
- Läuft ein Käfer
- Schleicht die Schnecke
- Springt ein Fröschlein (beliebig nach Vorschlägen der Kinder fortsetzen)

5.) Darstellendes Spiel:
Die Kinder bekommen nun ihre Rollen: Die Bäume für den Wald etc. Der Vogel achtet wieder darauf, seine Schwingen aus dem Ellbogen heraus zu heben, die Blümchen falten langsam die vorher zusammengelegten Hände auf und lassen ihre Blütenblätter sehen...

6.) Psychomotorik: Fortlaufendes Bewegungsrondo mit Musik
Materialanordnung:
In den vier Ecken der Turnhalle liegen: Zwei Stöcke, Rhythmikbänder lang – Zwei Stöcke, Bälle – Zwei Stöcke, Kegel – Zwei Stöcke, Schwungtuch – außerdem eine große Trommel für den Riesen

- Kinder gehen im Raum herum und singen „Es tönen die Lieder"
- Ülin: *„Da steht es schon – das erste Tor!*
  Es tritt der Riese wild hervor.
  Aus seinem Bauch – oh Schreck, oh Graus,
  lässt er den Zausewind heraus!"
  Zwei Kinder haben mit den Stöcken ein Tor gebildet, die andern haben sich dahinter gesammelt. Mit dem Schluss des Spruches tritt ein Kind als Riese wichtig vor und lässt einen Trommelwirbel hören. Da stürzen die Sausewinde mit ihren Bändern durch das Tor und machen richtig Wind in der Halle. Trommelwirbel: Zurück zum Tor, Bänder ablegen
- „Es tönen die Lieder", singen und spazieren im Raum
- Ülin: *„ Da steht es schon – das zweite Tor!*
  Es tritt der Riese wild hervor.
  Aus seinem Bauch – oh Schreck, oh Graus,
  Lässt er den Prasselregen raus!"
  Tor – Riese – Trommelwirbel – Die Kinder lassen mit den Bällen den Regen prasseln – Trommelwirbel – Zurück zum Tor
- „Es tönen die Lieder", singen und spazieren im Raum
- Ülin: *„Da steht es schon – das dritte Tor!*
  Es tritt der Riese wild hervor.

Aus seinem Bauch – oh Schreck, oh Graus,
Da lässt er Eis und Schnee heraus!"
Siehe oben! Mit je zwei Kegeln, die an immer verschiedenen Stellen rund um den Körper zusammengeschlagen werden, lassen die Kinder das knackende Eis hörbar werden

- „Es tönen die Lieder", singen und spazieren im Raum
- Ülin: *„Da steht es schon – das vierte Tor! ...*
  Lässt er die schwere Wolke raus!"
  Siehe oben! Mit dem Schwungtuch kommt die schwere Wolke in Bewegung

Reizvoll an diesem Bewegungsrondo ist der Gegensatz von Ruhe und Unruhe, Musik und Sport, Sprache und Darstellung der Naturvorgänge. Für die individuelle Gestaltung der Kinder bleibt trotz der klaren Struktur genug Raum.

Einheit „Sommer"

Materialbedarf:
- Orff-Instrumente (für die dumme Liese)
- Sportutensilien für das Boot
- Selbstgemachte Kassette mit Wassergeräuschen

1.) Tanzkanon: Lachend kommt der Sommer über das Land
Innenkreis und Außenkreis, Handfassung
1. Muster:
- Der Außenkreis beginnt nach rechts hüpfend die ersten vier Takte, dann setzt der Innenkreis ebenso ein.

2. Muster:
- Die nächsten vier Takte dreht sich der Außenkreis um die eigene Achse hüpfend zum Ausgangsort zurück. Der Innenkreis folgt nach.

Vierstimmig ist der Kanon zu schwer für jüngere Kinder.

2.) Phonemetüde: Sommer

– Wir hören im Sommer die Bienen summen: Sssss	Linke Hand = Blütenschale, Rechte Hand = Biene
– Wir spüren die goldne Sommersonne: Ohhhhh	Beide Arme halbhoch, sich drehen
– Es gibt Erdbeeren, Johannisbeeren: Mmmmm	MHZ „M": Den Bauch reiben
– Wir rufen in den Bergen: Eeeee	Hände an den Mund: Rufterz auf E
– Es ist so hell, wir brauchen keinen Wecker! Rrrrr	MHZ „R": Hand ans Ohr und schütteln
– Alle rufen: „S O MM E R!"	

3.) Gedicht:

Trarira, der Sommer, der ist da!	3x klatschen, im Sprechrhythmus stampfen
Die Sonne scheint vom Himmel	Mit den Armen in Gegenbewegung die Strahlen
auf Grün-rot-blau-Gewimmel;	der Sonne vom Himmel holen
es flirrt die Hitze überm Feld –	Die Hände gestreckt in Augenhöhe zittern lassen
Wie schön ist diese bunte Welt!	Sich weit öffnende Armbewegung
Trarira – der Sommer, der ist da!	Wie oben

4.) Spiellied: von der dummen Liese
oder

5.) Sommer und Wasser gehören zusammen:
- Kassette mit Geräuschen anhören: Dampfertuten, Rudern, Schwimmbadgeschrei, Rasen sprengen, Sommerregen, Trinken mit dem Strohhalm, Wasserrutschbahn im Schwimmbad, Wassertreten, Quellenrauschen etc. (auditive Wahrnehmung)

- Die Kinder bauen mit den vorhandenen Materialien ein großes Boot und rudern dann über einen See. Es können auch Kinder aus dem Boot fallen, denen dann ein Rettungsring zugeworfen wird (Reifen) und die in einer gemeinsamen Anstrengung aus dem Wasser gezogen werden. Wir merken, dass wir einen Taktgeber brauchen, wenn wir alle gleichmäßig rudern wollen / sollen. (Psychomotorik)
- Lied: „Jetzt fahrn wir übern See“ dazu singen (Musik)
- Variante: Es werden nicht nur die Wörter „See“ und „da“ weggelassen, sondern fortlaufend immer eines mehr. Jedes Mal, wenn die immer größer werdende Pause kommt, halten die Kinder in der Ruderbewegung inne und singen im Kopf weiter. Witzig ist, ob alle zusammen wieder mit dem Singen und Rudern einsetzen.
- Schiffchen verschiedener Art basteln und im Bach schwimmen lassen oder
- Mit Folie und Balken einen Teich bauen, schön mit Wurzeln, Moos und Pflanzen verzieren und die Schifflein darin schwimmen lassen. Man kann auch eine alte Holzkiste und Folie nehmen. (Basteln und Außenspiel)
- Die Schifflein mit einem Papiersegel versehen und mit einem Strohhalm vorwärts blasen. (Blaseübung)

Einheit „Herbst“

Materialbedarf:
- Tau, Seilchen, 1 Reifen, 2 Windpeitschen, Sonnenkrone, Schürze, kleiner Ball
- Alte hölzerne Gymnastikreifen, verschiedene Ähren, buntes Krepppapier
- CD Einfache Tänze 01

1.) Basteln:
Für unseren Herbsttanz halbieren wird die alten Reifen. Die beiden Enden werden mit Tesaband umwickelt. Nun werden aus dem bunten Krepppapier verschiedene Blumen gebastelt und abwechselnd mit Stroh auf die Bögen gebunden.

2.) Tanz: Ohrenschmaus
Jedes Kind hat einen geschmückten Halbreifen. Zusammen mit den Kindern werden die Muster dieses flotten Schreittanzes entwickelt. Zu Anfang kann man sich gut an den Mustern der Polonaise entlang orientieren. Die Kinder erfinden laufend dazu.

3.) Phonemetüde: Herbst

– Der Sommer ist vorbei, es wird kälter	MHZ „H“: Hand vor den Mund halten und hauchen
– Man kann seinen Hauch sehen: Hhhhh-Hhhhh	
– Die Kastanien fallen von den Bäumen: E ... e ... e ...	Offenes e staccato gesprochen, Hände schnippen
– Der Wirbelwind tobt durch die Zweige: Rrrr	Die Hände schnell drehen
– Die Nüsse landen im Gras: B ... b ...	Den Laut deutlich im Hals ansetzen, staccato wie „e“
– Blätter schweben zu Boden: Sssss	Den Laut stimmlos möglichst lange halten. Die Hände schweben langsam zu Boden
– Der Igel wühlt sich in sein Blätterversteck: Ttt	Wühlbewegung mit den Händen
– Alle rufen: „H E R B ST!“	

4.) Gedicht:

Der Herbst, der ist ein Malersmann,	Mit weichen Händen großräumig „malen“
er malt die Welt recht leuchtend an.	
Gibt Äpfeln schöne Backen –	Die eigenen Backen sachte streicheln
schenkt Nüsse uns zum Knacken.	Fäuste fest aufeinandersetzen
Nur abends ist es nun schon kalt:	Frierend die Arme um den Körper legen
Der Winter, der kommt bald!	

5.) Lied: Spannenlanger Hansel, nudeldicke Dirn
In Partnerarbeit das Lied entlang dem Text spielen

6.) Stilleübung:
- Partnerarbeit: Ein Kind liegt bäuchlings auf dem Boden, das andere hat eine Schüssel mit Nüssen neben sich. Ganz sachte setzt es nun Nuss nach Nuss auf die verschiedenen Körperteile.
- Rollenwechsel. Auf dem Rücken liegen mit geschlossenen Augen.

7.) Psychomotorik: Steigt ein Bübchen auf den Baum
a) Die Ülin legt am Boden das Bild aus. Die Kinder raten fortlaufend, was es wohl wird.
b) Die Stöcke sind die Wurzeln des Baumes, das Tau gibt den Stamm, die Seilchen sind die Äste, der Reifen ist das Vogelnest.
c) Rezitation des Gedichtes. Welche Schauspieler brauchen wir?
d) Das Bübchen steigt – während die Ülin mit den Kindern rezitiert – auf den Baum, ohne die Materialien zu berühren; auch beim Herunterfallen (am Boden rollen) soll nichts verschoben werden.

Als Anschluss empfiehlt es sich, das Gedicht von Reinecke „Der schlafende Apfel“ zu spielen, das ist quasi nur eine Erweiterung. Zur Abwechslung können vier Kinder den Baum darstellen und der schlafende Apfel hockt wirklich oben im „Baum“.

8.) Stilleübung zum Abschluss:
Jedes Kind hat fünf Nüsse. Mit allen Nüssen werden die Umrisse eines Baumes am Boden gelegt.

Einheit „Winter“

Materialbedarf:
- weiße Seiden- oder Chiffontücher
- Fensterrahmen aus Karton, Kartons, Lampe
- Schwungtuch, Papierkügelchen, Orff-Instrumente

1.) Tanz: Schneeflöckchen
a) Zweimal summen und dazu die Tücher als Schneeflöckchen frei bewegen.
b) Erste Strophe: Kinder bilden mit ihren Tüchern gemeinsam eine große Wolke, die auf und nieder schwebt.
c) In einer Ecke des Raumes sitzt ein Kind mit dem Fensterrahmen. Die Schneeflöckchen fliegen bei der 2. Strophe näher. Aus den Tüchern werden Blumenbilder vor dem Fenster gelegt.

Wisst ihr noch, wie wir uns im Januar über den ersten Schnee gefreut haben?

2.) Lied: Juchhe, der erste Schnee (Kreis)

Juchhe, juchhe, juchhe, der erste Schnee!	Arme mehrmals hochwerfen
In großen weißen Flocken,	Hände in schwebende Flocken verwandeln
so kam er über Nacht –	
Und will uns alle locken	Mit lockenden Armbewegungen begleiten
in seine Winterpracht	

3.) Visualisierungsübung: (Kreis)
„Wir machen die Augen fest zu und erinnern uns an die letzten Monate. Da haben wir viele Sachen im Schnee gemacht, wisst ihr's noch? Wem etwas einfällt, der kann jetzt in die Mitte gehen und ohne Sprechen vormachen, an was er denkt. Wir raten dann.“
Variante: Ülin hat Fotos von den Winteraktivitäten der Kinder gemacht. Die verteilt sie jetzt verdeckt an die Kinder mit der Aufgabe, das darzustellen, was auf dem Foto abgebildet ist. Statt Fotos kann man auch Skizzen nehmen.

4.) Gedicht: Das Haus aus Schnee (Vorbereitung für „Wanja")

Ich baue mir ein Häuschen	Mit beiden Armen Hausumrisse zeichnen
aus festem weißen Schnee	
mit meinem kleinen Spaten,	Festklopfbewegungen
die Hand tut mir schon weh.	
Ein Türchen und ein Fenster	Mit den Fingern ein Fenster, mit den ganzen Armen das
bekommt das Häuschen auch;	Haus zeichnen
den Weg, den kehr ich sauber	
mit meinem Reisigstrauch.	Kehrbewegungen machen
Dann geh ich zu dem Häschen	Zeigefinger zu Hasenohren machen
und sage: „Wohn bei mir!	Einladende Armbewegungen
Der Bär kann nicht herein zu uns,	Beide Arme mit gespreizten Händen
ein Schloss ist vor der Tür!"	abwehrend vorschieben, stehen lassen
	(Russischer Kinderreim)

5.) Phonemetüde: Winter

– Der Winter begann mit viel Wind: Www	MHZ „W": Hand läuft in Wellenbewegungen
– Und auch Regen hatten wir reichlich: Iiiii	MHZ „I": Hand schiebt sich angeekelt vor
– Die Nasen waren verstopft: Nnnn	MHZ „N": Zeigefinger ans Nasenloch legen
– Manchmal fielen sogar Eiszapfen von der	MHZ „T": Zeigfinger an die Unterlippe und
– Dachrinne: T...t...t	explosiv wegziehen
– Der Schnee deckte die Eeerde zu: Eee	MHZ „E": Zeigefinger und Mittelfinger gestreckt vor den Mund halten, die andern Finger einklappen
– Einmal ging sogar eine Dachlawine ab: Rrr	Mit den Händen Rollbewegungen machen
– Alle rufen: „Winter – Winter, das ist der Winter!"	

6.) Darstellendes Spiel: Bilderbuch „Es klopft bei Wanja in der Nacht" (Michels / Michl)

a) Mit schöner Betonung den Text zu jedem Bild vortragen, ausführlich besprechen
b) Mit den Kindern überlegen, wie man die Bilder ans Laufen bekommt
c) Mit alten Kartons ein Haus, einen Ofen bauen. Eine Lampe in den Ofen stellen
d) Der Reihe nach trudeln Wanjas Gäste ein, der Reihe nach gehen sie wieder
e) Während der Nacht heult der Schneesturm ums Haus (Flöten, Flaschenblasen, huhuhusagen, mit dem weißen Schwungtuch oder weißen Seidentüchern den Schnee simulieren, aus weißem Papier kleine Kugeln formen und gegen das Haus werfen (Hagel und Eis). Gegen Morgen lässt die Schneesturmmusik nach, allmählich wird es ganz still.
f) Jedem Tier wird ein Kind zugeordnet und muss nun mit unverwechselbarer Stimme den Text seines Tieres sprechen. Gut mit der Stimmlage spielen lassen!

Ebenso lässt sich das Gedicht „Ein Seufzer läuft Schlittschuh auf nächtlicher Bahn" mit älteren Kindern, die schon den Witz der Geschichte verstehen, zu Übungen zum Auf- und Abgleiten der Stimme nehmen.

7.) Abschlusslied (Text und Melodie: Anna Fischer-Olm): (wahlweise)

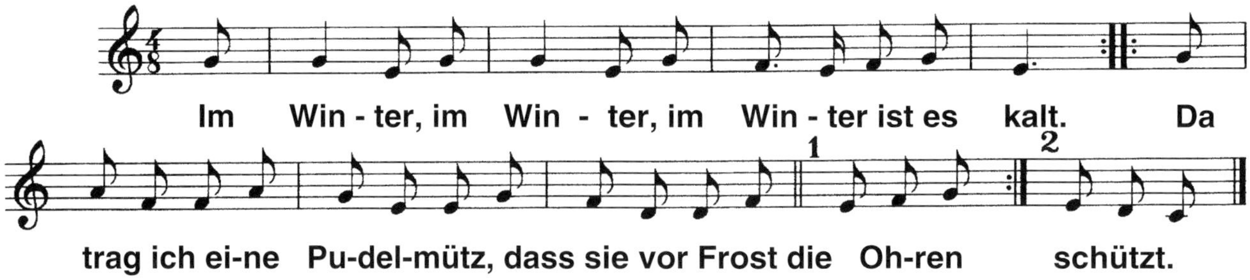

Im Winter, im Winter, im Winter ist es kalt.
Da trag ich Stiefel dick und schwer;
hab keine kalten Füße mehr.

Im Winter, im Winter, im Winter ist es kalt.
Mein Schal ist weich und kunterbunt;
er hält den Hals warm und gesund.

Im Winter, im Winter, im Winter ist es kalt.
Da zieh ich warme Handschuh an.
So kann die Kälte nicht heran.

Im Winter, im Winter, im Winter ist es kalt.
Und Strümpfe, wollig schöngestrickt,
dass mich die Kälte bloß nicht zwickt.

Im Winter, im Winter, im Winter ist es kalt.
Und drunter noch ein dickes Hemd,
das manchmal in der Hose klemmt!

Im Winter, im Winter, im Winter ist es kalt.
Der Anorak hält alles zu.
So hab ich vor der Kälte Ruh.

Unterthema Uhr / Zeit, Materialsammlung

Tänze:

- Große Uhren machen tick-tack-tick-tack (Karl Kralow)
- Der Mond ist aufgegangen (Claudius / Schulz)
- Guten Morgen, ohne Sorgen, Kanon (überliefert)
- Gute Nacht, gute Ruh, Kanon (überliefert)

Musiken:

- Trommelübungen zu den verschiedenen Uhren das Kanons
- Unterlegen mit Klangstäben (je zwei)
- Lange Töne von kurzen unterscheiden
- Tonleiter: Sonntag – Montag (Glockenspiele)
  „Mo – Di – Mi – Do – Fr – Sa folgen dann – und mit Sonntag sind es sieben Tage, eine Woche lang." C-c-d-d-e-e-f-f-f-g-g-a-a-h-h-c__c-c-h-h-a-a-g-g-f-f-e-e-d-d-c__

Lieder:

- Wachet auf (überliefert)
- Bruder Jakob (überliefert)
- Guten Morgen (überliefert)
- Es tagt der Sonne Morgenstrahl (überliefert)
- Vom Aufgang der Sonne (überliefert)
- Bajuschki Baju (aus Russland)
- Alle Leut alle Leut gehen jetzt nach Haus (aus Kärnten)
- Nun wollen wir singen das Abendlied (volkstümlich)

Gedichte:

- Finger-Woche (Pausewang)
- Kindergartenwoche (Pausewang)
- Steht auf, ihr Kinder, groß und klein,
  es weckte euch der Sonne Schein.
  Es rufet euch der Vogel Sang
  und auch der Morgenglocke Klang.
  Verschwunden ist die dunkle Nacht,
  begrüßet nun des Tages Pracht! (überliefert)
- Schlafe, liebe Kleine,
  Jetzund schlägt es neune.
  Jetzund ist es Schlummerzeit
  für die Kleinen weit und breit.
  Schlafe, liebe Kleine,
  jetzund schlägt es neune. (überliefert)

Spracharbeit:

- Verschiedene Uhren oder deren Bilder anschauen und vergleichen
- Was für Uhren gibt es? Kerzenuhr, Wasseruhr, Sanduhr, Sonnenuhr, Parkuhr, Pendeluhr, Standuhr, Wanduhr, Armbanduhr, Taschenuhr, Wecker, Tischuhr, Kaminuhr, Funkuhr, Stoppuhr, Küchenuhr, Bahnhofsuhr, astrologische Uhr
- Tage, Stunden, Minuten, Sekunden... und im Sport?
- Geschichte der Uhren: Früher benutzen die alten Völker meist Sonnenuhren. Aber ein kluger ägyptischer Prinz erfand die Wasseruhr, die auch nachts die Zeit anzeigte. Später dann versuchte man es statt mit Wasser – das ja verdunstet – mit Sand in einem geschlossenen Glas. Erst zu Beginn des 14. Jahrhunderts wurden die ersten mechanischen Uhren erfunden. Das waren Uhren, die mithilfe von Rädern und sinkendem Gewicht die Zeit maßen. Im sechzehnten Jahrhundert dann wurde das Pendel erfunden (Galileo Galilei). Nun konnte man auch kleinere und einfacher zu bedienende Uhren bauen. Damals waren Uhren besondere Schmuckstücke und ein heiliger Besitz, deshalb waren sie auch einzigartig und schön ausgestattet. Es gab sogar Uhren, die

auch noch den Lauf der Sterne und die Mondzeit anzeigten. Die genaueste Uhr ist heute eine Atomuhr, die nur 3 / 100 000 Sekunden pro Jahr falsch geht – aber wer will denn eine so genaue Zeit?

Visuelle Wahrnehmung:

- Verschiedene Uhren oder deren Bilder anschauen und vergleichen
- Den Sonnenstrahl wandern sehen, mit Steinen am Boden die vollen Stunden markieren
- Kerzenuhr beobachten
- Was machen die Zeiger? Welches ist der schnelle, welches der langsame?
- Verschieden gestaltete Zeigerpaare zusammensuchen (aus festem Karton ausgeschnitten)
- Uhrenmemory herstellen (Katalogbilder!)

Auditive Wahrnehmung:

- Wir hören verschiedene Uhren von Kassette: Kirchturmuhr, Kuckucksuhr, Wecker, moderner Wecker, Wohnzimmeruhr, Eieruhr
- Handelt es sich um eine große oder um eine kleine Uhr (Längen hören)

Taktile Wahrnehmung:

- Welche von den vorher gezeigten Uhren hast du in der Hand? (Fühle blind)
- Blind fühlen: Großer und kleiner Zeiger in verschiedenen Formen, trotzdem gehören immer zwei zusammen

Stilleübungen:

- Wir hören das Ticken verschieden großer Uhren.
- Sekundenhören: Mit einer Küchenuhr erst 5 Sekunden, dann 10, dann 20 usw. bis zu einer Stunde einstellen. Die Kinder laufen in ruhigem Schritt herum und bleiben jedes Mal stehen, wenn die Kurzzeituhr schrillt. So entwickeln sie ein Bewusstsein für die Länge der Sekunden.
- Gesichtsmassage: Ein Kind liegt entspannt unter einer Decke, das zweite kniet hinter ihm und massiert mit duftendem Öl das Gesicht, erst eine Minute, Wechsel, dann zwei, dann drei bis fünf. Die Kinder werden merken, dass die Zeit schneller vergeht, wenn man massiert wird als wenn man selbst massiert – oder umgekehrt?

Märchen / Darstellendes Spiel:

- Momo (Michael Ende)
- Der Tageslauf (fluterbestimmt). Die verschiedenen Tätigkeiten und Stationen des Tageslaufs der meisten Kinder nachspielen
- Sieben kommen durch die ganze Welt (Grimms Märchen)

Bilderbücher:

- Das Traumfresserchen, von Michael Ende / Annegret Fuschhuber
- Kannst du nicht schlafen, kleiner Bär

Psychomotorik:

- Sonntag, Montag – Wochenübung auf der Treppe
- Die Länge der Frühlings- und Herbsttageszeit
  Und die des Winter- und Sommertags in Gruppen darstellen (1 Stunde = 1 Kind)
- Visualisierungsübungen zu den vier Jahreszeitentagen

Bastel- / Malaufgaben:

- Wir bauen eine Sonnenuhr im Garten
- Wir bauen eine Kerzenuhr
- Wir machen uns eine Pappuhr
- Verschieden gestaltete Zeigerpaare aus Karton ausschneiden
- Wochenrutsche
- Tageszeitenbogen (Wie lange dauert der Tag im Sommer, im Winter, im Frühling und Herbst?)

(Text und Melodie überliefert)

Tanzkanon »Gute Nacht“

- Drei Schritte in die Mitte (kurz-kurz-lang), drei Schritte zurück
- Handfassung, nach rechts sieben Schritte, den letzten lang.

Tanzkanon »Guten Morgen

- Vier Schritte zur Mitte, dabei die Arme heben
- Vier Schritten zurück, dabei die Arme senken
- Mit sieben Schritten um sich selber drehen, den letzten lang.

Das Wassertröpflein *(J. W. von Goethe)*

Tröpflein muss zur Erde fallen,
muss das zarte Blümlein netzen,
muss mit Quellen weiterwallen,
muss das Fischlein auch ergötzen,
muss im Bach die Mühle schlagen,
muss im Strom die Schiffe tragen –
und wo wären denn die Meere,
wenn nicht erst das Tröpflein wäre?

Ch – ch – ch

Schleiche, Schlange, schleiche
durch das Moos, das weiche.
Schleiche leis den Baum herauf,
friss die Vogeleier auf.
Schleiche, Schlange, schleiche
durch das Moos, das weiche.

Aprilthema Wasser / Teich

Zu den Unterthemen „Fische“ und „Schnecken“ findet man in „Alle Sinne helfen mit“ (Fischer-Olm, borgmann publishing) eine Fülle von Unterrichtsbildern.

Tänze:

- Mayim (israelischer Wassertanz)
- Tanz der Fische von Saint-Saëns (mit Seidentüchern gestalten)
- Wellentanz nach dem C-Dur Präludium von J. S. Bach aus dem Wohltemperierten Klavier

Musiken:

- Wassermusik von Händel
- Regentropfen-Prelude von Chopin
- Wasserglas-Musik

Lieder:

- Heut ist ein Fest bei den Fröschen am See (überliefert)
- Auf unsrer Wiese gehet was (überliefert)
- Ein Jäger längs dem Weiher ging (überliefert)
- Fing mir eine Mücke heut (aus Ungarn)
- Regen – Regentröpfchen (aus Köln)
- Regen, regne leis (nach einem indischen Volkslied)

Gedichte:

- Die zwei Schwestern (Wilhelm Busch)
- Der Frosch (Christian Dieffenbach)
- Tröpflein muss zur Erde fallen (J. W. v. Goethe)

Spracharbeit:

- Wortfeld „Teich“ (Wasser, Schilf, Entengrütze, Seerosen, Fische, Wasserschnecken, Frösche, Molche etc.)
- Wortfamilie „Teich“ (Teichrand, Teichgrund, Teichleben, Teichtiere, Teichgras etc.)
- Geschichte der Unken (angeblich Tier der Hexen und Hexer, Heilmittel für allerlei Gebrechen)
- Früher wurden die Schiffe bei mangelnder Strömung getreidelt (an Seilen gezogen), später nahm man Pferde dazu. Erzählen, wie mühselig die Schifffahrt vor Erfindung des Motors war.
- Wortfamilie „treideln“: Treidelpfad, Treidler, Treidelpferd, Treideltau etc.

Phonemetüde: Wasser

– Kleine Wellen gehen auf und nieder – Wwww	MHZ „W“: Die ganze Hand geht in Wellenbewegungen von der rechten auf die linke Brustseite
– Und die Sonne glitzert auf dem Wasser – Aa	Mit bewegten Händen Glitzerwellen machen
– Die Fische flitzen durch den Teich – Ssss	MHZ „S“: Die Hand flitzt mit einer s-förmigen Kurve von unten nach oben
– Sogar Enten machen manchmal Pause – Eee	MHZ „E“: Mittel- und Zeigefinger gestreckt vor den Mund
– Manchmal macht ein kleiner Wirbelwind Spiralen auf dem Teich – Rrrrrr	Mit beiden Armen gegenläufige Spiralbewegungen machen
– Alle rufen: „W-A-SS-E-R!“	

Stimmarbeit: Die Gedichte breitmäulig wie Unken sprechen: Backen ganz hochziehen, Mund weit auf und alle Zähne zeigen.

Myofunktionelle Übungen:

- RL kontrollieren
- ZÜ: Die Zunge weit herausstrecken, sich vorstellen, sie wäre ein Pinsel. Nun werden alle Wände von oben nach unten bemalt
- LÜ: Mit geschlossenen Lippen und Zähnen Unterkiefer vorsichtig hin und her schieben (Zähneknirschen)

- AÜ: „Gartenzaun“. Mit geöffneten Lippen und geschlossenen Zähnen die Zunge an den Oberkiefer saugen
- BÜ: Mit einem Strohhalm den Japanballon durch das Zimmer pusten
- BÜ: Froschrennen (mit dem Strohhalm selbst gefaltete Frösche durch das Zimmer pusten)

Visuelle Wahrnehmung:

- Bild eines Teiches mit seinen Lebewesen (in nahezu jedem Biologiebuch zu finden)
- Was lebt auf der Teichoberfläche, was lebt im Teich, was lebt sowohl im Wasser als auch an der Oberfläche?
- Wenn gerade die Zeit ist: Beobachten in einem Wasserglas, wie aus einer Kaulquappe eine Kröte oder ein Frosch wird (Kartenset dazu herstellen)
- Aquarium: Wasserschnecken und andere (betrachten, beschreiben, nach Gestalt ordnen)
- Selbstgemachtes Angelspiel
- Kimspiel mit den Tieren des Angelspiels
- Welche Blumen gibt es jetzt im Frühling am Teich?
- Visualisierungsspiel: Feuer – Wasser – Luft – Erde

Auditive Wahrnehmung:

- Quaken – laut / leise, einzeln / Gruppe,
- Unken wie die Kröten
- Wie die Fische schnappen
- Wie Libellen sirren
- Ein Vogel wäscht sich im Teich (Wasserschüssel)
- Das Schilf wird vom Wind bewegt
- Hören auf das Plätschern des Wassers, das Rascheln des Schilfes, das Munkeln der Unken, das Quaken der Frösche, das Quaken der Enten, das Rauschen der landenden Schwäne (Tonbandaufzeichnung oder Film, besser Spaziergang an einen Teich)

Taktile Wahrnehmung:

- Verschiedene Schneckenhäuser werden abgetastet und beschrieben
- Tastkimspiel: Welche Schnecke fehlt, welche hat ihren Platz verändert?
- Schatzsuche im Aquarium
- Sprudelwasser erspüren: Wo wird das Glas hingehalten? Gesicht? Ohr? Hand?
- Aus Karton haben die Kinder verschiedene Teich- / Wasserbewohner ausgeschnitten: Fische, Seepferdchen, Schnecken, Seesterne, Muscheln... abtasten, erkennen, benennen (mit dem Hefter zwicken, dann haben wir die Tiere für unser Angelspiel
- Zuordnungsübung: In welchem Wasser finden wir Frösche, Seepferdchen, Seesterne, Libellen, Molche, Herzmuscheln, Kaulquappen, Seehunde ... ?

Märchen / Darstellendens Spiel:

– Froschkönig	
– Es waren mal zwei Schwestern	(Bildergeschichte von Wilhelm Busch)
– Von dem Fischer un sin Fru	(Grimms Märchen)
– Leben am Teich	(Biologie-Buch)
– Der Regenbogenfisch	(Pfister)
– Bei Schulkindern: Die kleine Seejungfrau	(Andersen)
– Geschichte der Undine	(Deutsche Sagen)

Stilleübungen:

- Geschichte vom Zauberer, der die Blumendüfte sammelte (mit Musik)
  Parallelgeschichte zu der Sternenfee: Diesmal sammelt der Zauberer aber Düfte, die verschließt er in Dosen und stellt sie in sein Regal. Die Düfte aber haben die Eigenschaft, dass sie nicht verschwinden wie die Sterne, sondern sie werden immer wieder neu von ihrem Besitzer gemacht.
  So kann der Zauberer die Düfte behalten und die Kinder raten lassen, was es ist:
- Riechbüchsen (beliebt sind selbst hergestellte aus kleinen leeren Dosen, denen schon ein Plastikdeckel beigegeben war. Der Deckel wird perforiert und wieder festgeklebt. Verzieren von außen)

- Verschiedene Schalen, verschiedene Kugeln. Wir lassen die Kugeln in den Schalen rotieren und horchen auf die verschiedenen Klänge
- Unterschiedlich viel Wasser dazugeben, rotieren lassen
- Mit dem Löffel anschlagen, vergleichen
- Nun mit geschlossenen Augen die Klänge erkennen
- Mit verschieden gefüllten Weingläsern zwei schönen Akkorde machen, musizieren
- Die Kinder sitzen mit geschlossenen Augen im Kreis. Die ÜLin geht ganz leise herum und lässt Wassertropfen auf Gesichter fallen
- Eine Hand wird eingetaucht und wieder herausgezogen. Tropfen gut ablaufen lassen. Dann das Gefühl in der trockenen Hand mit dem der allmählich trocknenden vergleichen
- Ein Kind lässt das Wasser plätschern. Solange ein Wassergeräusch zu hören ist, bewegen sich Hände wie Wasser, verstummt es, werden auch die Hände ruhig
  Der Regenmacher wird gedreht. Solange das Rieselgeräusch zu hören ist, lassen die Hände Regentropfen regnen
- Stilles Spiel für zwei Kinder:
  Das Wasser hat das Moos ganz nass gemacht. Durch das weiche grüne Moos schleicht sich eine Schlange an einen Baum heran. Sie windet sich leise an dem Baum hoch und nimmt die Eier aus dem Nest. (Das Baumkind hat ein Körbchen mit Holzeiern das es hochhält) Die anderen Kinder sitzen mit geschlossenen Augen und passen auf, ob sie die Schlange wohl hören. Ist sie zu laut, darf ein anderes Paar das Spiel übernehmen.
- Ein Reifen wird in die Mitte gelegt. Jedes Kind bekommt ein buntes Seil und legt es so an den Reifen an, dass beide Enden ihn berühren. Ist kein Platz mehr zum Anlegen an den Reifen werden die Seilchen an die schon fertigen „Blütenblätter" gelegt. Wer will, kann die Blütenblätter noch mit einem farbigen Seidentuch schöner machen.

Psychomotorik:

- Thema „Fluss, Meer, Insel, Wasser" (Siehe ausführliche Einheit)
- Das Spiel mit der Wasserspinne (Schwungtuch)
  Wer das Thema „Spinnen" weiterbehandeln möchte, findet mehrere Stundenbilder in „Alle Sinne helfen mit" borgmann publishing

Bastelaufgaben:

- Wir falten einen Frosch und eine Seerose
- Gemeinschaftsarbeit: Ein Teich wird gemalt, die gefalteten Frösche und Blumen werden hineingeklebt. Die Ränder werden mit Gras und Moosen verziert. Ein Zweig in einer Vase ist der Baum über dem Teich. In diesen Zweig hängen wir ausgeschnittene und gefaltete Libellen und Mücken.
- Jedes Kind bastelt aus Tonpapier eine Blume, die wird an einem Schaschlikstab befestigt. Alle Blumen zusammen kommen in einen mit Erde gefüllten Topf.
- Schmetterlinge kommen zu diesem Strauß (aus Farbenverlaufspapier ausschneiden)
- Auch ein paar Vögel gesellen sich dazu (Pfeifenputzer mit Federn, an einem Stäbchen befestigt)
- Wasserbewohner aus Karton ausschneiden und bemalen. Nach der Tastübung mit einem Metallstückchen versehen für das Angelspiel

Schattenspiel: „Es waren mal zwei Schwestern" von Wilhelm Busch

Materialbedarf:

- Schattenleinwand
- 2 Overheadprojektoren, Steuergerät
- 3 Folien
- Eine Stube für Szene 1
- Folie mit einem Drittel Blau = Wasser, zwei Dritteln Grün = Gras und zartblauem Himmel
- Eine rein blau, wellig aufgetragene Farbe
- Ein großer Karton mit einer ausgeschnittenen Schlosssilhouette
- Requisiten: Froschmaske, großer Hut, großer Papppokal, Tischchen, Wasserglas und Weinglas, Leier aus fester Pappe, Umhang

1.) Vorübungen:

a) „Wir wollen einmal versuchen, wie wir uns von ganz klein zu ganz groß aufplustern können. (Zusammengekauert sitzen, allmählich größer werden, Arme ausfahren, Beine breiter machen, Buckel hochschieben, sich so groß wie möglich machen)
b) Und nun umgekehrt: Von groß nach möglichst klein
c) Wir wachsen vorn an der Leinwand, gehen dann langsam rückwärts und werden noch größer
d) Und umgekehrt
e) Wir gehen recht eifrig und bescheiden
f) Wir gehen angeberisch und stolz
g) Wir freuen uns über das, was wir sehen
h) Wir ekeln uns vor dem, was vor uns ist

2.) Die beiden Schwestern: (Hintergrund Stube)

Erste Szene: Vorstellung

„Es waren mal zwei Schwestern, ich weiß es noch wie gestern.
Die eine, die hieß Adelheid, war faul und voller Eitelkeit –
Die andre, die hieß Käthchen und war ein gutes Mädchen.
Sie plagt sich ab von früh bis spät – wenn Adelheid spazieren geht.
Die Adelheid trank roten Wein, dem Käthchen schenkt sie Wasser ein." (Wilhelm Busch)

a) Projektor 1 einschalten. Auf einer Seite steht ein Tischchen mit einem Weinglas und einem Wasserglas.
b) Lesen – Adelheid spaziert herein, mächtig aufgeputzt, und stolziert eitel hin und her. Lesen – Käthchen kommt mit einem Wischlappen und einer Schürze ausstaffiert und „putzt". Adelheid nimmt das Weinglas hoch und gibt Käthchen das Wasser – Licht hinten weg, Licht von vorn.

Zweite Szene: Käthchen

(Hintergrund Folie 2: Auf dem zweiten Projektor liegt ein Karton, bei dem oben in der Ecke eine Schlosssilhouette ausgeschnitten ist, der Projektor ist noch aus)

„Einst war dem Käthchen anbefohlen, im Walde dürres Holz zu holen.
Da saß an einem Wasser ein Frosch, ein grüner, nasser,
der klagte ganz unsäglich, gottsjämmerlich und kläglich:
Ach, küsse mich, du schönes Kind, ach küss mich, sei mir wohlgesinnt.
Das Käthchen denkt: Ich will's wohl tun, sonst kann der arme Frosch nicht ruhn."

a) Licht an. Im blauen Teil sitzt zusammengekrümmt der Frosch (für den Kopf Papiermaske, weiter Umhang)
b) Käthchen kommt mit dem Korb über dem Arm in den grünen Teil, sammelt Holz. Sieht den Frosch, kommt langsam näher. Er windet bittend die Arme zu ihr hoch und streckt ihr sein Gesicht entgegen. Käthchen zögert, dann gibt sie sich einen Ruck und macht einen Schritt auf ihn zu.

„Der erste Kuss schmeckt ganz abscheulich. Der grasig grüne Frosch wird bläulich –
der zweite schmeckt schon etwas besser. Der Frosch wird bunt und immer größer.
Beim dritten gibt es ein Getöse, als ob man die Kanonen löse."

c) Käthchen küsst ihn mit gespitztem Mund. Der Frosch wird größer. Noch größer beim zweiten Kuss und beim dritten gibt's einen Trommelwirbel und er wirft die Froschmaske und den Umhang von sich.
d) Der zweite Projektor wird nach dem Trommelwirbel dazugeschaltet – Schloss erscheint.

„Ein hohes Schloss steigt aus dem Moor, ein schöner Prinz tritt draus hervor
und spricht: Lieb Käthchen, du allein, sollst meine Herzprinzessin sein."

e) Der ehemalige Frosch reicht Käthchen demonstrativ die Hand
f) Eine Dienerin kommt ins Bild und legt Käthchen einen Umhang um und bringt einen großen, prächtig konturierten (Papp) Pokal

„Da ist das Käthchen hochbeglückt, kriegt Kleider schön mit Gold bestickt
und trinkt mit ihrem Prinzgemahl aus einem goldenen Pokal."

g) Während die beiden abwechselnd trinken, wird langsam bei beiden Projektoren das Licht zurückgefahren.

Dritte Szene: Adelheid

(Hintergrund: OP 1 Folie 1 und OP 2 Folie 2 ganz klarblau)

„Indessen ist die Adelheid in ihrem neuesten Sonntagskleid
herumspaziert an einem Weiher – da saß der Knabe mit der Leier.
Ach küsse mich du schönes Kind, ach küss mich, ich bin treu gesinnt!"

a) Projektor 1 mit Folie 1: Der Knabe sitzt mit seiner Leier (aus Pappe) und spielt. Adelheid stolziert ins Bild, eine kleine Szene mit Hingucken – Weggucken entspinnt sich. Knabe singt Adelheid an.

„Beim ersten Kuss, da wird er ruppig, eiskalt und schuppig
und ist – oh Schreck – der alte kalte Wasserneck!
'Ha, ruft er, diese hätten wir!' Und fährt bis auf den Grund mit ihr."

b) Sie küsst ihn, er plustert sich auf, schüttelt siegesbewusst seine Fäuste und greift sie. Langsam zieht er die sich Wehrende zu Boden.

c) Projektor 1 wird zurückgefahren, gleichzeitig Projektor zwei mit der blauen Folie hochgefahren. Wenn man will, kann man auch welche von den ausgeschnittenen Fischchen auf den Projektor legen, sie müssen aber sehr klein sein.

d) Langsam richten sich die beiden wieder auf, er bleibt knieend mit an sie gelegtem Kopf.

„Da sitzt sie nun bei Wasserratzen, muss Wassernickels Glatze kratzen,
trägt einen Rock von rauhen Binsen, isst jeden mittag Wasserlinsen –
und wenn sie etwas trinken muss, ist Wasser da – im Überfluss!"

e) Adelheid krault seinen Kopf, zwischendurch ringt sie immer wieder die Hände – dann richtet er sich gebieterisch auf und sie muss weiter machen.

Erinnerung: Immer, wenn rezitiert wird, stehen die Bilder!

Dieses Spiel steht und fällt mit der gestalteten Sprache. Ermuntern Sie die Kinder ruhig, völlig übertrieben zu sprechen. Lassen sie sie schreien: „Ha, diese hätten wir!" Wechsel zwischen laut und leise: „Ha – ganz leise: Ruft er – diese..."

Der Text wird immer wieder auf verschiedene Weise geübt:

Mal laut, mal leis,
mal staccato, mal legato,
mal flüsternd, mal schreiend,
mal singend, mal gleitend,
mal mit einem Korken zwischen den Zähnen,
mal mit fortlaufend mehr Murmeln im Mund.

Dieses Gedicht eignet sich wegen der notwendigen wechselnden Stimmführung besonders gut zum „Quatschmachen" mit der Stimme. Wenn Sie Freude an diesem Stimmspiel haben, haben's die Kinder auch.

Die ganze Darbietung kann gut noch mit Geräuschen und Instrumenten unterlegt werden, die begleiten dann das Spiel. Die Rezitation kann man auch auf mehrere Kinder verteilen, dann gewinnt die Sprache an Abwechslungsreichtum und wir haben mehr Rollenträger.

Hübsch ist es auch, die Bilder von Busch zu Folien zu machen, anmalen zu lassen von den Kindern und zwischendurch einfach mal Folien anschauen und das Gedicht miteinander rezitieren.

Einheit „Wir reisen auf dem Wasser" (Psychomotorik)

Materialbedarf:

- Alte Autoreifen, Seilchen
- Große Matte
- Trampolin
- Stöcke, Bierdeckel
- Rollbretter für das Floß, Seilchen

a) „Wir wollen ans Meer wandern. Dazu müssen wir erst einen Fluss überqueren." Der Fluss wird mit den Stöcken gelegt.

b) „Ihr bekommt Steine (Bierdeckel), die werft ihr in den Fluss und könnt ihn dann überqueren.“ Die Bewegungsaufgabe ist es, die Bierdeckel so zu werfen, dass sie sich danach für eine Überquerung eignen. Tritt einer daneben ins Wasser, muss er seine Steine einsammeln und nochmals von vorn anfangen.

c) „Nun sind wir drüben und bauen uns ein Floß.“ Die Rollbretter werden mit den Seilchen zu einem Floß zusammengebaut. Das Floß wird in den Fluss eingesetzt und ein Teil der Kinder verwandelt sich in Schiffer, ein Teil muss treideln. Nach einer gewissen Weile Wechsel.

d) „Der Fluss mündet ins Meer. Das hat heute hohe Wellen. Wellenreiten macht Spaß!“ Die Autoreifen werden mit Seilchen zusammengebunden und nun „reiten“ die Kinder auf den „Wellen“.

e) „Manche können sogar bis zu der Insel reiten.“ Die Insel ist die große Matte.

f) „Auf der Insel gibt es einen Leuchtturm mit einem Leuchtturmwärter.“ Die Kinder bauen um ein Kind herum aus Autoreifen einen Turm.

g) „Es ist Hochwasser. Die Wellen branden gegen den Turm.“ Die Kinder drücken von allen Seiten gegen den Reifenturm und werfen ihn schließlich um.

h) „Wir sollten zurück. Aber mit dem großen Floß geht das nicht, wir müssen es in einzelne Bretter zerlegen.“ Floß wird aufgebunden. Jedes Kind bekommt ein Rollbrett und einen Stock und fährt mit seinem Stocherkahn zurück.

„Daheim legen wir uns in die Hängematte und träumen von unseren Abenteuern.“ Die Kinder legen sich alle auf das Trampolin, die Ülin steht breitbeinig dazwischen. Sie erzählt flüsternd eine Geschichte von Sturm und Wind und bewegt mit ihrem Körper das Trampolin entsprechend; langsam kehrt Ruhe ein nach dem Sturm und die Kinder „schlafen“.

Schlusslied (Text und Melodie: Anna Fischer-Olm):

Einheit „Der Teich entsteht aus Regen“

1.) Tanz: Wellentanz nach dem C-Dur Präludium von Bach

Mit roten und blauen Bodenquadraten oder Teppichflecken hat jedes Kind seinen Platz im Kreis fixiert. Falls keine zweifarbigen Platzhalter da sind, die Kinder mit roten und blauen Tüchern im Wechsel kennzeichnen.

Laufmuster; Zeiteinheit ein Takt

- Die roten Kinder laufen sehr ruhig alle gleichzeitig nach rechts los. Sie laufen einen schönen halben Bogen hinter dem stehenden Nachbarn zum nächsten roten Platz. Mit dem zweiten Takt laufen die blauen Kinder zum nächsten blauen Platz und so weiter. Der Wechsel zwischen Pause und Bewegung erfordert von den Kleinen ein hohes Maß an Konzentration. Anfangs geht es nur um den Platzwechsel.
- Erweiterung: Platzwechsel und Arme heben und wieder senken.
- Erweiterung: Den ganzen Körper „weich wie Wasser“ machen und eine Wellenbewegung durchlaufen lassen.

- Bei kleineren Kindergartenkindern kann man sie auch blaue und rote T-Shirts überziehen lassen.
- Erweiterung: Einmal hinter dem Nachbarn den Bogen laufen, einmal vor dem Nachbarn laufen.

2.) Gedicht:

Das Wassertröpflein von Goethe	(Bild aufhängen)
Tröpflein muss zur Erde fallen,	Hände nach oben führen, locker zum Boden bringen
muss das zarte Blümlein netzen,	Von unten die Hände in Öffnungsbewegung zur Blüte formen
muss mit Quellen weiterwallen,	Hände parallel in Wellenbewegung von rechts nach links führen
muss das Fischlein auch ergötzen,	Hände zum Fisch zusammenlegen und nach vorn schwimmen
muss im Bach die Mühle schlagen,	Große Kreisbewegung mit parallelen Armen vorm Körper
muss im Strom die Schiffe tragen –	Hände bilden ein Schiff und schaukeln Wasser
Und wo wären denn die Meere,	Mit gestreckten Armen große Gleitbewegungen machen
wenn nicht erst das Tröpflein wäre?	Gleiche Bewegung wie zu Beginn

3.) Spracharbeit, Sachwissen:

a) Wissen der Kinder sammeln
b) Was sagt das Gedicht? Nochmals rezitieren und die Kinder hinhören lassen
c) Campingkocher und kleines Töpfchen mit Wasser. Wasser zum Kochen bringen, Dampf beobachten, Folie oder Blech drüber halten (Kondensierung).
d) Wasserkreislauf anhand der Illustration des Gedichtes nachvollziehen.

4.) Lied (Text und Melodie: Anna Fischer-Olm): mit Trommelbegleitung

5.) Hörübung: mit Trommeln

a) Wir machen auf unserer Trommel Regen, mal laut – mal leise, mal viel Regen, mal wenig
b) Es tropft nur noch vereinzelt
c) Plötzlich kommt ein Prasselregen
d) Ein Hagelregen
e) Ein Platzregen
f) Ein sanfter Landregen
g) Ein Gewitterregen mit Blitz und Donnerschlag, das Gewitter verzieht sich
h) Ganz wenige kleine Tröpfchen fallen nur noch vom Himmel, man spürt sie kaum
Erst die Ideen der Kinder abwarten, sammeln und spielen, dann erweitern durch die Ülin

6.) Taktile Umsetzung:

a) Partnerarbeit: Ein Kind verwandelt sich in die „Trommel“, das andere klopft mit weichen Fingerspitzen die verschiedenen Rhythmen auf den Rücken. Rollenwechsel.

b) Die ganz wenigen Tröpfchen zum Schluss fallen nicht nur auf den Rücken, sie werden auch auf die übrigen Körperteile sacht hingetupft.

7.) Malen nach Musik: Regentropfen-Prelude von Chopin

Die Kinder bekommen einen großen Karton, halten ihn mit den Füßen am Boden fest und malen nach der Musik ein Regentropfenbild (mit Wachsblöckchen). Die Ülin malt mit, damit die ratlosen Kinder sich durch Abschauen Ideen holen können.

8.) Schlusslied (Text und Melodie: Anna Fischer-Olm): Regen, regne leis

Einheit „Heut ist ein Fest bei den Fröschen am See“

Als Vorbereitung sind wir zu einem Teich gewandert und haben dort nach den Kaulquappen und anderen Tieren geschaut. Wir haben über die Teichbewohner gesprochen und eventuell ein paar Kaulquappen mitgenommen, um sie zu beobachten.
Heute wollen wir das Teichleben nachspielen.

(Text und Melodie überliefert)

1.) Tanzkanon: „Heut ist ein Fest“, Kreis ohne Handfassung. Mit aufsteigender Armbewegung in die Kreismitte laufen

- Rückwärts wieder raus mit absteigender Armbewegung
- Bei den ersten vier Quaks die Arme heben und im Rhythmus locker die Hände schütteln
- Bei Quak fünf bis acht die Arme senken und neben den Hüften schütteln.

2.) Gedächtnisspiel: „Wasser, Erde, Luft und Feuer“
Ein Kind steht in der Mitte und ruft „Wasser“ und zeigt auf ein anderes; kann dieses nicht sofort ein Tier oder eine Pflanze aus dem Bereich Wasser nennen, muss es selber in die Mitte. Dito Erde und Luft. Bei Feuer müssen alle die Plätze wechseln und der Mittlere versucht, einen Platz zu erwischen.

3.) Nachspielen der Teicherlebnisse:

a) Wir breiten das große Schwungtuch auf dem Boden aus und machen zur Einstimmung miteinander Wasserwellen, ganz kleine, halt Teichwasserwellen.
b) Dann erinnern wir uns, was wir gesehen haben und versuchen, es mit dem Körper darzustellen.
c) Wir versuchen, uns an die Geräusche zu erinnern, die wir gehört haben.
d) Jetzt ergänzen wir aus dem Gedächtnis, was wir noch über Teiche und Sümpfe wissen.
e) Wie stakst der Storch durch die Sümpfe? Nachmachen!
f) Wie schnappt der Frosch nach der Mücke? Vorzeigen!
g) Wie schnappen die Fische nach den Algen? Mund weit auf- und zumachen!
h) Wie hört es sich an, wenn ein Vögelchen badet? Wasser plätschern lassen, versuchen, ob wir es mit dem Mund nachmachen können.
i) Wie unken die Kröten? Ganz tief und ganz leise.
j) Alle Tiere zusammen geben ein Konzert, erst setzt einer nach dem anderen ein, dann hören sie nacheinander auch wieder auf.
k) Bei einem späteren zweiten Durchgang können Kostümandeutungen die Spielfreude heben.

4.) Leben der Wasserspinnen: (Psychomotorik)
Die Wasserspinne bringt ihre Eier in einer Wasserblase im Teich unter. Dort schlüpfen die Kleinen auch und bleiben im sicheren Versteck. Die Mutter fängt täglich viele Mücken und bringt sie ihren Kleinen zum Fressen. Erst, wenn sie fast erwachsen sind, verlassen sie die schützende Blase.
Wer mehr über Spinnen arbeiten will, lese in „Alle Sinne helfen mit“ nach.

a) Wir heben und senken das Schwungtuch immer höher und schneller.
b) Dann laufen wir alle zusammen, setzen uns auf den Rand und machen so eine „Spinnenblase“.
c) Spinnenmutter und Spinnenkinder werden bestimmt.
d) Im bestimmten Rhythmus öffnet sich die Blase, die Spinnenmutter krabbelt heraus und fängt eine Mücke (Kind) für ihre Brut.
e) Das Spiel ist um, wenn zu wenig Kinder übrig sind um eine Blase zu erzeugen. Die sind dann die neue Spinnenfamilie.

5.) Schluss:
Der Kanon wird nochmals getanzt.

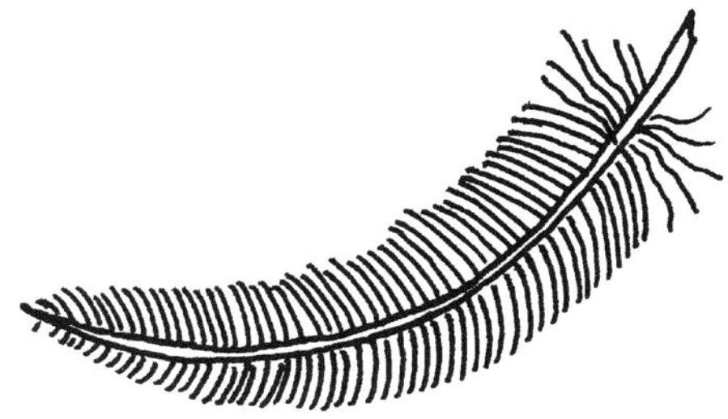

Für das zarte Sprechen

F – f – f

Ein Federchen liegt auf der Hand,
der Wind bläst's in den warmen Sand.

Es fällt so sacht,
es fällt so leicht,
eh es den Sandboden erreicht.

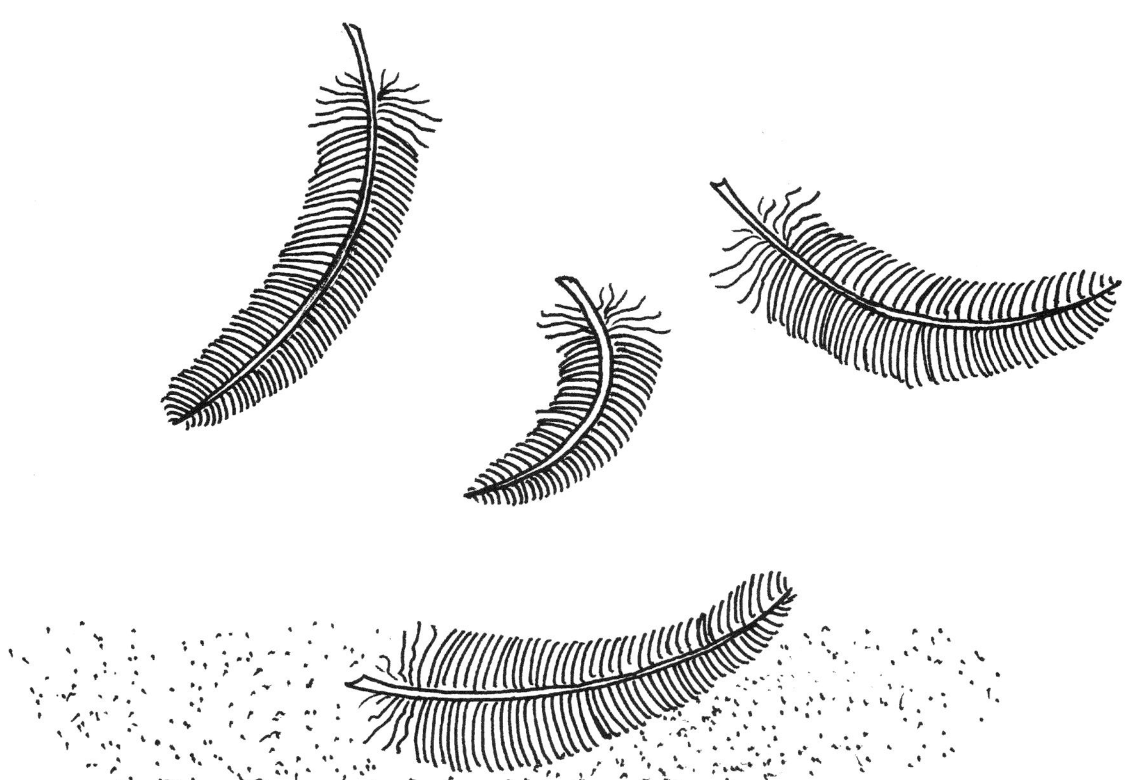

Das lange und das kurze I

Leise weht der Wind ums Nest,
Vogelkindchen, halt dich fest!
Hin und wieder – auf und nieder.
Sing mir deine schönen Lieder!

V – v – v

Ein Vöglein fliegt zum Pflaumenbaum,
will sich dort ein Nestchen bau'n.

Runde, bunte Eierlein
legt es fleißig da hinein.

Sieh! Da fliegt die Vogelmutter,
holt für ihre Kinder Futter.

Wenn die Kleinen größer sind,
fliegen sie dann fort geschwind.

F – f – f

Vögel flattern aus dem Nest,
feiern heut ein fröhlich Fest.
Heut gibt's so viel zu fressen!
Man kann fast nicht alles essen!
Hin und her –
auf und nieder –
fliegen weg
und kommen wieder.

Maithema: Vögel / Federn

Tänze:
- Silberschwingen (Oussoren: Schreibtanz 1)
- Leise fliegt ein großer Vogel (Bewegungsimprovisation)
- Gänselieslpolka (Einfache Tänze 01)
- Garun (Einfache Tänze 01)

Musiken:
- Die Vogelhochzeit (Zuckowski)
- Feuervogel (Strawinsky)

Lieder:
- Ein Vogel wollte Hochzeit machen (überliefert)
- Alle Vögel sind schon da (überliefert)
- Der Kuckuck und der Esel (überliefert)
- Wenn ich ein Vöglein wär (überliefert)
- Singt ein Vogel (Heinz Lau)

Gedichte:
- Sieh, da kommt die Vogelmutter (Fischer-Olm)
- Leise weht der Wind ums Nest (FO)
- Ein Vöglein fliegt zum Pflaumenbaum (FO)
- Ein Federchen liegt auf der Hand (FO)
- Ein Federchen flog über Land (Ringelnatz)

Spracharbeit:
- Wortfeld „Vögel" (Flügel, Federn, rütteln, Nest, brüten, Eier, fliegen, plustern, schlüpfen, Körner, Würmer, Amseln, Drosseln, Spatzen, federleicht, federweiß, Gefieder, Gelege etc.)
- Wortfamilie „Vogel" (Vogelnest, Vogelfedern, Vogelei, Vogelschnabel ...)
- Einen „Traumfänger" mitbringen, ans Fenster hängen. Eine kleine Geschichte zur Funktion dieses Traumfängers erzählen; danach erzählen die Kinder von ihren Träumen (freie Sprachsituation)
- Sachwissen „Vögel"

Phonemetüde: Feder
- Der Wind treibt eine Feder über den Sand: Ffff – Ffff – Ffff MHZ: „F"
- Sie trudelt in einer Spirale zu Boden: Eeee (glissando, Kopf drehen) MHZ: „E"
- Da stupft sie ein paarmal auf: D – d – d MHZ: „D"
- Sie steigt in einer Spirale wieder auf: Eeeeeeeee MHZ: „E"
- Und dreht sich, dreht sich: Rrrrr – rrrr – rrr MHZ: „R"
- Alle rufen: „ F – e – d – e – r !"

Stimmarbeit: Mit schnabelspitzem Mäulchen die Gedichte sprechen. Lippen weit vorschieben und Kussmündchen machen. So ganz beiläufig gleichgültig sprechen.

Myofunktionelle Übungen:
- RL kontrollieren
- ZÜ: Jetzt malt der Riesenpinsel (weit herausgestreckte Zunge) von rechts nach links die Wände an
- LÜ: Grimassen schneiden lassen
- AÜ: „Gartenzaun". Mit geöffneten Lippen und geschlossenen Zahnreihen die Zunge am Oberkiefer ansaugen
- AÜ: Die Vögel saugen mit einem Strohhalm Körner und Haferflocken an und bringen sie in ihr Nest
- BÜ: Von der Decke herabhängende Federn werden erst mit dem Strohhalm, dann mit gezieltem Mundblasen in Bewegung versetzt.

Visuelle Wahrnehmung:

- Federn vergleichen (Daunen, Schwungfedern, Flugfedern, Schwanzfedern)
- Eine Feder unter der Lupe anschauen
- Verschiedene Vogelarten vergleichen (Größe, Farben, Schnäbel, Füße, Ernährung, Flugbild ... Zugvögel – Singvögel – Raubvögel – Laufvögel; Biologiebuch zu Rate ziehen)
- Verschiedene Vogeleier
- Vogelbeobachtung und Beschreibung, Nestbau, Brutpflege
- Bewegungsabläufe beim Fliegen beobachten und beschreiben

Auditive Wahrnehmung:

- Vogelgezwitscher, Eichelhäherschreie, Entenquaken, Hahnenschrei, Pfauenschrei, Papageienschrei etc. Verschiedene Vogelstimmen vom Band hören, Klänge oder Schreie vergleichen.
- Fliegt dieser Vogel? Landet er auf dem Wasser? Hörst Du einen Warnschrei oder nur Gezwitscher?
- Vier Kinder stehen in jeder Ecke des Raumes mit einer Vogelpfeife. Die anderen hocken verteilt im Raum und warten mit geschlossenen Augen. Aus welcher Ecke zwitschert ein Vogel?
- Ein Vogel zwitschert im Hausflur. Von woher hören wir die Vogelpfeife?
- Der Vogel führt uns durchs Haus, in den Garten.

Taktile Wahrnehmung:

- Die verschiedenen Federsorten durch Berührung erkennen (Krabbelsack)
- Verschieden große Eier blind ertasten und der Größe nach ordnen (Holzeier, Plastikeier, steinerne Eier – die Kinder können sicher von daheim auch welche bringen).
- Aus welchem Material ist dieses Ei?
- Partnerarbeit: Ein Kind liegt entspannt auf dem Bauch, das andere kniet daneben. Nun wird der Liegende mit einer feinen Feder an verschiedenen Hautstellen berührt. Rollenwechsel.

Stilleübungen:

- Jedes Kind bekommt eine Feder. Beobachten, wie sie fällt. Bewegungsimitation.
- Partnerarbeit mit Feder: Ein Kind fährt mit der Feder ganz sachte das Gesicht des vor ihm sitzenden Partners ab.
- Brieftaubenspiel (entlang dem Spiel Stille Post).
- Partnerarbeit: Ein Kind liegt auf dem Boden, das andere kniet daneben. Das Kind am Boden ist ein Teich, auf dem sich sanfte Wellen kräuseln (das sitzende Kind massiert wellenförmig das liegende). Nun kommt etwas mehr Wind auf (fester massieren) und nun wird es wieder ganz windstill (Hände wegnehmen). Nacheinander landen Wasservögel auf dem Teich (die Fingerspitzen „landen" ganz leicht auf der Wasseroberfläche). Auch schwerere Vögel landen auf der Wasserfläche (etwas kräftiger landen). Und nun kommen die ganz kleinen leichten Blesshühnchen in hellen Scharen... (zart und schnell mit den Fingerspitzen tippen). Rollenwechsel nach einer guten Zeit.

Märchen / Darstellendes Spiel:

- Der Feuervogel (russisches Volksmärchen, vertont von Strawinsky)
- Die sieben Raben (Brüder Grimm)
- Jorinde und Joringel (Brüder Grimm)
- Spielgedicht: Ein Federchen flog über Land (Ringelnatz)

Psychomotorik:

- Wie trägt der Wind die Vögel?
- Das Spiel von der Vogelreise
- Arbeit mit dem Vogelschutznetz

a) Alle Kinder halten das Netz. Leichte Federn werden hineingelegt. Fliegen sie?
b) Ein Luftballon wird hineingelegt. Gelingt es, ihn zum Hüpfen zu bringen?
c) Mehrere Luftballons tanzen nach Musik auf dem Netz.
d) Verschiedene Bälle werden auf dem Netz bewegt. Wie muss man bei schweren, wie bei leichten das Netz halten?
Materialerfahrung Holzkugel

Bastelaufgaben:
- Vogelmobile aus Pfeifenputzern und Flaumfedern
- Vögel falten und am Fenster aufhängen
- Eine Halbmaske mit Vogelfedern bekleben für das Spiellied „Ein Vogel wollte Hochzeit machen"
- Eine Gemeinschaftsarbeit: Vogelmobile mit bunten Vögeln aus Moosgummi
- Aus Moosgummi kleine bunte Vögel basteln und auch Haarspangen oder -klammern kleben
- Einen Traumfänger mit bunten Federn basteln
- Indiaca basteln: Alte Nylons füllen zu einer festen Kugel, Federbusch einarbeiten
- Indianerhaube basteln
- Eine Feder malen, ganz fein, mit Deckweiß auf schwarzem Fotokarton
- Federsammlung anlegen

Einheit „Jorinde und Joringel" von den Gebrüdern Grimm

Materialbedarf:
- CD Schreibtanz 1 von Oussoren „Silberschwingen"
- eventuell starke Lampe
- Baummützchen (Wollmützchen mit aufgetackerten grünen Kreppstreifen)
- Sonnengewand, Sonnenkrone
- weiße Seidentücher
- metallene Instrumente: Zimbeln, Metallstäbe, Klangschalen, Triangels, Meditationspfanne, Metallophon, Metallkugeln gegeneinander geschlagen ...
- Zauberinnen-Verkleidung

1.) Rezitation mit Gestik: (Wiederholung)
„Wald" (Gedichtblatt hängt schon)
Im grünen Wald viel Bäume stehn,
man kann darin spazieren gehn.
Die Bäume wiegen sich im Wind –
der Wind wiegt freundlich jedes Kind.
Die Äste strecken sich zum Himmel
in feuchtes, wolkiges Gewimmel.
Und aus den Wolken fällt der Regen –
er bringt der Erde seinen Segen.

2.) Vortrag:
Erster Teil des modifizierten Märchens „Jorinde und Joringel" (vorzutragen mit lebhafter Körpersprache)
Es war einmal ein Wald. In diesem Wald standen herrliche, alte Bäume. Ihre Rinden waren rauh und borkig – und weit ausladend waren ihre Kronen. Die Äste waren dick wie Oberschenkel – und die Wurzeln hielten den Baum ganz fest im Boden. Die Blätter nahmen gierig das Licht der Sonne auf, sie drehten sich hungrig zum Licht.
In diesem Wald aber gab es ein großes Schloss und in diesem großen Schloss wohnte eine böse Hexe. Sie hatte Freude daran, junge Mädchen, die in diesem schönen Wald spazierengingen, in Vögel oder Steine zu verwandeln. Sie näherte sich ihnen unsichtbar, warf ihnen einen Nebel über den Kopf und verzauberte sie so. Die Bäume waren traurig über das Treiben der Zauberin, aber sie konnten nichts dagegen tun. Hin und wieder machten sie ihre traurige Musik und beklagten das Schicksal der Vögel und der Versteinerten.

3.) Tanz:
Waldspaziergang, Musik: Oussoren Schreibtanz 1:
a) Die Hälfte der Kinder bekommt Baummützchen. Sie sind der Wald.

b) Nun geht die Sonne auf (eines der Kinder) und bescheint einen Baum nach dem anderen. Die Bäume lieben die Sonne und wiegen sich hin und her, drehen sich ihr zu. Wenn die Ülin über eine starke Lampe verfügt, kann sie zur Unterstützung das Licht mitlaufen lassen. Ist die Sonne einmal herumgegangen, sucht sie sich einen festen Platz.
c) Rollenwechsel
d) Die andere Hälfte sind die Mädchen, die in dem Wald spazieren gehen. Sie gehen gemächlich, wie die Musik es vorschreibt. In aller Ruhe kommt eine körperliche Kommunikation zwischen den Bäumen und den Mädchen zustande. Die Kinder berühren sanft den Stamm, die Äste, die Zweiglein (Rumpf, Arme, Finger). Sie klopfen die Wurzeln des Baumes ab und streicheln seine Rinde (Beine und Füße, Rücken) bevor sie sich zum nächsten Baum weiterbegeben. Die Zauberin bleibt noch im Hintergrund.
e) Rollenwechsel

4.) Geschichte spielen:
a) Jetzt schleicht sich die Zauberin langsam an; ist sie in der Nähe eines Mädchens, wirft sie ihm ein weißes Tuch über den Kopf und verwandelt es auf diese Weise in Stein. Keiner darf rennen, keiner kann flüchten, die Musik hält alle in gleichmäßigem Tempo.
b) Zum Schluss haben wir nur Bäume und versteinerte Mädchen.
c) Rollenwechsel.
Unter Umständen muss mehrmals darüber gesprochen werden, dass die Mädchen ja die Zauberin nicht sehen – und also auch nicht davonlaufen können; natürlich will sich kein Kind sehenden Auges in einen Stein verwandeln lassen.
d) Beim letzten Durchgang spielen die Bäume einen ruhigen, traurigen Tanz für die Verwandelten. (Erinnerung an den „Zauberwald", Wiederholung) Die Bäume spielen mit metallischen Perkussionsinstrumenten. Der Gegensatz zwischen den sanft bewegten Bäumen und den unbeweglichen Versteinerten muss klar herausgearbeitet werden.
e) Rollenwechsel

5.) Abschlussgespräch:
- Wie haben wir uns als lebendiges Kind, als Baum, als Stein, als Zauberer, als Sonne gefühlt?
- Was hätten wir am liebsten getan?
- Was könnte man noch besser machen?

6.) Schlusskreis: Baumgedicht schön rezitieren

Einheit „Jorinde und Joringel" Fortsetzung

Materialbedarf:
- CD Tzadik Katamar (Der Weise und der Narr)
- Mond (Stock mit Silberscheibe)
- Zauberinnen – Verkleidung
- Vögelchen im Käfig
- Mohnblume

1.) Tanz: „Der Weise und der Narr"
Tanzbeschreibung:

– Vorspiel: 5 Takte	
– Kreisfassung. Die Kinder gehen vier Schritte nach rechts	1. Takt
– Die Arme heben und viermal hin und her wiegen	2. Takt
– Wiederholung	3. + 4. Takt
– Nach 2 Schritten vorwärts weiter zwei Schritte rückwarts	5. Takt

- Mit drei Schritten volle Drehung (r-l-r), auf den linken Fuß schräg vorhüpfen — 6. Takt
- Gewicht zurück zum rechten Fuß, verlagern auf den linken und mit dem rechten schräg vorhüpfen — 7. Takt
- Die Arme heben und viermal hin und her wiegen — 8. Takt
- Wiederholung — 9.-12.Takt

Wenn man den Tanz einführt, kann man eine kleine **Geschichte** dazu erzählen:
Der Weise geht ruhig und abgeklärt seinen Weg (Takt 1). Dann kommt er zum Baum der Weisheit (Takt 2). Und wieder geht er ruhig seinen Weg und kommt zum Baum der Weisheit. Der Narr aber geht vorwärts, rückwärts, dreht sich, springt – und ist auch am Baum der Weisheit angelangt! Geht vorwärts / rückwarts / dreht / springt und ist am Baum der Weisheit!
Stark rhythmisiert sprechen und dabei die Schritte ohne Musik einüben!

2.) Lied (Text und Melodie: Anna Fischer-Olm):

3.) Märchenfortsetzung:

a) Erzählung, eventuell mit Bildern:

b) *Eines Tages ging ein schönes Mädchen mit ihrem Liebsten im Zauberwald spazieren; sie hießen Jorinde und Joringel. Wie sie so gingen, wurde es Abend und die Zauberin schlich sich herbei. Sie verwandelte Jorinde in ein Vögelchen und Joringel in Stein. Da stand er nun und musste mit ansehen, wie die Zauberin den Vogel forttrug und konnte sich nicht rühren. Erst als der Mond über den Berg kam, löste sich der Zauber. Aber er konnte das Schloss der Zauberin nicht finden, so viel er auch suchte. Da wanderte er ganz traurig weit fort.*
Er hütete viele Jahre in einem Dorfdie Schafe. Eines Nachts hatte Joringel einen Traum: Er ging wieder im Wald spazieren und fand im grünen Moos eine leuchtend rote Blume mit einer Perle in der Mitte. Diese Blume konnte den Zauber brechen.

c) *Am nächsten Morgen machte er sich gleich auf die Suche nach dieser besonderen Blume – und er fand sie! Auch den Zauberwald fand er wieder und die Blume zeigte ihm den Weg zum Schloss.*

d) *Wie er aber in den Schlosssaal kam, sah er viele Käfige mit verzauberten Mädchen. Einen davon wollte die Zauberin heimlich fortschleppen. Da berührte er sie mit der Blume – seine Jorinde stand freudestrahlend vor ihm und die Zauberin fiel zu einem Haufen Lumpen zusammen.*
Und sie lebten glücklich bis an ihr Ende.

Gespielt wird, was die Beiden im Wald erleben und wie er seine Jorinde erlöst. Die Zwischensequenz mit dem Schafehüten nur erzählen, es sei denn, man will eine lustige Szene einbauen; Wie die Böckchen miteinander kämpfen, wie sie ihm weglaufen und er kann sie nur mit Hilfe des Hundes einfan-

gen, wie die Lämmer übereinander springen – die Kinder kommen da sicher auf viele lustige Ideen. Die einzige Klippe ist die Verwandlung Jorindes in einen Vogel. Meine Kinder hatten da die Lösung gefunden, dass Jorinde bei der Verzauberung neben einem etwas dickeren Baum steht und dahinter verschwindet, die Zauberin aber holt das Vögelchen hinter dem Baum hervor. Bei der Schlussszene waren drei zusammengebundene Tische, mit dem Schwungtuch verhängt, das Schloss. Jorinde kam dann unter dem Tisch hervor.
Dieses Märchen lässt sich auch wunderbar als Stabpuppentheater spielen.

Abrundung „Jorinde und Joringel"

Materialbedarf:
- Orff-Instrumente
- Zauberinnenverkleidung
- Vögelchen im Käfig
- CD „Der Weise und der Narr"

1.) Tanz: „Der Weise und der Narr"

2.) Rezitation „Wald"

3.) Lied „Mein Vöglein mit dem Ringlein rot"

4.) Darstellendes Spiel und Musikimprovisation:
Geschichte vom Zauberwald vom September wiederholen. Dann mit dem Märchen zusammenbinden:
a) Der Zauberwald musiziert crescendo – decrescendo
b) Szene „Jorinde wird in einen Vogel verwandelt, Joringel in einen Stein"
c) Szene „Joringel hütet die Schafe und legt sich abends zur Ruhe"
d) Joringel sucht die Blume, findet sie im Zauberwald. Er findet auch das Schloss und erlöst seine Jorinde. Die Zauberin sinkt in sich zusammen durch die Berührung der Blume.
e) Der Zauberwald musiziert laut und leise

5.) Malaufgabe:
a) Der Zauberwald
b) Die Fee kommt in den Zauberwald und verwandelt Jorinde in einen Vogel
c) Joringel befreit alle Vögel und verwandelt sie in Mädchen zurück

Die Geschichte kann – durch die Kinderbilder unterstützt – immer wieder repetierend erzählt werden. Mit der Zeit werden sicher einige mutige Kinder gern die Rolle des Erzählers übernehmen, auch zur Spielbegleitung.

6.) Bastelaufgabe:
a) Aus Pfeifenputzerdraht und gesammelten Flaumfedern werden kleine Vögel gebastelt. (Bunte Federn sind auch zu kaufen)
b) Die Kinder können aus Peddigrohr oder frisch geschnittenen dünnen Wasserweidenstöckchen kleine Käfige für die Vögel flechten.
c) Diese Käfige stehen dann auf dem Tisch, der das Zauberschloss darstellt.

Psychomotorische Einheit „Vogelreise"

Materialbedarf:
- CD Einfache Tänze 01
- Reifen, Teppichflecken, Stöcke, Matten
- Holzkugeln oder Tennisbälle oder Holzeier, Suppenlöffel
- Schüsseln mit verschiedenen leichten Körnern, Puffreis, Gummibärchen etc.
- Strohhalme
- 1 Vogelmaske und eine große Feder
- gesammelte kaputte Nylonstrümpfe

1.) Tanz: Gänselieselpolka aus Einfache Tänze 01

1. Muster: Kreishandfassung
- 8 Takte Seitgalopp nach rechts
- 8 Takte Seitgallopp nach links

2. Muster:
- 2xKnie patschen, 2x Hände klatschen, Nachbarn beidhändig fassen, Kreis gehen
- 2x Knie patschen, 2x Hände klatschen, andersrum Kreis gehen

3. Muster:
- Jeder geht für sich allein im Raum herum
- Bei Phrasenende wieder zum Kreis gehen, von vorn

2.) Gedicht:

V – v – v (Gedichtblatt aufhängen)	MHZ: Zeigefinger / Mittelfinger zu V vor den Mund
Ein Vöglein fliegt zum Pflaumenbaum,	Daumen verschränken, 8 Finger „fliegen"
will sich dort ein Nestchen bau'n.	Hand zum Nest formen
Runde, bunte Eierlein	Eine Kugel mit den Händen formen
legt es fleißig da hinein.	Ablegebewegung
Sieh! Da fliegt die Vogelmutter,	Daumen verschränken, Flugbewegung
holt für ihre Kinder Futter.	
Wenn die Kleinen größer sind,	Beide Hände ganz klein verschränken, wachsen
fliegen sie dann fort geschwind.	lassen, dann wieder fliegen und hinter dem Rücken verstecken

3.) Das Spiel von der Vogelreise:

a) Jeder Vogel fliegt für sich allein (daran denken: Aus dem Ellbogen heraus fliegen!). Die Ülin begleitet das Fliegen mit dem pentatonisch eingestellten Metallophon, das gibt eine ruhige meditative Stimmung. Man kann auch eine Meditationsmusik einlegen.

b) Allmählich gesellen sich immer mehr Vögel zueinander und fliegen miteinander (Musik weg bei dem jetzt folgenden Nestbau).

c) Je zwei bauen ein Nest (Reifen und Teppichfliesen).

d) In einer Ecke des Raumes liegen Holzeier / Kugeln / Tennisbälle und Suppenlöffel. Auf Trommelschlag fliegt aus jedem Nest einer los und holt sich mit dem Löffel ein Ei ins Nest. Der Löffel wird an den Partner übergeben, der nun ein Ei holt. Die Kinder wechseln so lange, bis keine Eier mehr da sind.

e) In den anderen Ecken des Raumes sind Schalen, in denen leichte Nahrungsmittel sind: Puffreis, Smartiesstückchen, Körner, kleine Apfelstückchen etc. Die Kinder bekommen einen Strohhalm und sollen nun durch Ansaugen soviel Nahrung wie möglich in ihr Nest holen.

f) Die Vögel essen ihre Beute.

g) Die Kinder bauen mit Stäben, Matten, Kegeln einen Käfig,

h) Je zwei Kinder bekommen drei kaputte Nylonstrümpfe, knoten sie an der dicksten Stelle zusammen und flechten daraus einen Zopf. Ende verknoten, Überfluss abschneiden.

i) Die Zöpfe werden zu einem Netz verknotet.

j) Sechs Kinder sind Vogelfänger. Einige halten gemeinsam das Netz und versuchen, die herumfliegenden Vögel zu fangen.
k) Die Gefangenen werden in den Käfig gesperrt.
l) Ein Kind bekommt eine Vogelmaske und eine Zauberfeder, das macht es zum Zaubervogel. Er kann nun durch Berühren mit seiner Feder die gefangenen Vögel befreien.
m) Die Befreiten fliegen zurück in ihr Nest und warten dort, bis alle befreit sind.

5.) Schlussspruch:

Leise weht der Wind ums Nest,	Hände zum Nest formen, schaukeln
Vogelkindchen, halt dich fest!	
Hin und wieder – auf und nieder.	rechts – links, vor – zurück schaukeln
Sing mir deine schönen Lieder!	Nach dem Sprechen pfeifen und die Hände wegfliegen lassen

Einheit „Feder“

Materialbedarf:
- Federn verschiedener Art, vielleicht leere gefundene Vogeleier
- Schön wäre ein leeres Vogelnestchen für die Sacherfahrung
- Naturkundebuch
- CD Einfache Tänze 01

1.) Tanz: Garun (Einfache Tänze 01)
1. Muster: Kreishandfassung
- rechter Fuß vor, mit dem linken ran und dreimal leicht auftippen (leicht wie eine Feder!)
- Linker Fuß zurück, mit dem rechten dreimal leicht auftippen
- Rechter Fuß nach rechts, links und 3x tippen
- Linker Fuß nach links, rechts ran und 3x tippen

2. Muster:
- Rechts – links – rechts zur Mitte, links 1x tippen
- Links – rechts – links zurück, rechts 1x tippen
- Drehung nach rechts, drei Schritte und ein Auftippen
- Drehung nach links, drei Schritte und ein Auftippen

2.) Gedicht:

F – f – f	MHZ „F“: Zeigefinger vor die Lippen legen, sacht anpusten
Ein Federchen liegt auf der Hand.	Eine Hand steht, die andere liegt locker darauf
Der Wind bläst's in den warmen Sand.	Hände mehrmals leicht anpusten
Es fällt so sacht,	Sachte die Hände abwärts trudeln lassen
es fällt so leicht,	Sinken – steigen – sinken
eh es den Sandboden erreicht.	Alles mit leiser, gut artikulierter Stimme sprechen

3.) Stilleübungen:
a) Jedes Kind bekommt eine leichte Flaumfeder. Die Feder wird auf die Hand oder den Arm gelegt. Auf leisen Sohlen mit der Feder – ohne sie zu verlieren – durch den Raum gehen
b) Die Feder fallen lassen, beobachten, wieder hochblasen, sinken lassen
c) Selber ebenso leise und weich wie eine Feder zur Erde schweben; wenn die Ülin Wind macht wieder leicht aufschweben; niedersinken, wenn der Wind aufhört
d) Partnerarbeit mit Feder: Ein Kind fährt mit der Feder ganz sachte das Gesicht des vor ihm sitzenden Partners ab. Wechsel
e) Ein Kind liegt. Jetzt werden mit der Feder verschiedene Körperteile berührt und gestreichelt. Die Kinder stecken sich die Feder ins Haar kommen zum Kreis

4.) Beobachtung / Sachwissen / Spracharbeit:

a) Verschiedene Federn liegen auf einem schönen Tuch in der Mitte
b) Wissen der Kinder zu „Federn" sammeln, ergänzen
c) Wissen der Kinder zu „Vögeln sammeln, ergänzen
d) Bilder aus dem Naturkundebuch anschauen
e) Wortfeld „Vögel"
f) Sprachspiel zur Wortfamilie „Feder": Ein Kind bekommt eine schöne große Feder, die es mit einem zusammengesetzten Feder-Wort weitergibt. Das nächste denkt sich ein neues Wort aus und gibt die Feder weiter ... (Federkiel, Federkleid, Flaumfeder, Schwungfeder etc.)

5.) Taubenspiel:

Die Kinder sitzen am Boden. Eins wird zur Brieftaube. Es fliegt im Raum herum und sucht sich ein Kind aus, dem es eine Botschaft ins Ohr flüstert. Dieses Kind wird zur Brieftaube und gibt die Botschaft weiter. Wie kommt das Erzählte am Ende heraus?

6.) Schlussspruch: Ein Vöglein fliegt zum Pflaumenbaum

K – k – k

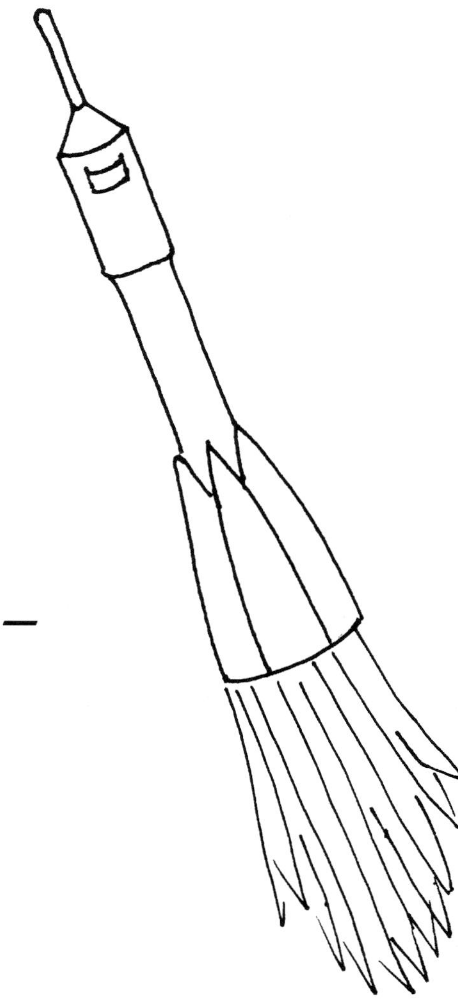

Ich werd stark
bis ins Mark!
Wenn ich viele Kilos trage –
aus dem Keller alle Tage,
Säcke trage und Pakete
schnell wie eine Mondrakete –
esse jeden Morgen Quark –
werd ich stark
bis ins Mark!

W – w – w

Wumm!
Im Keller hat's gekracht.
Wumm!
Da hockt die schwarze Nacht,
will im Kellerwinkel bleiben;
wer hilft mir die Nacht vertreiben?
Wumm!
Schon wieder hat's gekracht.
Weißnichtwer verscheucht die Nacht.

Junithema: Kraft, Stärke, Kampf

Tänze:
- Robot von Oussoren1
- Tanz der Trolle
  In der Halle des Bergkönigs (aus Peer Gynt von E. Grieg)
- Stocktanz nach dem Türkischen Marsch von W.A. Mozart
- Kampftanz

Musik:
- Taktschwerpunkt hören bei verschiedenen Takten (Improvisation mit dem Klavier, der Trommel, der Flöte, dem Metallophon etc.)
- Den Taktschwerpunkt mit dem Stock betonen
- Die leichten Taktteile mit dem Japanball, dem Luftballon, dem Seidentuch sichtbar machen
- Türkischer Marsch von Mozart: Schwerpunkte hören und durch Stampfen sichtbar machen
- Das Laute und das Leise spüren: Ein Kind liegt am Boden, das andere klopft mit einem kurzen Stock entsprechend der improvisierten Musik neben dem Kind auf den Boden. Wo hört das Kind den Klang, wo spürt es die Erschütterung?
- Am Boden liegen und die Schwingungen der Kesselpauke mit der Haut spüren

Lieder:
- Ich bin ich und du bist du (Joachim Schmahl / Jürgen Tamchina)
- Zusammen geht es besser (Jochen Krüger)
- Sieben kleine Bären (Guggenmos / Lemmermann)
- Es tanzt ein Bi-Ba-Butzemann (volkstümlich)
- Kanon: Wer wird uns bringen ans andere Ufer (Götsch / Trevelyan)

Gedichte:
- Der Ritter von Latour (unbekannt)
- Der Handschuh (F. von Schiller)
- Wumm! Im Keller hat's gekracht (FO)
- Ich werd stark, bis ins Mark Wiederholung, Bild hängt schon
- Schau dir meine Arme an (FO)

Spracharbeit:
- Wortfeld „Kraft“ (stark, kämpfen, boxen, holzhacken, Druck, zerschlagen, schwer tragen, stützen, Gartenarbeit, Teig kneten, Freund schützen, töpfern etc.)
- Wortfamilie „Kampf“ (kämpfen, kämpferisch, Wettkampf, kampfbereit, vorkämpfen, sich verkämpfen, etwas auskämpfen, Kampfbild, Kampfschwert, Stockkampf, Boxkampf etc.)
- Komm kräftiger Kämpfer, schütze deinen Freund (betontes K-Sprechen)
- Diskussionen über Stärke und Schwäche werden immer wieder entstehen, weil Stärke relativ ist. Die Kinder werden merken, dass ein körperlich starker Mensch ganz schwach sein kann (der Riese im Kampf mit dem Schneiderlein), dass man mangelnde Körperkraft mit der Kraft des Verstandes oder der Empfindung ausgleichen oder überflügeln kann.
- Fragen werden besprochen werden müssen: Ist der der Stärkere, der einen Streit mit Draufschlagen beendet oder der, der versucht, die Sache mit einem Gespräch beizulegen?
- Wie kann ich mich behaupten, wenn einer mich bedroht?
- Wie kann ich helfen, wenn einer eine Schwäche hat?
- Das Thema „Stark – schwach“ wird unmerklich aus einer allgemeinen Wertung herausgeführt werden müssen hin zu einer differenzierten Sichtweise: Stark in Bezug auf ..., schwach in Bezug auf – stark / schwach im Vergleich mit ...

Phonemetüde: Kampf
- Da kommen die Kämpfer, sie schlagen drauf: K – k – k – k – MHZ: „K“
- Ahhhh – sie vertragen sich wieder: Aaaa – aaaa – aaaa MHZ: „A“

- Zur Belohnung gönnen sie sich fünf große Pizzas: Mmmmm – mmm MHZ: „M“
- Oh je, das war zuviel. Jetzt ist ihnen schlecht: Pf – pf – pf MHZ: „P+F“
- Alle bedauernd: „K – A – M – P – F!“

Stimmarbeit: Das „Stark-Gedicht“ mit Korken (oder dem eigenen Daumen) zwischen den Zähnen laut und deutlich artikuliert sprechen.

Myofunktionelle Übungen:

- RL kontrollieren
- ZÜ: Mit weit in den Rachen gezogener Zunge Wörter mit ähnlich klingendem Anfang sprechen. Lippen sollen benutzt werden. „Tasse – Gasse, Dank – Tank etc.“
- Rachenübung: Fauchen wie ein Drache, schreien wie ein Kämpfer
- LÜ: Mit gelösten Lippen „Pferdeschnauben“, erst tonlos dann in verschiedenen Tonlagen
- AÜ: Zungenspitze an die Alveolen legen, rechts und links geräuschvoll die Spucke einsaugen
- BÜ: Wasser in einer Schale in Bewegung bringen; kleine Wellen, Sturm, Stoßwinde ...
- BÜ: Kleine Gegenstände über das Wasser pusten, gefaltete Boote, kleine Enten ...
- Schluckübung (SchÜ): Die rechts und links eingesaugte Spucke mit geschlossenen Zähnen herunterschlucken, ohne dass man Spucke durch die Zähne schimmern sieht
- An einen mittelgroßen Knopf einen Sternchenzwirnfaden binden. Das andere Ende an einen kleinen Korb binden. Der Knopf wird VOR die Zähne und HINTER die Lippen geklemmt. Jetzt zieht das Kind mit dem Knopf den Korb weg. Der Korb wird fortlaufend mehr beladen. Wie viel können unsere stärker werdenden Lippen wegziehen?

Visuelle Wahrnehmung:

- In der Körperhaltung ausdrücken, wie man aussieht, wenn man sich stark oder schwach fühlt
- Was tut dieser starke Mensch? Rateübung im Kreis. Wenn die Kinder nicht genügend eigene Ideen habe, kann die Übungsleiterin einzelnen ins Ohr flüstern, was sie darstellen sollen: Holz hacken, Boxen, Schweres tragen, schnell rennen ...
- Was tut dieser schwache Mensch? Rateübung im Kreis: An zwei Stöcken gehen, kriechen, versuchen, etwas aufzuheben und es nicht schaffen, sich fürchten vor ...
- Bilder von Autos ordnen nach Stärke und Schwäche. Auch hierbei wird es Diskussionen geben: „Ist der alte Bus wirklich stärker als der neue BMW, obwohl er den Berg kaum hochkommt?“
- Tierbilder nach Stärke ordnen lassen, nach Geschicklichkeit, nach dem Geschick, sich zu verstecken, nach Schnelligkeit, nach Überlebenskunst (Bild als Denk- und Gesprächsanlass)

Auditive Wahrnehmung:

- Starke (laute) Geräusche von schwachen unterscheiden
- Welcher Stein ist da gefallen: Ein großer, mittlerer, kleiner?
- Welche Kugel ist gerollt? Eine Kegelkugel, eine Murmel, eine Steinkugel, eine Holzkugel, ein Gummiball?
- Wie wird die Stimme benutzt, wenn man dem anderen Angst einflößen möchte oder nur einfach will, dass er tut, was man sagt?

Taktile Wahrnehmung:

- Spanne alle Muskeln an, jetzt sind sie hart und stark
- Lass wieder los, sie sind weich und entspannt
- Hebe diesen Eimer mit Wasser auf, wie sind deine Muskeln?
- Streichele dieses Tierfellchen, wie sind deine Muskeln?
- Selbsterfahrungsphase: Wann muss ich die Muskeln besonders stark machen, wann sollen sie eher weich und nachgiebig sein?
- Entspannungstraining nach Jacobsen mit unterstützenden Vorstellungsbildern („Dein Arm ist aus Eisen, niemand kann ihn brechen“ etc.)

Märchen / Darstellendes Spiel:

- Sieben auf einen Streich (Grimms Märchen)
- Eisenhans (Grimms Märchen)
- Der Königssohn, der sich vor nichts fürchtet (Grimms Märchen)
- Schattenspiel: Die Geschichte vom Rübchen (Volksgut)

- Schattenspiel: Wo die wilden Kerle wohnen (Bilderbuch Maurice Sendak)

Stilleübungen:

- Steingarten: Die Ülin hat eine Menge verschiedener Steine mitgebracht, große und kleine. Die Kinder sollen erst einmal ausprobieren, für welche Steine sie am meisten Kraft brauchen, welche leicht zu heben sind etc. Dann legen wir ein schönes Muster mit diesen Steinen. Es können auch Bilder von japanischen Steingärten als Anregung gezeigt werden.
- Jedes Kind hat sich einen Stein ausgesucht und dreht und wendet ihn nun in den Händen. Nachdenken, warum dieser Stein gewählt wurde. Gespräch darüber.
- Bermuda-Dreieck: Die Kinder sitzen oder liegen entspannt mit geschlossenen Augen im Raum. Geschichte vom Bermuda-Dreieck erzählen. Dann sollen die Kinder sich das vorstellen, was ihnen Angst macht. Und nun verwandeln sie sich innerlich in das Dreieck; sie saugen alles Angstmachende an und lassen es einfach verschwinden. Immer stärker und mehr können sie ihre Ängste heranholen und einfach in dem Dreieck verschwinden lassen.

Psychomotorik:

- Materialerfahrung „Tau", Tauziehen – Seile
- Materialerfahrung „Stock"
- Stockkampf
- Die starken Trolle (In der Halle des Bergkönigs aus Peer Gynt von Grieg)
- Eimer-Wettlauf, mit Wasser halb gefüllte Eimer müssen hin und her geschleppt werden von zwei Mannschaften
- Einen Parcours zusammenstellen, der die ganze Körperstärke erfordert
- Als Gegensatz einen zusammenstellen, der die ganze feine Geschicklichkeit erfordert
- Führungsstärkespiel: „Kaiser, wie viele Schritte gibst du mir?" Ein Kind ist der Kaiser, die anderen stehen an der Wand gegenüber. Der Kaiser verteilt willkürlich Schritte: Große, kleine, Rückwärtsschritte, Sichlanglegenschritte ... bevor das ausgewählte Kind die Schritte machen darf, muss es noch einmal fragen „Darf ich?" Vergisst es diese Frage muss es stehen bleiben. Wechsel nach ausgemachter Zeit
- Der Lehrer steht mit dem Rücken zu den Kindern und schreibt, die Kinder versuchen, so weit wie möglich vorwärts zu kommen. „Der Lehrer steht an der Tafel und schreibt, jetzt dreht er sich um", bei „um" dreht er sich; sieht er noch ein Kind in Bewegung, muss das wieder ganz zurück. Gewonnen hat, wer als erster beim Lehrer ist

Bastel- / Malaufgaben:

- Aus alter Wolle oder vielen Zöpfen wilde Zottelköpfe für die Trolle basteln (Die heutigen Kinder können in der Regel weder Zöpfe flechten noch Knoten schlagen. Wenn man die Mütter ausreichend lange vorher bittet, die kaputten Strumpfhosen zu sammeln und abzugeben, bekommt man schöne Mengen zusammen)
- Einen Regenmacher basteln. Motto: Mit großer Kraft und Lautstärke Hergestelltes verwandelt sich in etwas ganz Leises!
- Brettchenbilder zusammennageln und anmalen
- Aus Stockmar Plastizierwachs Kämpfer formen (das Wachs erfordert ordentlich Kraft)

Einheit „Stärke / Kampf"

Materialbedarf:

- Metallophon oder Klavier
- Große Trommel
- CD Einfache Tänze 01

1.) Tanz: Stampftanz „Kolom (Nr.14)"

- Anfangs ist die Musik verhalten, schleichend (Saxophon). Die Bewegung nehmen wir frei im Raum auf. Körperhaltung etwas gebückt, Knie eingeknickt, Arme gespannt – durchaus kraftvoll, aber gezügelt

- Kommen die Singstimmen hinzu, können wir in lockere Wechselschritte übergehen, alles in ruhigem Tempo
- Die Musik steigert sich: Wir richten uns auf und werden lauter und stärker: Stampf – Schritt – stampf. Die Kinder können das sehr individuell behandeln
- Da die Kinder inzwischen im Tanzen geübt sind, kann die Gruppe nun zusammen eine Musterfolge entwickeln

2.) Gedicht:

Schau Dir meine Arme an,	Arme spannen, Fäuste ballen, heben, Boxerpose
starke Muskeln sind daran.	Rechte Hand fühlt die Oberarmmuskeln links
Meine Beine: Stampf, stampf, stampf –	Fest aufstampfen
tragen mich in jeden Kampf.	
Meine Fäuste sind aus Eisen,	Starkes, betontes Silbensprechen mit imaginären
komm nur, soll ich's dir beweisen?	Boxschlägen

3.) Bewegungsetüden / Versprachlichung:

a) Kreis. „Ihr wisst alle, dass Menschen immer wieder kämpfen. Könnt ihr mir zeigen, auf welche Weise sie das machen?"

b) Immer ein Kind, das eine Idee hat, geht in die Mitte und macht die Kampfhaltung vor, die anderen raten: Boxen, schlagen, treten, zwicken, in den Schwitzkasten nehmen, stoßen, schubsen etc.

c) „Es streiten sich aber nicht nur die Menschen mit ihrem Körper, sondern auch die Tiere kämpfen miteinander. Wer weiß was darüber?"
Böcke treten leicht zurück, dann schlagen sie die Köpfe gegeneinander. Hirsche kämpfen mit ihren Geweihen, Katzen machen einen Buckel und fauchen, kratzen, beißen. Hunde sträuben das Fell, legen den Kopf in den Nacken und knurren mit hergezeigten Zähnen, die Stiere treten zurück, senken den Kopf, scharren mit den Hufen und preschen los, Pferde steigen unter Wiehern hoch auf und schlagen mit den Vorder- und Hinterbeinen ... die Kinder haben auch da Ideen.

d) Ülin legt Bilder von kämpfenden Tieren auf (gibt's in den Tierbüchern zum Kopieren)

e) Je zwei Kinder sollen sich nun besprechen und sich eine Tierart aussuchen. Dann holen sie sich schnell das Bild

f) Ist das Bild schon weg, müssen sie sich umorientieren

g) Nun zeigen sie reihum ihren Tierkampf vor, ohne sich zu berühren. Die anderen raten, um welche Tiere es sich handelte.

4.) Übertragung auf Menschen:

a) „Wir haben vorhin, jeder für sich allein, eine starke Drohgebärde gezeigt. Tut euch jetzt zu zweit zusammen und übt einen Kampf ein. Die einzige Regel ist, dass ihr euch dabei nicht berühren dürft. Wer den anderen anfasst, scheidet eine Runde aus."

b) Erprobungsphase. Ülin geht herum und unterstützt bei der Kampfetüde. Hier muss schon darauf geachtet werden, dass ein Schlag immer eine Reaktion beim Opfer erzeugt, der gerade passive Spieler also nicht darauf wartet, bis er wieder schlagen darf, sondern sich auf die Aktion seines Partners körperlich einstellt

c) Präsentation vor der Gruppe. Hier wird kennerisch beurteilt, welcher Kampf besonders gut die Korrespondenz der gebenden und empfangenden Bewegung herausgearbeitet hat. Nicht werten, sondern das Gelungene loben und Weiterentwicklung aufzeigen! Hier wird Aggression zur Gestaltung

5.) Kampftanz (Melodie: Anna Fischer-Olm):

a) „Jetzt gehen wir locker im Raum herum, denken an nichts Böses. Auf einmal sehen wir unseren Angstfeind, der uns immer Schläge androht. Wir gehen ein paar Schritte zurück." Diese Schritte schon auf dem Xylophon mit den ersten zwei Takten der Musik begleiten

b) „Nein, wir stellen uns." Mit dem Xylophon wieder 4 Schritte vor

c) Der Kampf beginnt. Mit einem flotten Trommelrhythmus wird die Kämpferei begleitet. Ein Trommelwirbel beendet den ersten Durchgang

d) 2. Durchgang wie der erste, nur eine andere Kampfart. Trommelwirbel

e) 3. Durchgang wie die anderen, nur eine neue Kampfart. Trommelwirbel

f) Kreis. Die Choreographie des Kampftanzes wird besprochen. Es könnte herauskommen:
   - Vier Schritte zurück, vier Schritte vor (Xylophon)
   - 8 Takte Boxen, immer abwechselnd (Trommelrhythmus)
   - 4 rück 4 vor: 8 Takte Treten ... usw.

Auf jeden Fall wird man mit einer freien Trommelsequenz enden, bei der die Gegner sich die Hand reichen, sich vertragen und umarmen.

Die Ülin sollte sehr darauf achten, dass über dem Kampf nicht die szenische Darstellung zu kurz kommt. Thema ist bei diesem Kampftanz die gestaltete Kraft, nicht das wilde Drauflos.

g) „Wie habt ihr euch gefühlt, als Schlagender, als Geschlagener? Was war mit dem Vertragen am Ende, hat das auch Kraft gekostet? Wobei habt ihr euch am wohlsten gefühlt?" Es ist wichtig, dass die Kinder das Erlebte besprechen.

6.) Schlussspruch:

Wir rezitieren den Spruch vom Beginn der Stunde.

Diese Kämpfe und dann der Kampftanz können sehr gut auf das **Schattentheater** übertragen werden. Hier erfordert die ganze Choreographie dann noch mehr Selbstkontrolle, weil nicht nur die partnerschaftliche Bewegungsführung sondern auch die Besonderheiten des Schattentheaters berücksichtigt werden müssen: Frontal und deutlich!

Einheit „Stärke", hier Trolle

Materialbedarf:
- Trommel oder Klavier
- CD Schreibtanz 1 Oussoren „Robot"
- CD „In der Halle des Bergkönigs" aus Peer Gynt von Grieg
- Stöcke
- Selbstgemachte Trollmasken

1.) Tanz: Robot

a) Die Kinder haben sich zu zweit so im Raum verteilt, dass man mit vier Schritten (größeren oder kleineren) das nächste Paar erreichen kann.
b) Sie einigen sich, wer zuerst laufen will und wer stehen bleibt.
c) Vorspiel abwarten, dann mit vier sehr starken und energischen Schritten zum nächsten gehen, dort laut bis vier zählend gespannt stehen.
4x Schritt – 4x stehn – 4x Schritt – 4x stehn usw.
d) Wenn die lockere, bewegte Musik kommt, hampeln alle so beweglich und schnell mit überall lockerem Körper wie möglich; alles soll in Bewegung sein!
e) Wiederholung – Rollenwechsel.

Der Wechsel zwischen diesem sehr energetischen Laufen und dem genau bemessenen Pausieren bringt immer mehr Spannung in den Tanz. Die Regel ist, dass immer mit genau vier Schritten der nächste Partner erreicht werden muss – zur Not muss man sehr große Schritte machen ... In der Pause darf keinesfall weitergelaufen werden! Mit der Zeit kann man seine Arme mitbewegen und sie bedrohlich auf den kommenden Partner richten – anfassen verboten! Die Kraft steht spürbar im Raum!

f) Ist die Gruppe sehr gehemmt und still, kann man die Kinder zu den Drohgebärden auch noch Schreie ausstoßen lassen, bei ohnehin zu Schlägereien neigenden Gruppen empfiehlt sich das nicht.
g) Gespräch: Wie habe ich mich gefühlt, wenn der andere so bedrohlich auf mich zusprang?
h) Wie habe ich mich gefühlt, auf den anderen mit Drohgebärden zuzugehen und der wehrt sich nicht?
i) Was ist stark? Solche Drohungen auszuhalten oder sie auszustoßen?

2.) Gedicht: (Karte aufhängen)

K – k – k	MHZ: Die gestreckte Hand wird vor die Kehle gestellt. Mit dem Laut wird sie „weggeschleudert".
Ich werd stark	Mit dem Sprechrhythmus fest aufstampfen, Fäuste ballen
bis ins Mark!	
Wenn ich viele Kilos trage –	Sich bücken und imaginäre Gewichte aufnehmen, während der
aus dem Keller alle Tage,	Körper sich bis „Mondrakete" langsam und mühselig aufrichtet
Säcke trage und Pakete	
schnell wie eine Mondrakete –	
esse jeden Morgen Quark –	
werd ich stark	Wie Anfang
bis ins Mark!	

3.) Erzählung: Trolle

Aus den Urzeiten – als es noch Feen, Zwerge, Zauberer und wundertätige Drachen mitten unter uns gab – sind die Trolle übriggeblieben. Sie wohnen weit im Norden und führen dort ein seltsames Dasein. Wie braune und graue Steine liegen sie in den Wäldern und rühren sich nicht. Kommt aber ein Mensch vorbei, der viele böse Gedanken in sich hat und böse Taten plant, dann kommt Leben in sie. Sie recken sich und strecken sich, schieben hier einen Arm und dort ein Bein heraus... dann allmählich wachsen sie, verlieren ihre Steinform und beginnen, sich zu bewegen.

a) Die Kinder liegen zusammengekrümmt am Boden, Arme und Beine sind unter dem Körper versteckt. Leise beginnt ein Trommelwirbel, immer wieder von Schlägen unterbrochen; bei jedem Schlag strecken sie einen Arm oder ein Bein hervor; können es auch wieder zurücknehmen. Aber so ganz allmählich wird der Trommelwirbel immer stärker und sie dehnen und strecken sich und werden immer größer, bis sie schließlich zum Stand gekommen sind. Trommelwirbel nimmt in der Lautstärke wieder ab und erstirbt; Kinder sinken zusammen. Mehrmals üben, dabei die Kinder lobend erwähnen, die gut vereinzelt und langsam fortschreitend „auffalten“.

Wenn nun so ein Troll sich entfaltet hat, sucht er sich als erstes einen Stock aus festem Holz, denn Trolle sind große Schläger, aber selber feige. Sie haben Angst vor einem Mann-zu-Mann-Kampf und halten die Gegner lieber auf Abstand. Zu Beginn brauchen sie den Stock noch zur Stütze, denn das lange, unbewegliche Liegen hat sie geschwächt.

b) Die Kinder bekommen die Stöcke. Die obige Übung a) wird wiederholt, geht aber nun in ein mit festen Bodenstockschlägen begleitetes Gehen über – gelenkt vom Trommelrhythmus.

c) Zwei „Trolle“ tun sich zusammen. Beide halten den Stock an den äußeren Enden in Brusthöhe fest. Ein Stockkampf entwickelt sich. Dabei werden die Kinder schnell herausbekommen, dass es sich empfiehlt, die Stöcke diagonal zu schlagen und zwar im rhythmischen Wechsel; nur so sind die Finger sicher. Solange sie die Stöcke mit beiden Händen an den Enden festhalten, kann eigentlich nur passieren, dass sie sich die Finger prellen. Gefährlich wird es, wenn einer anfängt zu stechen.
   Trolle halten sich untereinander an Regeln!

Die Trolle sind erwacht, sie konnten allmählich wieder laufen, sie haben sogar schon angefangen, gegeneinander zu kämpfen. Aber eigentlich wollen sie ja den bösen Menschen, der sie aus der Steinstarre erweckt hat, fangen und in einen Troll verwandeln.

Dazu aber müssen sie sich zusammentun und einen magischen Tanz tanzen. Können sie ihn mit ihrem Tanz in die Mitte locken, wird er auch zu einem Troll.

d) Die Grieg-Musik wird einmal angehört. Wir besprechen miteinander, wie sich die Übungen, die wir gemacht haben, auf die Musik übertragen lassen. Mit dem ersten langen Ton läuft der Mensch los, an den Steinen vorbei, die dann lebendig werden. Ziel ist es, dass die Trolle sich aus einem wilden raufenden Durcheinander allmählich zu einem Kreis formieren und dann den Menschen in ihre Mitte nehmen und mit dem letzten Ton alle zusammenfallen.

e) In den folgenden Stunden die Materialerfahrung mit dem Stock ausbauen, allmählich die Trollmasken dazunehmen, die vorhandenen Baumaterialien in der Turnhalle zu einem Landschaftsbau nützen und die Geschichte immer wieder variieren und bereichern.

Der gewalttätige, schwere aber trotzdem geschickte, gut kontrollierte und durchgespannte Körper ist das Lernziel.

Einheit „Stärke und Schwäche“

Materialbedarf:

- Trommel
- Stöcke, Bälle
- Kästen, Seile

1.) Tanz:

Trolltanz wird – mit Stöcken – wiederholt.

2.) Starke und schwache Töne:

a) Ülin trommelt auf der großen Trommel: Vierertakte, Dreiertakte, Zweiertakt.

b) Die Kinder sollen erst einmal gut hinhören, wo der „starke“ Ton sitzt. Wenn sie sich sicher sind laufen sie los und stoßen beim Taktschwerpunkt immer auf dem Boden auf.

c) Anfangs Pause zwischen dem Taktwechsel, nachher fließend; das zwingt zu genauem Hören.

d) „Was machen wir jetzt mit den „schwachen, den leichten“ Tönen?
   Ideen der Kinder sammeln. Es kommt hoffentlich der Vorschlag „Luftballon“ oder „Papierball“.

e) Kinder suchen sich ihr Gerät aus. Beim Taktschwerpunkt stoßen die Stöcke immer auf, bei den leichten Teilen sind die Bälle an der Reihe. Zu Beginn über längere Zeit den Vierer bis sie es ausreichend begriffen haben.
f) Zweier und Vierer im Wechsel.
g) Dreier und Sechser im Wechsel.
h) Rollentausch.

3.) Lied:
„Wer wird uns bringen ans andere Ufer" mit Gesten entlang dem Inhalt begleiten.

4.) Psychomotorische Übung:
a) Das Boot wird aus Oberteilen der großen Kästen gebaut, mindesten zwei, mit Seilchen verbunden. Das Tau wird zum Ziehen an die ganze Konstruktion gebunden.
b) „Wer ist das stärkste Kind der Klasse?" Wahl durch die Klasse.
c) Das ist unser Fährmann, der muss immer das Boot mit den Leuten über den Fluss ziehen. Die Gruppe steht hüben, der Fährmann drüben.
d) Lied, der Fährmann kommt und nimmt ein Kind ins Boot, zieht es rüber.
e) Lied, der Fährmann kommt und nimmt zwei Kinder ins Boot, rüberziehen.
f) Der Fährmann zieht jedesmal solange eins mehr rüber, bis er nicht mehr kann.

Gesprächsphase: Nun ist er zu schwach. Was tun? (Sich von den schon Transportierten helfen lassen, bis alle herüben sind.)
Fazit: Irgendwann wird auch der Stärkste schwach und muss aufgeben oder Hilfe holen.

Schattenspiel „Vom großen Rübchen"

Als Erweiterung dieses Aspektes kann gut das Märchen „Vom großen Rübchen" als **Schattentheater** eingeübt werden.
Die Geschichte ist bekannt: Eine große Rübe steht im Garten (aus Sperrholz ausgesägt, dahinter sitzt das stärkste, in diesem Fall dickste, Kind der Klasse und hält es fest). Der kleine Bruder kommt aus dem Kindergarten und will die Rübe ernten – nichts. Er ruft seine Schwester; zu zweit versuchen sie ihr Glück, nichts. Er ruft seinen Bruder, auch der hilft, aber – nichts. Nun ruft man die Mutter, nichts. Der Vater wird gerufen: Er lacht alle aus, schiebt sich vorbei nach vorn und will das Rübchen allein herausziehen – nichts. Unter dem Gelächter der anderen muss er wieder nach hinten. Nun wird der Opa gerufen: Er kommt, gebrechlich, mit Stock und hängt sich hinten an. Und nun kommt die Rübe heraus! Jubel!
Kindergartenkind: Hüpfende, leichte kleine Bewegungen, Schirmmütze
Schwester: Frisiert sich, kommt hüftenschwingend, wiegend näher
Bruder: Bläst sich auf, reibt sich die Hände, lacht die andern aus
Mutter: Mit eiligen Bewegungen, sich gerade noch die Hände an der Schürze abtrocknend
Vater: Seehr kräftig, seeeehr wichtig, sehr „jetzt komm ich"
Opa: Wirklich hinfällig. Krumm, humpelnd, sorgfältig seinen Stock niederlegend
Rübe: Muss sich schwer machen und den Zug, den die andern um der Echtheit der Bewegung willen ausüben, aushalten. Haben sie die „Rübe" (die gesägte) rausgezogen, muss sich der Rübenspieler schnell flach an den Boden legen.
Je ausgeprägter die einzelnen Bewegungsunterschiede gestaltet werden, umso besser kommt es heraus.
Und dass nebenbei noch sämtliche Rollenklischees auf die Bühne gestellt werden, hat seinen eigenen Reiz, das gibt Sprachanlässe mit Kindern: „Wie ist es bei uns, wer ist da der Stärkste, in welcher Beziehung?"

Schattenspiel „Wo die wilden Kerle wohnen" von Sendak

Materialbedarf:
- Vor der Leinwand: Liege, kleines Tischchen neben dem Bett, Projektor von vorn
- Hinter der Leinwand: 2 Projektoren
- Folie 1: Max' Schlafzimmer
- Folie 2: Meer, Pappbötchen mit Pappfiguren drin
- Folie 3: Land der wilden Kerle

1.) Rezitation des Bilderbuches: „Wo die wilden Kerle wohnen"
Bild für Bild wird die Geschichte dramatisch mit häufig wechselnder Stimmführung erzählt. Beim Spiel später werden wieder Sprache und Spiel getrennt.

2.) Szene 1 vor der Leinwand: Max ärgert seine Mama und muss ohne Essen ins Bett
Spieletüden:
a) Max hämmert Nägel in die imaginäre Wand. Möglichst viele Kinder versuchen immer perfekter mit dem nichtexistierenden Hammer die nichtexistierenden Nägel in die nichtexistierende Wand zu schlagen.
b) Max jagt den „Hund" (ein anderes Kind). Auch hier sollen viele Kinder nur diese Sequenz ausprobieren.
c) Max, Mutter schimpft ihn „wilder Kerl", er antwortet: „Ich fress dich auf".
d) Max, Mutter schickt ihn „du gehst sofort ohne Essen ins Bett" ins Bett. Er legt sich auf die Liege. Die Dialoge, die vor der Leinwand spielen, können von den Spielern selbst geführt werden, die hinter der Leinwand benötigen einen Sprecher.
e) Alle Etüden zu der ersten Szene zusammenbinden. Licht von vorne aus. Mutter tritt ab, Max bleibt während des nun folgenden Schattenspieles schlafend auf seiner Liege.

In dieser Weise werden auch alle folgenden Szenen erarbeitet. Immer erst weiterschreiten, wenn eine kleine Einheit gut gelöst ist.

3.) Szene 2 hinter der Leinwand: In Max' Zimmer wächst ein Wald
Das Bild „Max in seinem Zimmer" wird auf Papier kopiert. Max wird mit Tippex herausgenommen, die Lücke entsprechend übermalt. Auf Folie kopieren und bunt anmalen. So haben wir das Zimmer von Max.
Der Wald: Zwischen zwei Folien werden Gräser, kleine Blätter, Ästchen etc. gelegt, die vier Seiten mit tesaklar zugeklebt.
a) Das Zimmer wird eingeblendet, Max 2 tritt ins Bild. Seine Haltung ist verstockt, er schaut immer wieder wütend hinter sich.
b) Die Folie zwei wird langsam von unten nach oben über die Zimmerfolie geschoben. Max geht vorwärts in diesem Wald und langsam aus dem Bild heraus.

4.) Szene 3 hinter der Leinwand: Max fährt übers Meer.
Projektor 1 wird langsam heruntergefahren, gleichzeitig Projektor 2 mit der blauen Folie hochgefahren. Das Bötchen mit Max darin wird über den Projektor mit der blauen Folie gezogen, gaaanz langsam.

5.) Szene 4 hinter der Leinwand: Im Land der wilden Kerle
Auf Projektor 1 wurde die Folie 1 gegen Folie 3 ausgetauscht. Langsam das Land der wilden Kerle einblenden, Meer aus.
a) Max tritt ins Bild. Ein wilder Kerl nach dem anderen springt ins Bild – fürchterlich zurechtgemacht mit einem Pappkopf und Krallenhänden aus Pappe. Sie schreien und toben gegen Max.
b) Aber Max hebt seine Arme und schaut sie an, und sie fürchten sich. (Deutliche Körperarbeit bei allen!)

c) Die wilden Kerle machen Max zum König (Krone).
d) Und er befiehlt: Hopsen, Schreien, Boxen etc.
e) „Seid still!" befiehlt Max und die wilden Kerle schlafen ein.
f) Er will heim – und verabschiedet sich von ihnen (geht aus dem Bild) und lässt sie drohen und betteln.

6.) Szene 5 wie 3, nur fährt das Boot andersrum heim

7.) Szene 6, Licht von vorn: Max erwacht
Max wacht auf und findet auf dem Tisch sein Essen.

Wir wollen heut spazieren gehn
in unserm Märchengarten.
Es wohnen viele Leut darin,
die lang schon auf uns warten:
Der König und Frau Königin,
die Prinzen – Tiere – Feen ...
Sie kommen her mit frohem Sinn,
um sich im Tanz zu drehn.

O – i – o

Der goldengelbe Silbermond,
der dort am hohen Himmel wohnt,
tritt aus der Himmelspforte,
dem stillen hohen Orte.

Und mit ihm flirren Sterne,
die sieht das Kind so gerne –
sie blinken und sie winken
bis sie im Licht versinken.

Für das geheimnisvolle Sprechen

Im Berge tief verborgen
mit Kummer, Angst und Sorgen
bewachen sie ihr Gold.

Nur manchmal gehn sie leise
auf eine kleine Reise.
Ob sie der Riese holt?

Sie gehn auf weichen Sohlen,
um Nahrung sich zu holen.
Im Schlaf der Riese grollt.

Vorbei – vorbei – vorüber!
Der Berg – er hat sie wieder.

Julithema: Märchen

Tänze:

– Tanzlied: Oh, großer König	(Fischer-Olm)
– Northeimer	(Einfache Tänze 01)
– Jetzt tanzen wir den Kehraus	(überliefert)
– Polonaise für das Märchenfest	(Square-dance-Musik)
– Sur le pont d'Avignon	(überliefert aus Frankreich)

Musiken:

– Wassermusik	(Händel)
– Glasharfenmusik von Alexander Zoltan	(Mozart u.a.)
– Peter und der Wolf	(Prokofjew)
– Zauberflöte von Mozart, Film von Bergmann	(Mozart)

Lieder:

– Hänsel und Gretel	(Volkslied)
– Dornröschen war ein	(Volkslied)
– Es waren zwei Königskinder	(Volkslied)
– Es freit ein wilder Wassermann	(Volkslied)
– Es ging ein Mädchen durch den Wald (Sterntaler)	(FO)
– Wir sind die wohlbekannten lustigen Bremer	(Hans Poser)
– Wir sind die sieben Schwaben	(Hans Poser)
– Machet auf das Tor (Der eiserne Heinrich)	(Volkslied)
– Heinrich schlief bei seiner Neuvermählten	(Volkslied)
– Herr Hadubrand in Gram und Sorg	(Volkslied)
– Es war ein König in Thule	(Volkslied)
– In des Waldes finstern Gründen (Räuber Rinaldini)	(Volkslied)
– Loreley	(Volkslied)
– Oh, großer König	(FO)

Gedichte:

– Der Rattenfänger	(Karl Simrock)
– Fingerhütchen	(Conrad Ferdinand Meyer)
– Die Heinzelmännchen	(August Kopisch)
– Wir wollen heut spazieren gehn	(FO)

Spracharbeit:

- Was ist das überhaupt, ein Märchen?
- Wer kennt eins? (Sammeln des Kinderwissens um Märchen)
- Hat einer ein Lieblingsmärchen; warum gerade dieses?
- Personen, die in Märchen vorkommen: Kinder, Hexen, König und Königin, Wolf, Tauben, Prinz und Prinzessin ...
- Wir wollen ein Märchenfest feiern. Was brauchen wir für dieses Fest? (Vorstellungen der Kinder sammeln, ordnen, in einer mind map an der Wand aufschreiben). Diese Vorstellungen werden ständig ergänzt, denn im Laufe der Vorbereitungen werden die Kinder immer neue Ideen hinzufügen.
- Spiel am Ende der Einheit Märchen: Märchenkönig
  Kinder sitzen im Kreis, in der Mitte eine Schüssel mit „Edelsteinen" (bunten Glassteinen oder Murmeln). Die Ülin sagt: „Hänsel und Gretel und..?" „die Hexe" sagt ein Kind, das sich dann einen Edelstein nehmen darf.
  „Jorinde und Joringel und ?" „die Zauberin"
  „Schneeweißchen und Rosenrot und ?" „der Bär" etc. Wer am Ende die meisten Edelsteine hat, ist Märchenkönig

- Illustrationen aus Märchenbüchern; um welches Märchen könnte es sich handeln?
- Sachwissen: Die Rolle der Märchenerzähler im Orient
  Die Geschichte der Scheherazade
  Die Gebrüder Grimm (Märchensammler)
  Bechstein, Hauff u.a. (Märchenerfinder)

Phonemetüde: Feiern

- Für unser Fest pusten wir Schmuckbänder über die Lampen: Ffffff — MHZ: „F"
- Wir begrüßen unsere Gäste mit einem Streicheln: Eiii – eiii – eii — MHZ: „EI"
- Kommt, wir wollen Eeessen! (rufen): Eeee – eeee — MHZ: „E"
- Das Telefon, es wird doch keiner absagen? Rrrrr – rrrr – rrr — MHZ: „R"
- Nnnnnnein, gottseidank! — MHZ: „N"
- Alle fröhlich rufend: „F – E – I – E – R – N !"

Stimmarbeit: Mit festlich tönender, tragender, getragen-feierlicher Stimme die Gedichte und einführenden Texte sprechen. Jede Märchenfigur bekommt beim Spiel „ihre Stimme"; Durchhalten der einmal gewählten Ausdrucksform!

Myofunktionelle Übungen:

- RL kontrollieren
- ZÜ: Ein Stückchen Backoblate auf die Zungenspitze legen und zum Garagentor (Mundöffnung) ein und ausfahren lassen
- AÜ: Ein Stückchen Backoblate auf die Zungenspitze legen und mit geschlossenem Mund an den Obergaumen ansaugen, mit Knall lösen; voila: Der Zaubertrick
- LÜ: Zwei mittelgroße Knöpfe werden mit einem festen Garn mit etwa 30-40cm Abstand aneinander geknüpft. Zwei Kinder nehmen je einen Knopf hinter die Lippen aber vor die geschlossenen Zähne. Nun machen wir „Lippentauziehen". Der Knopf darf nur mit der Kraft der Lippen festgehalten werden
- BÜ: Wir stellen ein Blasorchester her: Leere Flaschen werden verschieden weit mit Wasser gefüllt und dann wird über die Öffnung angeblasen
- SchÜ: Salzstangen werden im Mund zermust und dann bei offenen Lippen und geschlossenen Zähnen heruntergeschluckt, ohne dass von dem Brei was zu sehen sein darf

Visuelle Wahrnehmung:

- Kärtchen mit den typischen Personen des Märchens auflegen, benennen
- In welches Märchen könnte diese Person gehören? (Bild und Erinnerung)
- Woran erkennt man den König? Warum verwechselt man die Königin nicht mit der Prinzessin? (Typische äußerliche Merkmale ins Gedächtnis rufen)
- Kim – Spiel „Hänsel und Gretel": Unter einem Tuch versteckt sind Kiesel, Brotbröckchen, Kekse, Holzstöckchen, Papphexe, die Kinder etc. – was fehlt?
- Kim – Spiele mit den typischen Zubehörteilen anderer Märchen
- Ordnungsspiel: Aschenputtel musste Linsen, Erbsen, Bohnen auseinanderklauben. Wer kann das genauso gut?
- Folien-Rate-Spiel: Zu welchem Märchen könnte dieses Bild gehören? (Die Bilder der Märchenstraße oder beliebige Bilder aus Büchern auf Folien kopieren)
- Märchenquartett
- Sagaland (Märchenspiel)
- Scherenschnittfilm von Lotte Reiniger: Prinz Achmed
- Zauberflöte von Mozart, Film von Bergmann, portionsweise zeigen und immer wieder erklären und drüber sprechen

Auditive Wahrnehmung:

- Wir suchen Schätze. „Heiß-Kalt"-Spiel oder laut / leise Klatschen
- Unsere Pakete machen Geräusche, was könnte drin sein?
- In dem Paket waren verschiedene Orff-Instrumente. Wir hören alle an. Aufgabe: Beide Arme heben, wenn der Klangstab gehört wird. Nun werden verdeckt erst von der Ülin dann von den Kindern die Instrumente angespielt, beim Klangstab Arme heben. Anderes Signal aussuchen.

- Die Papiere unserer Pakete knistern verschieden ...
- Edelstein: Kind 1 sagt: „ Ich geb dir einen Edelstein und heiße Kerstin“. Das zweite sagt: „Kerstin hat mir einen Edelstein gegeben. Ich geb ihn dir und heiße Fabian.“ Das dritte Kind sagt: „Die Kerstin hat dem Fabian einen Edelstein gegeben, der Fabian hat mir den Stein gegeben, ich heiße Karl.“ usw. Der Letzte hat es natürlich am schwersten.
- Wellenbrecher: Die Hofgesellschaft sitzt im Stuhlkreis, einer ist als Hofnarr in der Mitte. Er macht Faxen und ruft plötzlich „rechts“, da müssen alle einen Stuhl nach rechts, ruft er „links-links“, müssen sie zwei nach links. Falls ein Kind langsamer ist und nicht schnell das Gehörte umsetzt, ergattert der Hofnarr seinen Stuhl, der Unaufmerksame bekommt die Narrenmütze und muss in die Mitte.
- Reise ins Märchenland. Wie die Reise nach Jerusalem, nur mit umgekehrtem Vorzeichen. Wer keinen Stuhl erwischt hat, darf schon zu einer der aufgebauten Märchenstationen in den Ecken des Raumes.

Taktile Wahrnehmung:

- Abfühlen mitgebrachter Schatzpaketchen: Welches Einpackmaterial, welche Größe, welche Schnur, welche Farbe, flach oder hoch, groß oder klein, schwer oder leicht?
- In der Schatztruhe des Zwerges sind allerlei Kostbarkeiten, erfühle sie!
- Besteht das Schmuckstück aus der Schmuckkassette aus Glas, Perlen, Leder, Wolle, Metall, Plastik, Plättchen, Muscheln, Kernen?
- Der Mantel von Allerleirauh besteht aus vielen verschiedenen Fellchen, wie fühlen sie sich an? Fellreste vom Kürschner zusammennähen zu einem Stück
- Der Prinz von Rapunzel fällt in die Dornen und wird blind, er kann sich nur noch mit Fühlen und Hören orientieren: Fünf Kinder sind im Kreis, einer ist der blinde Prinz. Nun wird er von den fünfen leise gerufen und muss sie finden, einen nach dem andern. Er tastet sie ab und sagt, welches Kind es ist.

Stilleübungen:

- Zu einem Fest (Einstimmung Märchenfest) gehört Schmuck, schönes Geschirr und Dekoration verschiedener Art. Die Ülin hat schönes Kristallglas mitgebracht. Die Gläser werden vorsichtig herumgereicht und gegen das Licht gehalten, vielleicht entstehen ja an einer Schliffstelle Regenbogenfarben.
- Nun wird verschiedenfarbiger Saft in die Gläser getan. Wir schauen sie vor einer Kerze an.
- Die Gläser werden verschieden hoch gefüllt und dann sacht angeschlagen. Wir lauschen den feinen Tönen nach.
- Macht man die Finger nass und fährt über den Rand des Glases, entsteht ein klarer, durchdringender Ton. Je nachdem, wie voll das Glas ist, hat der Ton eine verschiedene Höhe. So entstand die Glasharfe. Wir hören Glasharfenmusik, Märchenmusik.
- Die Kinder dürfen etwas von daheim mitbringen, was bei Festen Verwendung findet. Wir schauen die Sachen an und die Kinder erzählen von ihren Festen zu Hause.
- Die Ülin erzählt von dem Fest auf der Themse, für welches die Wassermusik von einem Georg Friedrich Händel komponiert wurde; vielleicht treibt sie ja auch in irgendeinem Musikbuch ein Bild von dieser spektakulären Bootsfahrt auf. Wir hören die Musik an und stellen uns die Fahrt vor. (Man kann die Kinder auch rechts und links vor den Lautsprechern sitzen lassen, spielen die rechten Musiker, heben die rechten Kinder ihre Hände, spielen die linken, entsprechend. Richtungshören)
- Kreis, in der Mitte steht eine Glocke. Auf Zublinzeln holt sich ein Kind die Glocke, dabei soll möglichst kein Glockengeräusch zu hören sein. Das Glockenkind blinzelt den nächsten an, der sich die Glocke holt.
- Nacheinander werden die Namen der Kinder leise geflüstert. Die Aufgerufenen stellen sich ohne Laut in die Mitte.
- Die Klangkugel (Zauberkugel) wird leise weitergereicht, indem sie am Ohr des Nachbarn kurz klingen darf.

- Die meisten Kinder sitzen eng zusammen. Die ÜLin und ein paar Kinder halten eine Gardine oder sonst ein sehr dünnes Tuch über die Sitzenden. Nun rollt die Klangkugel langsam über den Köpfen der Kinder hin und her. Sie werden ganz eingehüllt von der Zaubermusik.
- Wenn man sich irgendwo eine Klangwiege leihen kann, ist es eine wunderschöne Übung, ein Kind sich hineinlegen zu lassen und zwei andere bewegen die Wiege vorsichtig hin und her. Zwei weitere Kinder streichen sachte die Saiten im Wechsel an.

Märchen / Darstellendes Spiel:

- **Dornröschen** (Spieletüde „Erstarren“ aus Jorinde und Joringel aufgreifen)
- **Aschenputtel** (Spieletüde „Fliegende Vögel“ aufgreifen)
- **Hänsel und Gretel** (Landschaftsparcours aus der Bärenjagd aufgreifen)
- **Sterntaler** (Den Sternenritt von Arndt wiederholen)
- **Rumpelstilzchen** (Tanz „Robot“ aufgreifen, besonders die Schüttelphase am Schluss)
- **Frau Holle** (Thema Federn „Traumfänger“ aufgreifen. Eine Bettgeschichte zum Traumfänger als Phantasiereise erzählen)
- **Das Eselein** (Thema Feuer wieder aufgreifen, Gemeinschaftsübung „Großes Feuer“: Die Kinder sind mit bunten Kreppstreifen die Flammen des Feuers, der Wind (Flöte) facht das Feuer an, lässt nach, facht an, hört auf zu blasen, das Feuer erlischt.)
- **Der gestiefelte Kater** (Katzentanz wieder aufgreifen)
- **Die Goldene Gans** (Klebeübung aus „Körpererfahrung“ aufgreifen)

Psychomotorik:

- Zu Dornröschens Hochzeit kommt eine Gauklertruppe, die allerlei Kunststücke vormacht ...
- Wer erfindet den verrücktesten „Rumpelstilzchentanz“?
- Klebeübung (siehe Körpererfahrung)
- Landschaftsparcours
- Ist die schwarze Köchin da?
- Welche Tiere gibt es im Märchen? Wir machen die Tiere nach und erraten sie
- Waldspaziergang „Schnitzeljagd“ (Hänsel und Grete)
- Die Bremer Stadtmusikanten, Stationentheater in der Turnhalle

Basteln / Malen / Gestalten:

- Kerzendrehen oder -ziehen für die Festbeleuchtung
- Tischkärtchen malen, falten, kleben, schneiden, verzieren etc.
- Einladungen mit Märchenmotiven malen
- Servietten mit Glitter verzieren
- Papierblumen für den Festtisch falten, Edelsteine aus Gold- und Silberpapier ausschneiden
- Wer wohnt in unserem Märchengarten? Entweder einige der bekanntesten Figuren selbst malen und auf Folien kopieren oder auf die Bilder der
- „Märchenstraße“ zurückgreifen.
  Anfragen an Gisela Maria Gottlieb, 06114 Halle, Wittekindstr. 11, fon und fax: 0345 / 5224258. Es sind 64 Schwarzweißkarten in Quartettkartengröße mit Motiven aus allen Märchen. Die Zeichnungen sind zeichnerisch so diffus, dass allerlei hinein geheimnist werden kann.
- Einfacher wird die Aufgabe, wenn man aus alten Grimmschen Märchen die Bilder auf Folien kopiert. Die Illustrationen sind eindeutiger
- Die Märchenfolien mit Glasmalfarbe oder Eddings anmalen, die Fenster damit schmücken
- Die in den Märchen vorkommenden Tiere malen oder ausschneiden oder aus Ton formen oder aus Wachs formen
- Die gängigen Märchenrequisiten herstellen oder besorgen lassen: Kronen, Zepter, Reichsapfel, Kurzschwert, Prinzenhelm, alte Ballkleider der Mütter zu Prinzessinnengewändern ändern, alte Glitzerpullover zu Prinzenoberteilen, Vogelmaske, Katzenmaske, Edelsteine, Zwergenmützen und Umhänge etc.
- Stabpuppen auf Kochlöffeln für das Stabpuppenspiel
- Sich beliebig verkleiden, schminken
- Für das Schattentheater das Zubehör basteln

- Backen für das Fest
- Den Kindergarten mit bunten Tüchern und viel Silber und Gold märchenhaft ausschmücken

Bei der Einübung eines neuen Märchens ist es sehr wichtig, dass es zu Beginn von der Ülin entsprechend präsentiert wird. Dazu gehören eine gut artikulierte, facettenreiche Sprache und unterstützende Bilder verschiedener Art. Erst nach mehreren Präsentationen mit bildlichen Darstellungen können wir uns an die pure Sprache wagen.
Wichtig ist, dass die Kinder für längere Zeit völlig in das Märchenland eintauchen dürfen.
Das übliche Muster wird immer sein:
a) Präsentation des Märchens durch die Ülin
b) Anschließende Spieletüden
c) Spielen des Märchens durch die Kinder selber
Die komplette Einheit schließt mit einem Märchenfest ab, das das um diese Zeit übliche Sommerfest ersetzen kann.

Präsentationsmöglichkeiten

Frau Holle: Pergamentfilm

Materialbedarf:
- Scherenschnittpapier, Pergamentrolle (zur Not mit Tesaklar zusammengeklebtes Butterbrotpapier)
- Fluter oder OP oder starke Kerze

Die Figuren und die Kulissen ausschneiden, der Szenenfolge entsprechend auf die Rolle kleben, die Ränder schön verzieren und vor einer Lichtquelle ablaufen lassen und dabei erzählen.
Es empfiehlt sich, dann auch das reale Spiel der Kinder „Frau Holle“ als Schattentheater ablaufen zu lassen.

Aschenputtel: Folienfilm

Materialbedarf:
- Folienrolle, wasserfester Filzstift, Glasmalfarben oder Eddings
- Overheadprojektor oder Aufrollen lassen vor einer Lichtquelle

Mit dem wasserfesten Filzstift die Szenen malen oder durchpausen. Mit Farbe ausfüllen, Hintergrund malen, abends herstellen und gut über Nacht ausgebreitet trocknen lassen.
Aus dem Repertoire der vorhandenen Tänze drei aussuchen, die dann die drei Tanznächte begleiten. Zur Hochzeit eine schöne Polonaise tanzen!

Hänsel und Gretel: Bilderfolge

Materialbedarf:
- 5 einfache Bilder zu folgenden Szenen
  Hänsel und Gretel werden in den Wald geführt
  Sie finden das Hexenhäuschen
  Die Hexe prüft den Finger / das Stöckchen von Hänsel
  Gretel schiebt die Hexe in den Ofen
  Sie kommen mit ihren Schätzen heim zum Vater

Die Bilder sollten auf Karton gemalt sein, damit sie in ein geschlitztes Holzstückchen eingestellt werden können und noch beliebig betrachtet werden können.
Im Anschluss kann gleich das Spiellied gespielt werden, das die meisten Kinder wohl kennen.
Dieses Märchen kann auch wunderbar als psychomotorische Übungseinheit gespielt werden:
a) Sie müssen den Fluss auf Steinen überqueren (Bierdeckel)

b) Im Wald gibt es verschiedene holprige Untergründe (Schaumstoff, Gummiplätzchen etc.)
c) Sie klettern auf einen Baum, um besser zu sehen (Sprossenwand, Kletterseil)
d) Die Hexe lässt Gretel allerlei Arbeiten verrichten
e) Das Feuer wird angezündet (Kinder sind die Flammen)
f) Die Flammen verzehren die Hexe
g) Hänsel und Gretel müssen durch Wald, Wasser, Berg und Tal wieder heim.

Sterntaler: Musikrondo

(siehe „Alle Sinne helfen mit“, Fischer-Olm, borgmann publishing)

Dornröschen

Zu Dornröschen gibt es das Spiellied: Dornröschen war ein schönes Kind

Rumpelstilzchen: Spiel mit Kegelpuppen

Materialbedarf:

- Aus Pappe werden 5 handgroße Kegel, die oben eine Öffnung haben, geschnitten. Mit altem Füllmaterial von Sitzkissen und einem alten Strumpf einen passenden Kopf formen, in die Öffnung ziehen und antackern. Mit Filz und Glasköpfchenstecknadeln kostümieren. (Müller, Müllerstochter, König, Bote, Rumpelstilzchen)
- Auf einem Tisch mit verschiedenen Kartons Höhenunterschiede simulieren, großes Tuch darüber legen oder mehrere verschiedenfarbige kleine.
- Mit Wurzeln, Zapfen, Steinen dekorieren. Der höchste Karton ist das Schloss.
- Für die Scheune: Aus Goldkarton drei gotische Bögen ausschneiden, die größenmäßig zu den Figuren passen, einer ist immer größer als der andere. Von hinten mit Stroh bekleben.
- Für das Feuer: Ein Teelicht.
- Eine Mühle (meist hat irgendjemand so ein Mitbringsel aus Holland, man kann aber auch aus Fotokarton eine schneiden und an einem Kartonkegel befestigen).

Die Ülin erzählt die Geschichte, steht sehr ruhig hinter dem Tisch. Sie stellt die Figuren entsprechend dem Fortgang der Geschichte immer an den richtigen Platz.

1. Szene: Der Müller gibt mit den Fähigkeiten seiner Tochter an.
2. Szene: Die Tochter muss ins Schloss und wird in die kleine Scheune eingesperrt (kleiner Bogen wird hinter die Figur gestellt, Stroh nach vorn. Ist Rumpelstilzchen fertig, wird der Bogen umgedreht und die goldene Seite erscheint.
3. Szene dito, der etwas größere Bogen wird vor den kleinen gestellt, umgedreht.
4. Genauso. Der größte Bogen wird zu Gold, Müllerstochter bekommt eine Krone.
5. Königin steht vor einer Wiege. Rumpelstilzchen fordert das Kind.
6. Der Bote geht über Land und bringt viele Namen mit heim.
7. Zweiter Auftritt Rumpelstilzchen; der Bote wird wieder fortgeschickt.
8. Die Kerze wird angezündet, Rumpelstilzchentanz. Es wird belauscht.
9. Letzte Szene: Rumpelstilzchen vor der Königin. Es tobt und verschwindet voller Wut.

Die Kinder werden dieses Märchen besonders gerne selber spielen, da man als Rumpelstilzchen hier ungestraft rumtoben und schimpfen darf.

Das Eselein: Tischschattentheater

Materialbedarf:

- Aus einem großen festen Karton Boden, Decke und die vierte Seite herausschneiden. Jetzt haben wir ein transparentartiges Aufstelltheater. Aus dem mittleren Karton ein großes Fenster schneiden, mit Architektenpergament hinterkleben. Den Karton schön anmalen und verzieren.

- Aus sehr fester Pappe die Figuren des Märchens ausschneiden und verzieren. Es wirkt gut, wenn man sie mit buntem Seidenpapier hinterklebt.
- In ein altes, nicht zu dickes Vierkantholz eine Rille sägen; in dieser Rille stellt man die Figuren ab während des Spiels.
- Lichtquelle Stehlampe oder helle Kerze.

Genau wie beim Puppenspiel die Figuren ruhig während des Erzählens an ihren Platz stellen.
Auch hier bietet sich zum Nachspielen die Technik des Menschenschattentheaters an. Sie werden übrigens merken, dass je mehr Sie mit den Kindern Theater spielen, umso schneller das Einüben geht; die Kinder und die Ülin können ja immer wieder auf schon geübte Sequenzen zurückgreifen.

Spieleinheit: Der gestiefelte Kater (Menschenschattentheater)

Materialbedarf:

- Schattenleinwand – 2 Projektoren, 1 Lampe
- Folien: Wald, Wiese, Berg, Mischfarben
- Zwei Minikutschen aus Pappe
- Ein Minischloss aus Pappe
- Rebhühner aus Pappe (original groß), auf Stöcke montiert
- Ein Sack aus Pappe, auf einen Stock montiert
- Stiefel, Katzenkopf aus Pappe
- Krone, Prinzessinnenkrönchen, Hütchen für den Burschen
- Tisch, Stuhl, richtigen Sack mit Pappkreisen (Gold) gefüllt

1.) Einführung:

a) Märchen vom gestiefelten Kater erzählen	Rezitation / Tischschattentheater
b) Kinder erzählen wieder, was sie behalten haben	Spracharbeit
c) Schwarzweißbilder der einzelnen Szenen malen Später werden einige Bilder zu Folien kopiert	Malaufgabe

d) Entlang der Folien kann die Geschichte öfter wieder nacherzählt werden.

2.) Spieletüden:

a) Durchschleichen wie eine Katze, auf allen Vieren
b) Schleichen wie eine Katze auf zwei Beinen
c) Wichtig daherkommen wie ein König
d) Eitel und aufgeplustert wie eine Prinzessin
e) Vorübung im Raum: Drei Kinder stellen sich Rücken an Rücken hin (Baumstamm) und strecken ihre Arme aus (Äste). Nun kommt ein Holzfäller mit einer (Papp) Axt und fällt den Baum.
Spruch dazu: „Kracks – sprach der Baumstamm ... Und fiel um."
Ist der Spruch fertig gesprochen, fallen alle Kinder gleichzeitig um.
f) Diese Übung als Schattenspiel.
g) Vier Kinder knien dicht nebeneinander und stellen mit ihren Armen ein wogendes Kornfeld dar (parallel schwingen!). Der Schnitter kommt mit seiner (Papp) Sense und schneidet einen nach dem andern. Wer geschnitten wurde, legt sich ganz flach an den Boden. (Kann auch mit einem Trommelschlag unterstützt werden)

3.) Spielverlauf:
Lichtverhältnisse:

- Eine Lampe von vorn auf die Schattenleinwand, 2 Projektoren hinten,
- Wald-, Wiesen-, Bergfolien und eine Folie mit Mischfarben
- Licht von vorn:
  Der Erzähler erzählt die Vorgeschichte vorn vor der Leinwand (bis dahin, wo der Junge dem Kater die Stiefel kauft).

Szene 1, Projektor 1, keine Folie, Licht von hinten:

Der Kater und der junge Mann stehen schon da. Sie spielen nun ohne Text nach, der vorher gesprochen wurde. Der Schuster liefert die Stiefel ab und der Kater zieht sie an.

- **Licht von vorn:**
  Der Erzähler berichtet, wie der Kater die Rebhühner fängt.

Szene 2, Projektor 1, Waldfolie:

Der Kater schleicht ins Bild und bleibt geduckt im zweiten Drittel am Platz. Am Boden ist der Pappsack vorbereitet, den hält der Kater nun eng an der Leinwand hoch. Ein Stabrebhuhn nach dem andern wird mit Hühnerbewegungen ins Bild getragen und hinter den Pappsack gehalten (dadurch verschwinden sie optisch). Sind alle im Sack Projektor 1 aus und Lampe an.

- **Licht von vorn:**
  Der Erzähler berichtet, wie der Kater die Hühner ins Schloss bringt und den Sack mit Gold bekommt.

Szene 3, Projektor 1, keine Folie:

Der Junge sitzt traurig am Tisch, den Kopf in die Hände gestützt. Der Kater kommt herein und leert das Gold aus. Sie rücken den Tisch ganz an den Rand des Bildes und tanzen einen Freudentanz (Musik?) Licht weg.

- **Licht von vorn:**
  Der Erzähler erzählt weiter bis zu der Stelle, wo König und Prinzessin sich aufmachen zur Ausfahrt.

Szene 4, Projektor 2 und 1 im Wechsel

mit einer **Waldfolie, Wiesenfolie** und **Bergfolie**. Man braucht 2 kleine Kutschen aus Pappe, die auf die Folien gelegt werden. Mit dem Fortgang der Erzählung werden die Projektoren immer abwechselnd geschaltet, die Kutschen werden an einem unsichtbaren Faden durchgezogen. Bei der dritten Folie liegt das Minischloss im oberen Teil der Folie.

- **Licht von vorn:**
  Der Erzähler berichtet, wie der Kater den Zauberer überlistet.

Szene 5, Folie mit schönen Mischfarben von hinten:

Der Kater begrüßt König und Prinzessin, der Junge bekommt die Prinzessin zur Frau. Schlussbild: Hand in Hand steht das Brautpaar da, man kann eine Hochzeitsmusik einschalten, wenn man will, Licht weg.

„Märchenfest“

Materialbedarf:

- Stuhl, Tisch, Krone, Gong oder Klangschale
- CD Einfache Tänze 01
- Festzubehör nach Gusto
- Kostüme, Kulissen, Requisiten für die geplanten Aufführungen

1.) Eingangstanz für Eltern und Kinder: Northeimer

Danach nehmen die Eltern in einem großen Kreis Platz, um die Spiele der Kinder anzusehen.

2.) Gedicht:

Wir wollen heut spazieren gehn
in unserm Märchengarten.
Es wohnen viele Leut darin,
die lang schon auf uns warten:
Der König und Frau Königin,
die Prinzen –Tiere – Feen ...
Sie kommen her mit frohem Sinn,
um sich im Tanz zu drehn.

3.) Spiel: „Oh, großer König, dein Zauberton“ **(Text und Melodie: Anna Fischer-Olm)**

Gesprochen:
Kommt her, meine Diener, von nah und fern,
was ihr für mich tun könnt, ich sag es euch gern!

– In der Mitte des Kreise steht ein Tisch, darauf ein Stuhl, auf dem eine Krone liegt. Ein Kind wird zum König bestimmt. Es besteigt den Thron.
– Die Kinder gehen mit langsam sich hebenden Händen acht Schritte auf den Thron zu und singen das Lied dabei. (bis „schon“)
– Nun lassen sie langsam die Arme sinken und gehen allmählich runter zur Erde, bis sie in der typischen orientalischen Päckchenhaltung vor dem König liegen (bis „sag an“)
– Der König rezitiert seinen Spruch und sagt: „kugeln“ oder „hüpfen“ oder „lachen“ und schlägt seinen Zaubergong an. Alle Kinder kugeln sich, bis der Ton nicht mehr zu hören ist. Königswechsel

Die Kinder spielen eine Auswahl der eingeübten Stücke vor. Als Abschluss der Theateraufführungen tanzen Eltern und Kinder wieder gemeinsam den Northeimer. Dann können die Kinder den Eltern die Ausstellung zeigen mit ihren Bildern, den gebastelten Requisiten, dem Tischschattentheater, dem aufgestellten Puppentheater etc.

Wir machen eine Reise,
wir fahren in die Stadt,
wo's viele große Häuser
und einen Kirchturm hat.
Wir fahren über Bäche,
wir fahren auf den Berg,
wo sich das Kind die Wege
an bunten Steinen merkt.

Komm mit in eine fremde Welt,
wir schauen, was uns dort gefällt.

Die Mandelaugen – rotes Haar?
Bemalt von Kopf bis Fuß sogar?

Komm mit, wir gehen auf die Reise,
auf unsre ganz besondre Weise!

Meins

Ich habe eine Scherbe,
blaugrün, aus fremdem Land.
Und eine rote Muschel,
die lag dort an dem Strand.

Ich habe braune Wurzeln,
manche mit Gesicht,
ich sammle schöne Steine,
Bilder von buntem Licht.

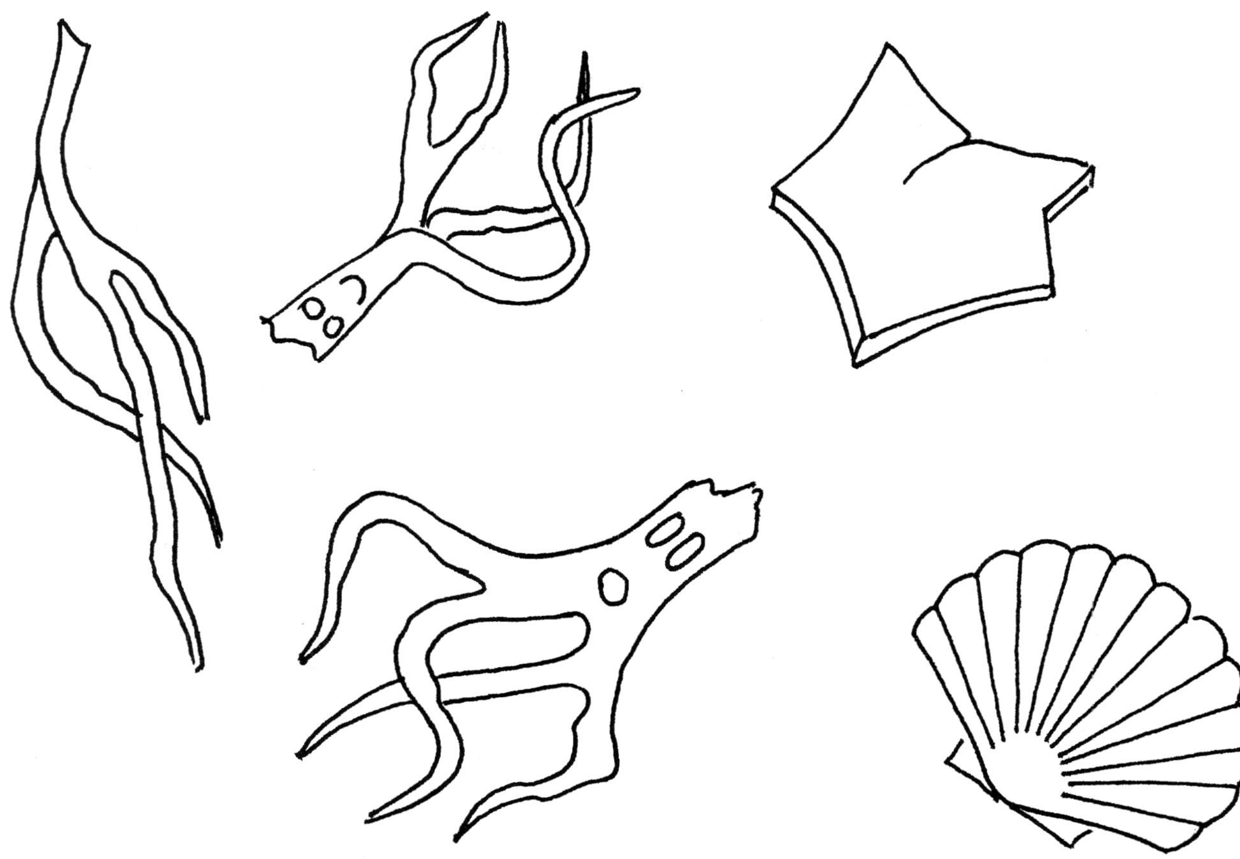

Augustthema: Fahrzeuge / Reisen

Tänze:

– Galopp durch die Gasse	(irgendeine Squardance-Musik)
– „Eisenbahn“	(Schreibtanz Oussoren 1)
– „Landschaftswanderung“	(Schreibtanz Oussoren 1)

Musiken:

– „Pacific 231“	(Honegger)

Lieder:

– Spiellied: Wir fahr'n heut mit dem Omnibus	(R. Zimmer)
– Wir fahr'n, wir fahr'n mit der Post	(überliefert)
– Rirarutsch, wir fahren mit der Kutsch	(überliefert)
– Winde wehn, Schiffe gehen	(aus Schweden, Musik R. Klein)
– Schön ist die Welt, drum Brüder lasst uns reisen	(aus Hessen)
– Leg Dich nieder, komm zur Ruh	(Fischer-Olm)

Gedichte:

– Henriette Bimmelbahn	(James Krüss)
– Vom Büblein, das überall hat mitgenommen werden wollen	(Rückert)
– Das große Lalula	(Christian Morgenstern)
– Wir machen eine Reise	(FO)
– Komm mit in eine fremde Welt	(FO)
– Gedicht vom Sammeln: Meins	(FO)

Spracharbeit:

- Wenn man eine Reise tut, muss man erst „Koffer packen“ (Spiel, Sprachgedächtnis und Reihenfolgen trainieren)
- Wir gehen in Urlaub, wie kommen wir ans Ziel? (Wortfeld „Fahrzeuge“)
- Urlaubserinnerungen anhand der aus Katalogen ausgeschnittenen Landschaftsbilder an der Wand sammeln
- Von der Rolle zum Rad (Geschichte des Rades, Sachwissen)
- Vom Einbaum zum Schiff (Sachwissen)
- Von Ikarus zum Astronauten (Der Traum vom Fliegen)
- Was bringen wir uns von einer Reise mit? (Muscheln, Schneckenhäuser, Steine, gepresste Blumen, Sand, Karten ... eben Schätze)
- Wer ist schon mal dahin gereist, wo die Menschen ganz anders aussehen?
  Wie viele verschiedene Menschen gibt's in der Welt? (Sachwissen)
- Wir gehen auf die Reise: Im ersten Land gibt es Menschen, die können nur alles mit O sprechen: Och goho hoto on don kondorgorton. Bei der zweiten Station können die Menschen nur A's ... (phonologische Bewusstheit)

Phonemetüde: Schiff

Wir sind am Meer. Die Wellen gischten hoch: Schsch – schsch –	MHZ: „SCH“
Iii, das Wasser hat uns nassgespritzt: Iiii – iii – iii	MHZ: „I“
Und der Wind bläst und bläst: Fffff – ffff – ffff	MHZ: „F“
Alle: „SCH – I – F F“	

Stimmarbeit: Mit einem Satz werden die Stimmübungen aller Einheiten noch einmal wiederholt.

Myofunktionelle Übungen:

- RL kontrollieren
- ZÜ: Die Zunge mal ganz breit, mal ganz dick und schmal machen
- LÜ: An ein Plastikkörbchen (Zug) wird ein fester Faden gebunden. Am Ende des Fadens wird wieder ein Knopf befestigt. Der Knopf kommt wieder zwischen die geschlossenen Zähne und die geschlossenen Lippen. Nun den Zug über den Tisch heranziehen. Er wird immer mehr beladen. Wie viel Gewicht kann das Kind fortlaufend mehr ziehen?

- BÜ: Einen breiten Grashalm zum Singen bringen
- AÜ: Viel Spucke ansaugen und mit zurückgelegtem Kopf gurgeln
- SchÜ: Kann auch eine Flüssigkeit bei offenen Lippen und geschlossenen Zähnen geschluckt werden, ohne dass man etwas sieht?

Visuelle Wahrnehmung:

- Fahrzeugmemory
- Fahrzeuge aus einem Spielzeugkatalog ausschneiden
- Schnelligkeitstraining: Mit Dias oder Folien auf OP werden sehr kurz Fahrzeuge gezeigt. Was war's?
- Lieblingsfahrzeuge von daheim mitbringen, anschauen, erzählen, vergleichen
- Aus Reisekatalogen Landschaftsbilder ausschneiden und an die Wand hängen. Wer kann uns vom Meer, von den Bergen, vom Fluss ... erzählen?
- Bilder von Menschen aus verschiedenen Erdteilen und Ländern an die Wand hängen.
  Die Menschen sehen nicht nur wegen ihrer Kleidung verschieden aus.
- Fotos mit Gesichtern: Wie verschieden können Augen aussehen? Woran erkennt ihr, dass es sich um einen Inder, um einen Chinesen, um einen Araber handelt?

Auditive Wahrnehmung:

- Was hören wir? (Fahrzeuggeräusche identifizieren, Karten zuordnen)
- Geräusche erkennen: Wir haben eine Hupe, eine Glocke, eine Fahrradklingel, einen Klangstab, ein Klopfhölzchen, eine Mundharmonika o.Ä., alles ist doppelt. Die Geräusche werden vorgestellt, der Klangerzeuger benannt. Die Erzieherin lässt dann verdeckt ein Geräusch erklingen, reihum suchen die Kinder aus, um was es sich gehandelt hat und lassen es klingen.
- Verschiedene Hupen sind zu hören. Welche lauter, welche leiser?
- Welche tönt hoch, welche tief?
- Welche tönt nah, welche fern?
- Geräuschkassette: Welche Autos hören wir? Starke (LKWs, Busse, Traktoren etc.) oder eher schwächere (Pkws, Motorräder, Roller etc.)
  An diese Hörübung kann gut ein Gespräch anschließen über die Relativität von Lautstärke, denn viele Kinder werden ein Motorrad als weit lauter erleben als ein Auto
- Den Inhalt der Schatztruhe klappern lassen. Welches Material könnte es sein?
- Phonologische Bewusstheit: Die Faltschiffchen gehen auf die Reise (immer wenn der Laut Sch gehört wird ein Stück vorwärts, das gleiche kann man mit Flieger – F und Wagen – W und Segelboot – S machen)
- Wo hören wir das Sch, am Anfang oder am Ende? Wenn das Sch am Ende gehört wird, wird mit dem Po gewackelt, steht es am Anfang, wird der Kopf geschüttelt.

Taktile Wahrnehmung:

- Kinder bringen Spielautos mit: Abtasten und wiedererkennen (Lastwagen, PKW, Polizeiauto, Anhänger, Bus etc.)
- Partnerübung: Das kleine Auto fährt auf dem Rücken meines Partners spazieren. Fährt es Kurven, gerade Wege, steht es?
- Fährt es schnell oder langsam?
- Auf welchem Teil des Rückens befindet es sich nun gerade?
- Waschstraße: Die Kinder bilden eine Gasse. Ein Kind ist das Auto, das gewaschen wird. Es wird beim Durchgehen durchgerubbelt, aber nicht zu fest, sonst kriegt der Lack Schäden! Beim zweiten Durchgang wird das „Auto“ trockengepustet.
- Die mitgebrachten Schätze in einem Krabbelsack wiedererkennen
- Inhalt der Schatztruhe erfühlen (Variante: Geordnet nach Fundorten unter Tüchern erfühlen, den Fundort raten)

Stilleübungen:

- Ein Silberton geht auf die Reise
- Reise durch das Labyrinth von Chartres (das Labyrinth vergrößert ablichten, einmal mit dem Finger abfahren, dann mit einem Buntstift durchfahren, Versuche mit einem selbsterfundenen Labyrinth)

- „Der fliegende Teppich“, Phantasiereise durch die Welt, von oben gesehen; vorher Entspannungsübung nach Jacobsen
- „Wir fahren mit dem Schiff“, Phantasiereise (vorher Übung nach Jacobsen)

Märchen / Darstellendes Spiel:

- Sechse kommen durch die ganze Welt (Grimms Märchen)
- Hans im Glück (Grimms Märchen)
- Henriette Bimmelbahn (James Krüss)
- Busfahren
- Der goldene Schlüssel (Grimms Märchen)
- Schattentheater: Vom Büblein, das überall hat mitgenommen werden wollen (Rückert)

Psychomotorik:

- Partnerübung „Autofahren“. Die Kinder tun sich zu zweit zusammen. Eins steuert das andere als Auto durch den Verkehr. Die Kollision mit andern Autos soll unbedingt vermieden werden. Lautmalerisch begleiten
- Materialerfahrung „Rollbrett“
- Materialerfahrung „Reifen“
- Gruppenübung: Laufband
- Mit dem Zauberteppich durch die Welt
- Schatzsuche

Bastelaufgaben:

- Schatzkästen von daheim mitbringen
- Ein Schatzkästchen für sich oder andere machen (Schuhkartons oder Holzkästchen anmalen und mit schönen Steinchen oder Glitter verzieren)
- Was gibt es noch für Schatzkästen? (Geldschrank, alte Schatztruhen mit komplizierten Verschlüssen, Schmuckkästchen, Besteckkästchen, Nähkästchen etc. Vielleicht können die Kinder ja von daheim verschieden Kästchen mitbringen)
- Ein Reisebuch herstellen, verzieren, Urlaubsfotos der Kinder einkleben, kleinen Text zu jedem Kind schreiben, als Bilderbuch behalten
- Gemeinschaftsarbeit: Goldene Erinnerungen
  Jedes Kind, das sich trennen kann, bringt ein Andenken mit. Ein alter Bilderrahmen ist mit einem Holzboden versehen worden. Wir tragen Gipsmasse auf und formen die Oberfläche unregelmäßig. Die Kinder drücken ihre Erinnerungsstücke in den noch nicht erstarrten Gips. Nach dem Trocknen anmalen und partiell vergolden
- Landschaft aus Ton gestalten – das ist auch als Relief hübsch
- Faltarbeiten: Schiffchen und Flieger
- Verschiedene Wasserfahrzeuge bauen und schwimmen lassen (Material: Weinkorken, Holzbrettchen, Nussschalen, Wäscheklammern, Strohhalme, Rinde, Styropor etc.)

Schattentheater „Vom Büblein, das überall hat mitgenommen werden wollen“

Materialbedarf:

- Schattenleinwand, Overheadprojektor
- Folienrolle, Glasmalfarben
- Aus Sperrholz oder festem Karton: Ein Pferdchen
- ein Schiff und eine Schnecke, die auf Rollbretter montiert werden
- Schreibtanz 1 von Oussoren

Vorarbeit:

Auf die Folienrolle wird vor Ort (nach Schul- und Putzschluss) mit den Glasmalfarben eine fortlaufende Landschaft gemalt. Erst eine Wiese, die dann unmerklich übergeht in einen Bach. Der Bach nimmt bald das ganze Bild ein, wird dann schnell wieder kleiner und geht über in eine lichte Berglandschaft, schließlich kommt als Schlussbild ein großer Baum ins Bild, der einen Ast so abhängt, dass ein Kind ihn mit ausgestreckten Armen berühren kann. Die Folienrolle kann über Nacht am Boden ausgebreitet trocknen. Sie braucht einen zweiten Tag zum Trocknen, kann dann aber schon über einen Tisch gelegt werden.

1.) Gedicht:

Wir machen eine Reise,	Rhythmus mitklatschen und auf der Stelle gehen
wir fahren in die Stadt,	
Wo's viele große Häuser	Mit den Händen die Häuser in den Raum setzen
und einen Kirchturm hat.	Arme weit hoch strecken zur Kirchturmspitze
Wir fahren über Bäche,	Wellenbewegungen mit den Armen, von rechts nach links
wir fahren auf den Berg,	In gegenläufiger Armbewegung einen Berg zeichnen
wo sich das Kind die Wege	Die Fäuste ballen und Steine auf den Weg setzen
an bunten Steinen merkt.	

2.) Tanz:

- Landschaftswanderung von Oussoren als Schattentheater. Die einzige Regel ist, dass sich die Hinteren auch mal nach vorne schieben dürfen und die Vorderen die Plätze räumen. Die Effekte des Durcheinanders von groß und klein sind interessant.
- Will man beim zweiten Durchgang die Effekte intensivieren, setzt man bei einem Projektor den Fokus vorn an der Leinwand, beim zweiten in der Mitte der Entfernung von Leinwand und OP; auf diese Art sind beide Schatten scharf.

3.) Lied:

Schön ist die Welt ... Die Bewegungsaufgabe bei diesem Lied ist es, die Schattenleinwand mit möglichst kleinen Schritten, die aber trotzdem groß aussehen, zu kreuzen. Das ist die Vorbereitung für das „auf der Stelle gehen“ des Bübchens. Mehrmals durchgehen, damit die Kinder diesen „moonwalk“ auch richtig deutlich herzeigen.

4.) Bewegungsetüden zum Gedicht „Denk an“: (nicht vergessen: Eng an der Leinwand)

- leicht und locker mit kleinen Schritten spazieren
- spazieren, stehenbleiben, etwas zusammensinken
- Spazieren, stehenbleiben, etwas zusammensinken – dann die Arme heben und verzweifelt schütteln
- Hinter der Schnecke sitzt / liegt ein Kind auf dem Rollbrett. Minutiös langsam durch das Bild rollen
- Hinter dem Schiff kniet ein Kind auf dem Rollbrett. Ein Stock dient als Stechruder. Langsam durch das Bild rollen
- Der Reiter trägt das Pferd zur Leinwand hin. Richtiges Pferdehopsen zeigen, aber auch hier fast auf der Stelle bleiben

5.) Rezitation des Rückert-Gedichtes:

Inhalt: Ein Bübchen geht spazieren. Es wird ihm langweilig und es wünscht sich, dass „jemand käme und mich mitnähme“. Da nimmt ihn der Bach mit, der ist ihm aber zu kalt; dann nimmt ihn das Schiff mit, das ist ihm aber zu eng. Die Schnecke ist ihm zu langsam und das Pferd zu wild. Schließlich bleibt er an dem Ast eines Baumes hängen.

- Kreis. Die Ülin legt zu Schnecke, Pferd und Schiff ein blaues Seidentuch und einen abgebrochenen Ast.
- Nun wird mit ausdrucksstarker Stimme (unbedingt auswendig) das Gedicht rezitiert und die jeweils passende Requisite hochgehalten.
- Da jede Strophe eine neue Spielanweisung ist, können wir nun im Wechsel Rezitation / Spiel einen Probelauf machen. Die Folienrolle bleibt als Sahnehäubchen noch im Sack, die Kinder spielen vor der weißen Leinwand, wobei der Bach von einem Kind mit Tuch gespielt wird.

6.) Schattentheater mit der vorbereiteten Folienrolle:

- Die Ülin rezitiert, inzwischen beim Refrain schon von den Kindern unterstützt, das Gedicht und lässt erst einmal die Folienrolle ohne Spieler laufen. Ganz, ganz langsam!
- Besprechen der Bilder, einordnen in die gehörte Geschichte.
- Kleines Laut-Spiel: Wer kann mir sagen, wer der B ... ist? Wer ist Schn ...? etc.
- Verteilen der Rollen, spielen, immer wieder verbessern. Hierbei muss geübt werden, dass das Bübchen, nachdem es in der Mitte der Leinwand angekommen ist, auf der Stelle läuft. Durch die Folienrolle bewegen sich die Landschaften auf ihn zu!

7.) Aufführung für die Nachbarklasse / -gruppe

Psychomotorische Einheit „Rad und Fahrzeuge"

Materialbedarf:

- Reifen
- Rollbretter
- Pedalos
- Geräuschkassette mit Bildern (eine Hälfte vom Fahrzeugmemory)
- Schreibtanz 1: Eisenbahn

1.) Visualisierungsübung:

- „Stellt euch euren letzten Urlaub vor. Ich kann mir denken, dass sicher Fahrzeuge darin vorkamen. Wem einfällt, womit gefahren wurde, geht in die Mitte und macht es uns vor."
- Kinder spielen Auto, Fahrrad, Flugzeug, Eisenbahn, Bus, Motorrad ...
- „Es gibt noch mehr Fahrzeuge, aber mit denen fährt man eher zu Hause." Fahrrad, Dreirad, Gokart, Roller, Seifenkiste ...

2.) Hörübung und Sehübung:

- Die Ülin hat eine Kassette mit verschiedenen Fahrzeuggeräuschen und die dazugehörigen Bildkarten / Fotos vorbereitet. Jedes Kind bekommt so viele Muggelsteine / Kronkorken / kleine Kiesel wie Bilder da sind.
- Die Kassette läuft, nach jedem Geräusch anhalten, Kinder legen einen Stein auf das Bild, dessen Geräusch sie zu hören geglaubt haben. Was war's?
- „Schaut euch die Bilder an, das sind ja alles sehr verschiedene Fahrzeuge. Was haben sie alle gemeinsam?" (das Rad)

3.) Gemeinschaftsübung „Rolle":

- „Ganz, ganz früher haben die Leute Räder nicht gekannt, sie haben ihre schweren Sachen mit Hilfe von Rollen transportiert. Das wollen wir mal nachmachen."
- Kinder legen sich nebeneinander auf den Boden; alle nach rechts rollen, schön dicht beieinander bleiben!
- Jetzt legt sich das erste Kind vorne auf die „Rollen" und lässt sich durchschleusen. Hinten als Rolle wieder anschließen.

4.) Spracharbeit: Vergleich Rad und Rolle, Vorteile des Rades

5.) Materialerfahrung „Reifen":

- Jedes Kind bekommt einen Reifen / Rad und probiert die Möglichkeiten: Rollen, drehen ... Die Ülin beobachtet genau, wo eine kreative neue Lösung auftaucht und macht mit ihrem Lied (...) darauf aufmerksam: „Seht euch nur die Susi an, was die Susi alles kann".
- Reifen wird gedreht, beim Fallen reinspringen; rein- und wieder rausspringen
- Reifen wird gedreht, durchkriechen

- Reifen laufen lassen, durchspringen
- Reifen so andrehen, dass er nicht von der Stelle kommt
- Reifen auf den Boden legen, rein-und raushüpfen, rückwärts hüpfen
- Hula-Hopp
- Auf dem Reifen balancieren
- Mit geschlossenen Beinen rein und rausspringen
- Sich auf den Rücken legen und den Reifen mit Händen und Füßen drehen
- Eine Murmel in der Rille des Reifens rundpusten **(Blaseübung)**
- Gruppenarbeit: Einen Reifentunnel machen, Kinder steigen durch und schließen sich hinten an
- Gruppe: Beidhändig die Reifen in verschiedenen Höhen halten, Kinder steigen durch
- Zu zweit: Sich zuwerfen, zu zweit reinsteigen und Pferdegalopp machen, einer ist das Pferd mit dem Zügel / Reifen, der andere wird gezogen und gibt die Richtung an, einen Wagen simulieren ... Die Möglichkeiten sind unerschöpflich

6.) Spiel mit Reifen: „Mäuslein, Mäuslein komm heraus"
Statt der Handfassung hält man sich an den Reifen, und die Maus und Katze dürfen nur die Ausgänge durch die Reifen nehmen

7.) Tanz „Eisenbahn": von Oussoren CD1
- Zwei Kinder stehen hintereinander und halten ihre Reifen, rechts und links. Setzt die Musik ein, versuchen sie, eine fahrende Eisenbahn zu simulieren
- Zu viert
- Schließlich alle
- Der Tanz kann noch durch die Vorgabe der Raumwege (Taue, Seilchen, Stöcke, Klebstreifen) erschwert werden. Die einzelnen Waggons dürfen nicht abhängen!

8.) „Henriette Bimmelbahn":
- In einer Erweiterungsstunde kann eine psychomotorische Stunde entlang dem Gedicht „Henriette Bimmelbahn" angeschlossen werden: Rezitation
- Wald, Wiese, Brücke und Gleise mit den vorhandenen Materialien bauen
- Waggons werden nach Farben zusammengestellt (Farben der Reifen). Die Waggonkinder erhalten Krachinstrumente „pfeift, bimmelt, rattert, knattert, faucht"
- Die Gäste steigen am Bahnhof in die Waggons ein, der Zug setzt sich in Bewegung
- Henriette begrüßt die Kuh, die sich langsam und kauend auf der Wiese bewegt
- Henriette begrüßt die Hasen, die fröhlich herumhoppeln
- Die Bimmelbahn hält an der Blumenwiese (anfangs bunte Tücher, bei späteren Durchgängen selbstgemachte Papierblumen), damit die Kinder einen Strauß pflücken können
- Henriette hält an den Stationen und ein Kind nach dem anderen steigt aus
- Rollenwechsel

Einheit „Wir reisen in fremde Länder"

Materialbedarf:
- Große Trommel
- Tücher, verschiedene Schätze und Mitbringsel

1.) Tanz: Die Trommeln rufen
- Ülin intoniert eine immer wiederkehrende Trommelsequenz. Die Kinder versuchen erst einmal. jeder für sich darauf Schrittfolgen zu finden. Es soll eine kleine, immer wiederkehrende Sequenz sein.
- Zu zweit, dritt, viert bis alle in einer Reihe hintereinander den gleichen Schritt machen.

2.) Gedicht:

Komm mit in eine fremde Welt,	Einladende Armbewegung
wir schauen, was uns dort gefällt.	Weit nach außen fahren
Die Mandelaugen – rotes Haar?	Hände an die Augen legen, Haare streicheln
Bemalt von Kopf bis Fuß sogar?	Handbewegung von Kopf an abwärts
Komm mit, wir gehen auf die Reise,	Wie eingangs
auf unsre ganz besondre Weise!	

3.) Lied (Text und Melodie: Anna Fischer-Olm):

4.) Entspannungsübung: (nach Jacobsen)

- Legt euch bequem auf den Rücken, Brillen und Uhren beiseite legen, Gürtel, die drücken lockern, seid ganz entspannt und lasst die Augen zu
- Zieht die Füße an, loslassen – spürt nach, wie sich die Füße jetzt anfühlen
- Hände zu Fäusten ballen, loslassen – spürt nach, wie sich die Hände anfühlen
- Füße anziehen, Beine spannen – loslassen – spürt ...
- Hände zu Fäusten, Arme anspannen – loslassen – ...
- Füße anziehn, Beine fest, Fäuste machen, Arme fest, Po fest, Bauch fest – loslassen –

g) Beim letzten Durchgang wird alles angespannt, auch das Gesicht

Die Anspannungsphasen sind immer halb so lang wie die Entspannungsphasen. Fordern Sie die Kinder immer wieder auf, gut nachzuspüren, wie sich der Körper in entspanntem Zustand anfühlt. Anfangs werden einige Kinder herumalbern, weil diese Tätigkeit sehr ungewohnt ist, aber das gibt sich, je öfter man diese Entspannungsübung als Einstieg für eine Phantasiereise macht. Je unruhiger ein Kind ist, umso schwerer wird es sich anfangs tun. Da hilft es ganz gut, wenn man dem Kind ruhig die Hand auf die Stirn legt.

5.) Phantasiereise:

„ Wir steigen in ein Segelschiff ein, es schaukelt ganz leicht, gerade so, dass es angenehm ist. Nun legt das Schiff ab. Wir fahren, der Wind bläht die Segel, das Meer liegt ruhig und silbern vor uns. ..."
Die Ülin lässt das Schiff nun an verschiedenen Orten landen: Am Strand, in den Bergen, bei einem Vulkan, in einer Glaslandschaft, im Musikland ... die Reise kann bei den Wiederholungen immer schon Bekanntes aufgreifen und Neues hinzufügen.

6.) Taktile Zuordnung:

- Die Ülin hat vor Beginn der Stunde mehrere Tücher in den Ecken des Raumes verteilt, unter denen thematisch geordnete Sachen liegen, die zu den Stationen der Phantasiereise passen.
- Strand: Muscheln, glatte Scherben, Sand, Sandförmchen
- Berge: Steine, Wurzeln, Tannenzweiglein, Gras, Moos

- Wiese: Verschiedene Blumen, Gras
- Musikland: Glöckchen, Zimbeln, Schlaghölzchen, Rassel
- Glasland: Verschiedene Glassachen

7.) Visuelle Zuordnung:
- An den Wänden hängen die aus den Katalogen ausgeschnittenen Bilder. Welche Mitbringsel kann man welchem Bild zuordnen?
- Welche passen zu nichts? Vielleicht haben die Kinder Lust, ein Bild von „Musikland" oder „Glasland" (window-colours auf Folie) zu malen und hinzuzufügen.

8.) Abschluss: Gedicht
Meins
Ich habe eine Scherbe,
blaugrün, aus fremdem Land.
Und eine rote Muschel,
die lag dort an dem Strand.
Ich habe braune Wurzeln,
manche mit Gesicht,
ich sammle schöne Steine,
Bilder von buntem Licht.

Psychomotorische Einheit „Wir machen eine Reise"

Materialbedarf:
- Trampolin
- Square-dance-Musik

1.) Tanz: Galopp durch die Reihe
- Die Kinder stehen paarweise in einer langen Reihe. Das erste Paar fasst sich an der Hand, geht durch die Gasse, trennt sich unten und jeder geht hinter seiner Reihe auf seinen Platz zurück.
- Erneuter Durchgang, jetzt im Seitgalopp, unten stehen bleiben. Die ganze Reihe rückt immer mit kleinen Ranstellschritten auf.

2.) Wir machen eine Reise:
- Kinder legen sich aufs Trampolin, in ihre Hängematte auf unserem Schiff. Ülin erzählt den Anfang einer Phantasiegeschichte. Diese Geschichte führt die Kinder von Station zu Station.
- Erste Station: „Alles aussteigen, wir sind im Einbeinland, alle Menschen können hier nur auf einem Bein hüpfen" ... wieder einsteigen.
- Zweite Station: „Hier müssen alle Menschen immerfort lachen und dabei wie Kängurus mit beiden Beinen abspringen"... wieder einsteigen

Und so weiter. Wichtig ist, dass die aktiven Stationen immer wieder von dem ruhigen entspannten „Weiterfahren" abgelöst werden. Sind diese Phantasiereisen öfters geübt worden, können auch Kinder die Ausschmückung der Geschichte übernehmen.

3.) Schlusstanz / Gedächtnistraining:
- Musik wie oben, aber wir erinnern uns jetzt, wo wir gewesen sind. Die Gasse wird getanzt,
- Musik macht Pause: „Wo waren wir zuerst? Im Einbeinland" Kinder hüpfen auf einem Bein. Musik spielt wieder, die Gasse formiert sich.
- Musik macht Pause „Unsere zweite Station?" Passende Bewegung usw.

Die Reise kann natürlich auch in Länder führen, wo Menschen nur Fahrad fahren, oder sich auf dem Hüpfball fortbewegen, oder auf dem Balancekreisel stehen müssen oder ...

Literaturliste zur Sprachtherapie

Adams / Struck / Tilmanns-Karus: Kunterbunt rund um den Mund, verlag modernes lernen, Dortmund ^{6}2002

Crystal, D.: Die Cambridge Enzyklopädie der Sprache, Verlag Campus Frankfurt / New York

Dreher, W.: Studien und Übungen zur Sprachtherapie, Verlag Freies Geistesleben

Eckert / Laver: Menschen und ihre Stimmen, Verlag Beltz

Herausgeber: Senatsverwaltung für Jugend und Familie: Hundert Sprachen hat das Kind, Juventa Verlag Weinheim

Klein, P.: Tanztherapie, Edition Lilienthal, Bremen

Knittel, A.M.: Myofunktionelle Therapie, Schulz-Kirchner Verlag, Idstein

Nordoff/ Robbins: Musik als Therapie für behinderte Kinder, Stuttgart 1975, Gustav Fischer Verlag Stuttgart

Scheflen, A.E.: Körpersprache und soziale Ordnung, Ernst Klett Verlag

Petermann, G.: Vorschulkinder lernen Sprachlaute differenzieren, Verlag Luchterhand, Neuwied

Therapie von Integrationsstörungen, herausgegeben von der Deutschen Gesellschaft für Sprachheilpädagogik, Landesgruppe Bayern, edition Freisleben, München

Wirth, G.: Sprachstörungen, Sprechstörungen. Kindliche Hörstörungen, Deutscher Ärzte Verlag, Köln

Literaturliste der Praxisbücher

Deutsche Lieder, Band 1 und 2, Insel Verlag Frankfurt

Die neuen Spiele, Band 1 und 2, Ahorn Verlag Oberbrunn

Eggert / Ratschinski: DMB – Diagnostisches Inventar motorischer Basiskompetenzen, borgmann publishing, Dortmund ^{3}2000

Eggert / Peter: DIAS – Diagnostisches Inventar auditiver Alltagshandlungen, borgmann publishing, Dortmund 1992

Ernst, H.B.: Musik- und Bewegungserziehung, Bayerischer Schulbuchverlag, München

Fischer-Olm, A.: Alle Sinne helfen mit, borgmann publishing, Dortmund ^{2}2002

Freudenreich / Gräßer / Köberling: Rollenspiel, Schroedel Verlag, Hannover

Holzapfel, B.: Rhythmische Bewegungsspiele, Kallmeyer Verlag, Wolfenbüttel

Kiphard, E.J.: Motopädagogik, verlag modernes lernen, Dortmund ^{9}2001

Nold, W.: Spiel- und Theateraktionen mit Kindern, Verlag Hugendubel, München

Oussoren-Voors, R.: Schreibtanz 1 (mit inliegender CD), verlag modernes lernen, Dortmund ^{4}2002

Oussoren-Voors, R.: Schreibtanz 2 (mit inliegender CD), verlag modernes lernen, Dortmund 1999

Reiners, L.: Der ewige Brunnen, C.H. Beck Verlag, München

Reinhardt, F.: Menschen- und Figurenschattenspiele, Don Bosco Verlag, München

Schreiner, K.: Puppen und Theater, DuMont Verlag, Köln

Ulbrich, Ch.: Tanz dich gesund! Ullstein Mosby Verlag, Berlin

Zimmer, R.: Kreative Bewegungsspiele, Herder Verlag, Basel

Zitzlsperger, H.: Kinder spielen Märchen, Beltz Verlag, Weinheim

Die hauptsächlich verwendeten CD's:

- Oussoren-Voors: aus dem Buch Schreibtanz I, verlag modernes lernen, Dortmund
- Einfache Tänze 01, Ludwig Lang, Postfach 100430, D-74504 Schwäbisch Hall

Bilderbücher:

- Die Sternenfee von Krüss / Careme / Puebla, Neuer Finken Verlag
- Die Hexe und die sieben Fexe von Ali Mitgutsch und Irmgard Hailer, Ravensburger
- Hörbilderbuch: Spukefix hilft hören, 1 und 2 von Eveline Buca und Eva Walcher
- Breucker: Auf dem Blocksberg tanzt die Hex, Ökotopia Verlag
- Michels / Michl: Es klopft bei Wanja in der Nacht, Ellermann Verlag
- Das Traumfresserchen von Michael Ende / Annegret Fuschhuber
- Der Kater Nimmersatt von Inga Moore, erschienen im Coppenrath Verlag
- Wo die wilden Kerle wohnen von Maurice Sendak, erschienen im Diogenes Verlag
- Die Sterntaler von Grimm/Sopko, erschienen im Nord-Süd Verlag
- Ein Kind ist uns geboren, erschienen im Verlag Freies Geistesleben